VERHANDLUNGEN DER GESELLSCHAFT DEUTSCHER NEUROLOGEN UND PSYCHIATER

ERSTE JAHRESVERSAMMLUNG

GEHALTEN IN

DRESDEN VOM 1.–4. SEPTEMBER 1935

1936

VERLAG VON F. C. W. VOGEL IN BERLIN

ISBN-13: 978-3-642-98350-4 e-ISBN-13: 978-3-642-99162-2
DOI: 10.1007/978-3-642-99162-2
Softcover reprint of the hardcover 1st edition 1936

Inhaltsverzeichnis

Erste Jahresversammlung der Gesellschaft Deutscher Neurologen und Psychiater in Dresden vom 1.—4. September 1935.

Erste Jahresversammlung der Gesellschaft Deutscher Neurologen und Psychiater in Dresden vom 1.—4. September 1935.

In die Anwesenheitsliste hatten sich 432 Teilnehmer eingetragen, bei 13 waren die Namen unleserlich, im übrigen waren anwesend:

Adam-Hamburg, Ahnelt-Hamburg, Altenburger-Breslau, Amrhein-Goddelau, Andreae-Hannover, Ast-Eglfing.

Bach-Bethel, Bähr-Halle, v. Baeyer-Nürnberg, Banse-Lauenburg, Bartscher-Kiedrich, Baumann-Essen, Baumann-Eberswalde, Behnsen-Lübeck, Bennecke-Dresden, Benning-Bremen, Berendes-Neuruppin, Berger-Marburg, Beringer-Freiburg, Berlit-Hochweitzschen, Bingel-Hamburg, Böhme-Dresden, H. Boeters-Breslau, D. Boeters-Breslau, Boening-Stadtroda, Bormann-Breslau, Bostroem-Königsberg, Brandt-Königstein i. Ts., Bräuner-Lüneburg, Braun-Zürich, Breier-Pfafferode, Bremme-Dresden, Bresler-Kreuzburg, Brockhausen-Görden, Brücker-Jena, Brunst-Dresden, Buck-Lahr/Bad., Buchalik-Tost, Bufe-Allenberg, Bumke-München, Bürger-Printz-Leipzig, Burdach-Riesenburg, Burgl-Hof, v. Burgsdorff-Dresden, Burkhardt-Schleswig, Büssow-Leipzig.

Campbell-Dresden, Capell-Düren, Carras-Berlin, Carrière-Arnsdorf, Casten-Stettin, Clemens-Benninghausen, Conrad-Hadamar, Conrad-München, Cosack, Herta-Breslau, Creutz-Düsseldorf, de Crinis-Köln, Curschmann-Rostock.

Dalchow-Breslau, Demme-Hamburg, Diehl-Stadtroda, Dietrich-Bonn, Dietz-Bremen, Dinter-Dresden, Dittel-Breslau, Dobbeck-Dodillet-Bunzlau, v. Domarus-Sorau, Donalies-Potsdam, Dürr-Eglfing-Haar.

Ederle-Gießen, Ehlers-Potsdam, Eichler-Düsseldorf, Einsle-Erlangen, Encke-Stralsund, Enke-Marburg, Ennen-Merzig, Entres-Kutzenberg.

Faas-Trier, Fahreddin Kerim-Istanbul, Fahrenbruch-Riesenburg, Faltlhauser-Erlangen, Fastje-Berlin, Fauser, Marta-Weissenau, Feldkeller-Neubabelsberg, Fernandes-Lissabon/Frankfurt a. M., Finscher-Bunzlau, Flatau-Dresden, Fleck-Göttingen, Flügel-Leipzig, Franke-Altscherbitz, Franke-Erlangen, Friedrich-Arnsdorf, Fuchs-Bamberg, Fünfgeld-Frankfurt a. M.

Gabbe-Bremen, Gabel-Hagen, Gaupp-Kiel, Gaupp-Plauen, Gaupp-Tübingen, v. Gebsattel-Fürstenberg, Geletnecki-Stargard, Gengnagel-Altscherbitz, Gerstenberg-Wunstorf, Geyer-Dresden, Glettenberg-Hannover, Giese-Marburg, Gonzola-Madrid/Frankfurt a. M., Gotthold-Haina, Gottschick-Leipzig, Grage-Chemnitz, Gretzmacher-Prag, Grimme-Hildesheim, Großmann, Grünwald-Meseritz/Obrawalde, Grütter-Königslutter, Gückel-Nürnberg, Günther-Dresden, Gütt-Berlin, Gutekunst-Winnental, Haenel-Dresden, Haenisch-Breslau, Haenisch-Kolberg, Hänsel-Dresden, Hahn-Frankfurt, Hallervorden-Landsberg a. W., Hammer-Berlin, Hanse-Gottleuba, Harries-Wunstorf, Hartwich-Gütersloh, Hauptmann-Kortau, Heene-Homburg/Saarl., Hegemann-Essen, Heinze-Potsdam, Henßge-Dresden, Hermkes-Andernach, Herrmann-Plagwitz, Heyde-Würzburg, Heygster-Stettin, Hinsen-Eichberg, Hoffmann-Gießen, Hoffmann-Neuhaldensleben, v. Holst-Danzig, Holthaus-Münster, Hölzel-Eglfing, Hörmann-Dresden, Hörmann-Königshofen, v. Hößlin-Ansbach, Horn, Hedwig-Prag.

Ilberg-Dresden, Jacob-Zschadraß, Jacobi-Königsberg, Jagdhold-Dresden, Jahnel-München, Jirzik-Liegnitz, Jost-Eickelborn, Jutz-Osnabrück.

Kaestel-Straubing, Kaiser-Lüben, Kaldewey-Eickelborn, Kaltenbach-Gernrode, Kauffmann-Danzig, Kaufmann-Dresden, Kell-Untergöltzsch, Kehrer-Münster, Kentenich-Düsseldorf/Grafenberg, Kihn-Erlangen, Kipp-Berlin, Kittel-Berlin, Klaubert-Arnsdorf, Kleffner-Münster, Kleist-Frankfurt, Klim-Leipzig, Klimke-Plagwitz, Klopfer-Gütersloh, Knab-Tapiau, Koebisch-Breslau, Köhler-Viechbach, Koester-Roderbirken, Koller-Bad Nauheim, Konietzny-Brieg, Kornmüller-Berlin, Kracke-Osnabrück, Krakow-Tapiau, Kranz-Breslau, Krauß-Görlitz, Kretschmer-Marburg, Krisch-Dresden, Kügler-Freiburg i. Schl., Künzel-Arnsdorf, Kuntzen-Leipzig, Kupfernagel-Herford, Kürbitz-Chemnitz/Altendorf.

Lange-Breslau, Lange-Chemnitz/Altendorf, Lange-Jerichow, Lange-Stralsund, Langelüddecke-Hamburg, Lazarus-Branitz, Lehmann-Brieg, Lehnert-Dresden, Leiber-Dresden, Leonhardt-Arnsdorf, Leonhardt-Gabersee, R. Lemke-Jena,

V. Lemke-Berlin, Lemmer-Tannenfeld, C. v. Leupoldt-Lübben, Marg. v. Leupoldt-Lübben, Lewenstein-Süchteln, Liebold-Sonnenstein, Lieberoth-Dresden, Lienau-Berlin, Linden-Berlin, v. Littrow-Dresden, Lohwasser-Landsberg, Lottig-Hamburg, Lückerath-Euskirchen, Lüddecke-Treptow, Ludwig-Werneck, Luxenburger-München.

Maaß-Arnsdorf, Mahlo-Stettin, Mandel-Eglfing/Haar, Mann-Dresden, Marckmann-Kiel, Maschmeyer-Langenhagen, Mauß-Berlin, Mauz-Marburg, Matthes-Emmendingen, Matzdorff-Hamburg, Mayr-Günzburg, Meggendorfer-Erlangen, Meltzer-Großhennersdorf, Merquet-Warstein, Lothar Meyer-Dresden, Meyer-Saarbrücken, Metz-Neuhaldensleben, Miskolczy-Szeged (Ungarn), Mittag-Leipzig, Mönch-Wehnen, Mohr-Plagwitz i. Schl., Moser-Königsberg, Müller-Dresden, Müller-Großschweidnitz, Müller-Markscheidenfeld, Müller-Halle, Müller-Hamburg, Müller-Königslutter, Müller-Weimar, Muthmann-Freiburg i. Br., Muthmann-Berlin-L., Nitsche-Pirna, Noack-Teupitz, Nobbe-Uchtspringe, Nonne-Hamburg, Nowack-Reichenberg.

Oberreuter-Leubus, Oehmig-Dresden, Offermann-Neuß, Oppe-Dresden, Ostertag-Berlin, Ostmann-Ückermünde, Ottmann-Günzburg.

Panse-Berlin, Papst-Werneck, Paulstich-Berlin, Peipers-Bonn, Persch-Tapiau, Petermann-Warstein, Peters-München, Petersen-Lauenburg, Pette-Hamburg, Pfannmüller-Kaufbeuren, Pfeifer-Leipzig, Pfeiffer-Bernburg, Plange-Pirna, Plank-Regensburg, Pohlisch-Bonn, Pohlmann-Aplerbeck, Pollmann-Berlin, Pönitz-Halle, Poppendick-Berlin, Preißner-Breslau.

Quensel-Leipzig.

Raebe-Dresden, Raether-Süchteln, Rahnenführer-Waldheim, Rakutz-Kortau, Rapmund-Rasemühle, Recktenwald-Andernach, Rehwald-Berlin, Reichardt-Würzburg, Reichel-Dresden, Reichner-Heidelberg, Reid-Schwerin, Rein-Teupitz, Reingardt-Halberstadt, Reiß-Mainkofen, Renner-Plagwitz, Rendelhuber-Niesbach/Obb., Resch-Frankenthal, Rinck-Sonnenstein, Ritter-Tübingen, Rizor-Hannover, Rodenberg-Oppeln, Roemer-Illenau, Roemer-Marburg, Roemmelt-N.-Marsberg, Rosenfeld-Münster, Roth-Arnsdorf, Rüder-Dresden,

Rüdin-München, Runge-Chemnitz, Rust-Pfafferode, Rustige-Rothenburg/Hann., v. Rutkowski-Schwäb.-Hall.

Sagel-Großschweidnitz, Segerath-Essen, Seige-Bad Liebenstein, Siebert-Kronach, Sievert-Sonnenstein, Sinn-Neubabelsberg, Skalweit-Rostock-Gehlsdorf, Speer-Lindau, Spiecker-Duisburg, Schabel-Neuruppin, Schaefer-Düsseldorf-Kaiserswerth, Schaefer-Hamburg, Schaltenbrand-Würzburg, Schenk-Dresden, Scheufler-Dresden, Schimaigk-Döbeln, Schmelz, Schmelcher-Karlsruhe, Schmidt-Sorau, Schmitz-Bonn, Schmorl-Sonnenstein, Schneider-Berlin, Schneider-Halle, Schneider-Heidelberg, Schneider-München, Schneider-Weilmünster, Schnitzler-Bedburg-Hau, Schob-Dresden, Scholz-München, Schornle-Leipzig, Schröder-Leipzig, Schröder-Chemnitz, Schröder-Oberhausen, Schuch-Erlangen, Schulze-Herzberge, Schulze-Dresden, Schulz-Leipzig, Schulz-München, Schütt-Berlin, Schwabe-Plauen, Schwabe-Langenhagen, Schweiger-Zwiefalten, Stadler-Stadtroda, Staehr-Schussenried, v. Steinau, Steinbrecher-Düren, Steinmeyer-Bremen, Stemmler-Wiesbaden, Stender-Riga, Stefan-Köln, Stemplinger-Nürnberg, Stier-Berlin, Stockert-Halle, Störring, E.-Bonn, Störring, W.-Sonnenstein, Stoltenhoff-Dresden, Strasser, Maria-Aulhausen, Stumpfl-München, Suckow-Leipzig.

Theobald-Eglfing, Thums-München, Titius-Allenberg, Tönnis-Würzburg, Tranitz-Dresden, Trapet-Bedburg, Utz-Gabersee, H. Vellguth-Dresden, L. Vellguth-Dresden, Vigano-Herborn, Villinger-Bethel, Vogel-Berlin.

Waetzoldt-Wittenau, Wagner-Breslau, Wallrapp-Lohr, Waller-München, Weber-Dresden, Wegener-Amelsbüren, Wegner-Dresden, Wegscheider-Berlin, Weicksel-Hubertusburg, Weinbrenner-Düsseldorf, Weise-Breslau, Weißenfeld-Bunzlau, Weitz-Stuttgart, Wening-Lüneburg, Westermann-Ensen b. Köln, Werner-Hamburg, Wernicke-Münster, Weygandt-Hamburg, Wiehl-Berlin, Willige-Ilten, Wilcke-Lüben/Schl., Winninghoff-Wunstorf, Winter-Lengerich, Wittenberg-Neinstedt, v. Witzleben-Kreischa, Wolfskehl-Frankfurt a. M.,

Zeiß-Merxhausen, Zengerling-Berlin, Zick-Garmisch, Ziegelroth-Nietleben.

(13 Namen unleserlich, zusammen 432 Teilnehmer.)

Erster Tag.

Am 1. September vormittags fand eine Sitzung des „Ausschusses für praktische Psychiatrie" statt. Abends „Begrüßungsabend".

Zweiter Tag.

Sitzung der neurologischen Abteilung
am Montag, dem 2. September 1935.

Vorsitzender: Pette-Hamburg.
Schriftführer: Nitsche-Pirna.

Eröffnungsansprache des Reichsleiters.

Hochverehrte Anwesende!

Hiermit heiße ich Sie zur ersten Jahresversammlung der neuen vereinigten Gesellschaft Deutscher Neurologen und Psychiater herzlich willkommen. Ich begrüße alle erschienenen Vertreter der Reichsbehörden, insbesondere vom Reichministerium des Innern Herrn Min.-Direktor Dr. Gütt, den Schöpfer des Gesetzes zur Verhütung erbkranken Nachwuchses sowie seine Mitarbeiter. Ich begrüße die Vertreter der Wehrmacht, der Sächsischen Staatsregierung, insbesondere Herrn Ministerialrat von Burgsdorf und Herrn Ministerialrat Dr. Wegener, ferner die Herren Vertreter der anderen staatlichen Behörden, den Herrn Präsidenten des Landesgesundheitsamtes, die Vertreter der Stadt Dresden, der parteiamtlichen Stellen, die Herren Vertreter des deutschen Gemeindetages, insbesondere die Herren Landesräte Zengerlin und von Hugo, sowie die übrigen Herren Anstaltsdezernenten, die Herren Vertreter der Gerichtsbehörden und der Ärzteschaft. Ich begrüße ferner unsere ausländischen Gäste aus Ungarn, der Türkei und der Tschechoslowakei und schließlich den Herrn Rektor der Technischen Hochschule, dem ich vor allen Dingen verbindlichst dafür danke, daß er uns in liebenswürdiger Weise die Räume für unsere Sitzungen zur Verfügung gestellt hat.

Meine Damen und Herren, eine traurige Pflicht gebietet mir, zunächst der Toten des vergangenen Jahres zu gedenken. Dem früheren Verein deutscher Nervenärzte sind, soweit uns bekanntgegeben wurde, folgende Mitglieder durch den Tod entrissen worden:

Professor Dr. Kattwinkel-Partenkirchen, Dr. Römer-Hirsau, Prof. Dr. Mattauscheck-Wien, Prof. Dr. Santiago Ramon y Cajal-Madrid, korrespond. Mitglied, Geheimrat Dr. v. Ehrenwall-Ahrweiler, Reg. Med.-Rat Dr. Jolly-Düsseldorf, Dr. G. Kunert-Denklingen, Bez. Köln, Dr. Emil Löwy-Sulz-Stangau, Österreich, Generaloberarzt Dr. Rauschke-Bottrop, Dr. Gerhard Reichert-Bad Altheide, Dr. Schacht-Baden-Baden, Dr. Th. Schwartz-Riga, Prof. Dr. Max Sternberg-Wien, Sanitätsrat Dr. Steyerthal-Sanat. Kleinen, Meckl.

Vom früheren Deutschen Verein für Psychiatrie starben folgende Mitglieder:

Sanitätsrat Dr. Otto Brunner-Neue Mühle bei Kassel, Oberarzt i. R. Dr. Hartung-Pfafferode bei Mühlhausen, Dr. Ludwig Horn-Wien, Oberarzt Dr. Hussel-Ansbach, Nervenarzt Dr. Huth-Bonn, Professor Dr. Joannovics-Belgrad, Med.-Rat Dr. Krimmel-Weissenau, Oberarzt Dr. Müller-Lohr, Geh. San.-Rat D. Petersen-Borstel-Breslau, San.-Rat Dr. Schaumburg-Aurich, San.-Rat Dr. Schröder-Finkenwalde, Geh. Rat Dr. Siemens-Stolp, Ehrenmitglied des Vereins, Sanitätsrat Dr. Snell-Wiesbaden, Prof. Spielmeyer-München, der langjähriges Vorstandsmitglied des Vereins war und dessen Bedeutung für die Wissenschaft Sie ja alle aus den ehrenvollen Nachrufen kennen. Und kürzlich Prof. Dr. Eichelberg-Hedemünden, unser langjähriger verdienstvoller Kassenwart, der so oft durch seine humorvollen Tischreden unsere geselligen Veranstaltungen würzte. — Sie haben sich zu Ehren der Verstorbenen von Ihren Sitzen erhoben. Ich danke Ihnen.

Meine Damen und Herren! Es war ein Wunsch sowohl vieler Psychiater und Neurologen, als auch der Reichsregierung, den auseinanderstrebenden Tendenzen des Spezialistentums wieder zusammenführende Tendenzen entgegenzusetzen. Deshalb haben wir Neurologen und Psychiater wieder in einer Gesellschaft vereinigt. Die Vorteile einer nach wie vor weiterzufördernden Selbständigkeit der beiden Disziplinen, die ja wiederum beide auch nur abhängige Teile der großen Gesamtmedizin sind, sollen durchaus gewahrt bleiben. Und es soll nur der Vorteil der besseren gegenseitigen Belehrung und Orientierung, der Ergänzung und Zusammenarbeit in Praxis und Forschung neu hinzukommen. Mein Lehrer Erb pflegte in seiner gesund derben badischen Art zu sagen: Wir können das Gehirn doch nicht irgendwo wie mit dem Käsemesser vom Rückenmark wegschneiden! Wenn ich diese Erinnerung auffrische, welche für die Art des großen Neurologen und Internisten spricht, wie er die Beziehungen zwischen Neurologie und Psychiatrie auffasse, so dürften damit auch die Bedenken gewisser Vertreter der inneren Medizin ins rechte Licht gerückt sein, welche begreiflicher- und berechtigterweise bedacht sind, ihrerseits den Zusammenhang mit der Neurologie nicht zu verlieren. Jene Bedenken, die man vielfach hört, eine allzuinnige Zusammenarbeit der Psychiater und Neurologen beeinträchtige die Pflege der Neurologie durch die Internisten. Wenn selbst ein Erb diese Bedenken anscheinend nicht geteilt hat, so dürften sie auch heute noch unbegründet sein. Große Dinge und Disziplinen waren und werden stets an große Männer geknüpft sein. Und wenn es bisher großen Psychiatern gelang, Hervorragendes auch auf dem Gebiete der Neurologie zu leisten, so soll und wird es künftighin, wie bisher großen inneren Medizinern möglich sein, bei Liebe und Begabung dazu, auch Großes in der Neurologie hervorzubringen. In allen Fragen der originellen Produktivität, Zusammenarbeit und Organisation wird man leider stets sich nach der Kernfrage richten müssen, ob und wo fähige, schöpferische Menschen, Internisten und Psychiater, mit Lust und Liebe auch zu Neurologie, vorhanden sind, denen man die Pflege der Neurologie in Forschung, Behandlung und Lehre in ganz besonders spezialisiertem Ausmaß anvertrauen kann. Einem zunächst noch unbeschriebenen Nachwuchs aber muß in vollem Maße Gelegenheit gegeben werden, sich in gleicher Weise an den Pflegestätten der internen Medizin, der Psychiatrie und der Neurologie, die grundlegende Ausbildung holen zu können, damit er dann, je nach Liebe und Begabung, in seinem eigenen Interesse und dem der Kranken und der Allgemeinheit mehr die innere Medizin, oder mehr die Psychiatrie oder mehr die Neurologie zu seiner schöpferischen Lebensarbeit wird wählen können.

Aber auch im Rahmen der Psychiatrie selbst bedürfen nach unserer und der Reichsregierung Meinung die zentrifugalen Tendenzen gewisser Sonderorganisationen der Korrektur durch eine Wiederverbindung mit unserer neuen Organisation, welche Forschung und Praxis auf dem Gebiete des gesamten Nervensystems zu vertreten hat. Ich meine damit die Bewegung, die psychische Hygiene heißt, die wir der neuen Gesellschaft bereits angegliedert haben und die Psychotherapie, die ebenfalls in unsere Gesellschaft hineingehört.

Auch der regionale Ausdruck für nicht immer gerechtfertigte Sonderwege, namentlich im Fach der Psychiatrie, bedarf einer gewissen Revision. Wir haben, das ist die Meinung vieler Psychiater und auch der Reichsregierung, zu viele regionäre Tagungen. Die meisten, wenn nicht alle, könnten, ohne daß die Sache Schaden leiden würde, in den Rahmen der Tagung unserer neuen Gesellschaft übergeführt werden. Wie mir, geht es sicher vielen Psychiatern und Neurologen: Man möchte gerne an alle regionären Sondertagungen gehen, kann es aber einfach nicht, weder zeitlich noch finanziell. Würde das Wichtigste und Wesentlichste, was bei all diesen regionären Tagungen geboten wird, auf der Jahresversammlung der heutigen Gesellschaft deutscher Neurologen und Psychiater zu hören sein, so glaube ich, wäre damit sowohl den Zuhörern, als auch den Herren Vortragenden am besten gedient. Der größere Wettbewerb würde den Wert der guten Referate, Vorträge und Mitteilungen für Hörer und Vortragende erhöhen. Es wären auch die Reisezuschüsse von den zuständigen Behörden leichter zu rechtfertigen und auch zu erreichen, als wenn die Beschickung mehrerer, angeblich gleichwichtiger, regionärer Tagungen in Betracht kommt. Ich wäre im Interesse der Sache für ein Entgegenkommen der maßgebenden führenden Psychiater und Behörden bei den Vereinigungsbestrebungen nach dieser Richtung hin dankbar.

Im Schoße unserer neuen Gesellschaft und ihrer Tagungen und mittels ihrer Verbindungen sollen nach Möglichkeit die Beziehungen zu anderen Medizinern, Chirurgen, Otologen, Ophthalmologen, Gynäkologen, Orthopäden usw. in unserem eigenen Interesse zur Vervollständigung unseres eigenen Wissens und Könnens gepflegt werden. In unserer vereinigten Gesellschaft werden aber die genannten Fachkollegen auch eine fruchtbare Resonanz finden, jedesmal, wenn sie selbst es für notwendig halten, von ihrem Fachgebiet aus sich an die gesamte Neurologen- und Psychiaterschaft zu wenden. Dasselbe gilt von Juristen, Soziologen, Politikern und Staatsmännern, wenn sie sich an unsere zusammenfassende Organisation wenden wollen oder wenn wir ihren Rat brauchen.

Und endlich wird es eine wichtige Aufgabe unserer Gesellschaft und unserer Tagungen sein, in unser Gebiet einschlägige Bestrebungen, Entwicklungen und Einrichtungen, welche in Deutschland nicht mehr oder noch nicht in befriedigender Weise dastehen, durch sachgemäße Vergleiche mit der Entwicklungshöhe der betreffenden Leistungen im Auslande zu beleuchten, um sie auch bei uns zum Segen unserer einzelnen Kranken und unseres Gesamtvolkes auf das denkbar höchste Niveau zu bringen. Ich denke dabei beispielsweise an die Förderung der modernen, durch Zusammenarbeit von Neurologen und Chirurgen im Hauptamt ausgeübten Neurochirurgie.

Endlich sind unsere Bestrebungen der Vereinigung von Psychiatrie und Neurologie begründet und werden gefordert durch eine grundlegend neue Einstellung des deutschen Staates in der Heilkunst. Sie betrifft den Grundsatz, daß Vorbeugen besser als Heilen ist, ein Grundsatz, der zwar auch bisher mit Rücksicht auf den Einzelmenschen in der Heilkunst sich Geltung verschafft hat, der nun aber unsere gesamte Medizin in der Richtung umwälzen wird, daß er auch auf den Gesamtkörper unseres Volkes und die dieses zusammensetzenden deutschstämmigen Rassen anzuwenden ist. Aus der Notwendigkeit dieser Anwendung entspringen die gemeinsamen rassenhygienischen Aufgaben auch unserer vereinigten Gesellschaft. Ernste psychiatrische sowohl als auch neurologische Leiden sind in größtem Umfange erblich bedingt, also nur durch Rassenhygiene einzudämmen und zu beseitigen, wenn man nicht grundsätzlich den unmöglichen Standpunkt einnehmen will, daß wir ja in jeder Generation aufs neue und in steigendem Maße an den Erbkranken mit mehr oder weniger Erfolg herumdoktern können. Angesichts der vielen ernsten reinen Erbkrankheiten und der vielen anderen Krankheiten, bei denen Erbanlagen wenigstens stark mitspielen, rechtfertigt sich gerade unsere Zusammenarbeit. Ihre Beurteilung verlangt oft genug beim gleichen Menschen die Berücksichtigung sowohl psychiatrischer als auch neurologischer Gesichtspunkte. Psychiater und Neurologen sind in Erforschung und praktischer Betreuung ihrer Erbkranken auf das Wohlwollen der Behörden und der Bewegung heute mehr als irgendwann angewiesen. Und es war daher aus all diesen Gründen nur eine aus dem Geiste der neuen Zeit geborene zwangläufige Entwicklung, wenn sich die neue Gesellschaft gebildet hat, um nicht bloß die rassenhygienischen und nationalsozialistischen Bestrebungen der deutschen Regierung, der Partei, der Öffentlichkeit und der Privaten nach allen Kräften zu unterstützen, sondern um umgekehrt auch den deutschen Behörden und der Bewegung ein Objekt wohlwollender Fürsorge und Förderung darzubieten, eben unsere neue große, ärztliche Vereinigung mit nicht bloß individualhygienischer, sondern auch rassenhygienischer Parole und Zielsetzung, auf welche ein Verlaß ist und welche mit ihren unendlich zahlreichen Verzweigungen und Verbindungen zu Gesunden und Kranken in der Lage ist, in Groß- und Kleinarbeit die rassenhygienischen Ziele und Absichten der deutschen Regierung und der Bewegung mit ihren unzähligen fleißigen Armen in der deutschen Bevölkerung in hartnäckiger, nimmer erlahmenden Arbeit zu verwirklichen. Damit rechtfertigt sich dann auch die Förderung unserer gesamten ärztlichen Standesaufgaben durch den Staat.

So braucht der neue deutsche Staat den rassenhygienisch vorgebildeten und tätigen Psychiater und Neurologen, aber auch umgekehrt: Der rassenhygienisch eingestellte Neurologe und Psychiater braucht die nationalsozialistische Bewegung und den neuen Staat, denn ohne ihn, seine Organe und seinen Führer wären die Bestrebungen des Rassenhygienikers heute dazu verdammt, höchstens ein kümmerliches Dasein der gnädigen Duldung eines Minimums von Rassenhygiene zu fristen.

Deutsche Volksgenossen, Kollegen, wir müssen dem Führer Adolf Hitler ewig dankbar sein, daß er durch eine geniale politische Tat für unsere rassenhygienische Arbeit überhaupt erst die breite Bahn der Gegenwart geschaffen hat und immer noch schafft. Wer unter uns bisher also unpolitisch war, dessen Pflicht ist es, außer der Verfolgung seiner rein wissenschaftlichen und ärztlichen Aufgaben, auch politisch im Sinne des Dritten Reiches und seines Führers zu werden, d. h. zu denken und mitzuwirken mit innerer Anteilnahme an der Unterstützung aller Bestrebungen, welche Deutschland und sein Volk groß und glücklich machen. Freund und Feind des deutschen Volkes und des Deutschen Reiches müssen auch unserer neuen Gesellschaft Freund und Feind sein.

Und so bitte ich Sie denn, zu Beginn unserer heurigen Verhandlungen, die im Zeichen nationalsozialistischer Weltanschauung, der Erbbiologie und der Rassenhygiene stehen, mit mir einzustimmen in den Ruf: „Unser Führer Adolf Hitler: Sieg Heil!“

Ich habe heute morgen an den Herrn Reichskanzler und Führer das folgende Huldigungstelegamm gerichtet:

„Den Reichskanzler und Führer grüßen die in Dresden tagenden deutschen Neurologen und Psychiater ehrerbietigst. Sie geloben, ihr Wissen und ihre ganze Kraft einzusetzen zur Gesunderhaltung und Aufartung des deutschen Volkes."

Und nun erkläre ich die wissenschaftliche Sitzung für eröffnet.

Ministerialdirektor Dr. Gütt-Berlin begrüßte die Gesellschaft im Namen des Reichsinnenministeriums, Ministerialrat Dr. Wegner-Dresden im Namen der sächsischen Regierung.

Der Reichskanzler und Führer erwies der Gesellschaft die Ehre, sie mit folgendem Telegramm zu begrüßen: „Den in Dresden tagenden Deutschen Neurologen und Psychiatern danke ich bestens für die mir übermittelten Grüße und wünsche ihren Beratungen einen vollen Erfolg. Adolf Hitler".

H. Pette-Hamburg:

M. H.! Als der Reichsleiter, Herr Prof. Rüdin, vor etwa einer Woche an mich herantrat mit der Bitte, den Vorsitz der neurologischen Abteilung dieser Gesellschaft zu übernehmen und ich ihm eine zusagende Antwort gab, war ich mir voll bewußt, welch große Verantwortung ich zu tragen habe, wenn ich in einer Zeit wie der heutigen, der Zeit des gewaltigen Ringens um die Schaffung einer neuen Lebensgrundhaltung mit an die Spitze einer Truppe der Wissenschaft und der Forschung gestellt werde, wie sie die Neurologie auf Grund ihrer Tradition und ihrer wachsenden Bedeutung im Rahmen der anderen medizinischen Disziplinen, nicht zuletzt auch im Rahmen der neuen Gesetze der Volksgesundheit darstellt. Ich bin mir auch darüber im klaren, daß ich meiner Aufgabe in diesem Jahre nur sehr bedingt gerecht werden kann, schon allein deshalb, weil mir zeitlich keine Möglichkeit gegeben war, auf die Art der hier zu leistenden neurologischen Arbeit irgendwelchen Einfluß auszuüben.

Wenn ich das Programm der Tagung überblicke, das neurologische Vorträge aus den verschiedensten Arbeitsgebieten enthält, so fällt auf, daß die Anmeldungen aus den neurologischen Kliniken außerordentlich spärlich sind. Ich will offen heraus erklären, daß dies kein Zufall ist, sondern einen tieferen Grund hat. Als wir im vergangenen Jahr in München vor die Tatsache gestellt wurden, daß die Gesellschaft Deutscher Nervenärzte in Zukunft mit dem Deutschen Verein für Psychiatrie in Dachgemeinschaft leben solle, ergriff uns alle zunächst wohl eine tiefe Trauer. Wir hielten den langen Kampf um die Anerkennung der Neurologie als eines selbständigen, anderen Disziplinen gleichberechtigten Faches nunmehr für definitiv beendet und glaubten uns jeder weiteren Entwicklungsmöglichkeit beraubt. Unsere Sorge war verständlich für jeden, der die Geschichte dieses Kampfes kennt.

Wir wissen, daß durch rastlose Arbeit großer Meister und ihrer Schulen die Neurologie zu einer Wissenschaft höchsten Ranges geworden ist, und daß sie heute ein stolzes festgefügtes Gebäude darstellt, das Schritt um Schritt den Mutterdisziplinen, der Inneren Medizin und der Psychiatrie, hat abgerungen werden müssen. Ganz besonders deprimierte uns aber der Gedanke, daß in einer Zeit, wo in fast allen Ländern der Welt die Neurologie verselbständigt wird, ihr in Deutschland, dem Mutterlande der organischen Neurologie, die Türen verschlossen werden sollten. Mich selbst haben diese Gedanken aufs schwerste belastet. Um so mehr freue ich mich heute, Ihnen sagen zu können, daß mir der Herr Reichsleiter in längerer Aussprache erklärt hat, daß ihm bei der Zusammenlegung beider Gesellschaften nichts ferner gelegen habe, als in die Belange der Neurologie einzugreifen, und daß er sich seinerseits für unsere Pläne einsetzen werde, von deren Richtigkeit und Wichtigkeit im Rahmen des Volksgesundheitsdienstes er vollauf überzeugt sei. Wir haben also keinen Grund, uns zu sorgen und mutlos zu sein, im Gegenteil, wir haben nunmehr alle die Pflicht, weiter zu kämpfen und uns dabei geschlossen bereitzustellen zur Mitarbeit an den Aufgaben, die der neue Staat uns als Ärzten und Forschern auf einem besonders wichtigen Gebiet der Medizin übertragen hat, eine Arbeit, durch die wir in wissenschaftlicher Hinsicht reich befruchtet werden, wenn dies auch für manchen unter uns vielleicht noch nicht erkennbar ist.

So soll die Neurologie Seite an Seite mit der Psychiatrie, ihr gleichberechtigt, nicht als ein Teil von ihr, zusammenarbeiten. Ich bin überzeugt, daß diese Art der Arbeit eine wechselseitige Befruchtung zur Folge haben wird, zumal das Zeitalter der reinen Organpathologie im Schwinden ist, und wir alle mehr oder weniger korrelativ zu denken uns gewöhnt haben, d. h. aber so viel, daß es heute kaum noch engbegrenzte Probleme um ein bestimmtes Organ herum, als einer bestimmten Disziplin zugehörig, gibt. Und so wie zwischen den einzelnen Organen unzählige Beziehungen und Wechselwirkungen bestehen, so lassen sich heute zwischen den einzelnen Fachgebieten ideelle Grenzen nur schwer noch ziehen. Wenn dies auf der einen Seite unsere Zusammenarbeit mit der Psychiatrie und in gleicher Weise mit der Inneren Medizin auch erleichtert, so müssen auf der anderen Seite in praxi doch Grenzen gezogen werden. Wie es eine in sich geschlossene wissenschaftliche Psychiatrie gibt, so gibt es eine in sich geschlossene wissenschaftliche Neurologie; Zeuge dafür ist der vor 4 Wochen in London abgehaltene II. Internationale Neurologen-Kongreß. Neurologie und Psychiatrie sind in den letzten Jahren so stark gewachsen, daß sie von einer einzelnen Hand keinesfalls mehr zusammengehalten, geschweige denn von einer Kraft — und sei sie noch so gewaltig — lehrend und forschend zugleich beherrscht werden können. Gleiches gilt für die Abgrenzung der Neurologie von der Inneren Medizin. Ich zweifle nicht daran, daß bei hinreichend gutem Willen alle, sowohl der Neurologe als auch der Psychiater, als auch der Internist zu ihrem Recht kommen werden und in Frieden nebeneinander wohnen können. Dabei wird es naturgemäß dem einzelnen, auch wenn er auf Grund seiner äußeren Stellung Psychiater oder Internist ist, unbenommen bleiben, sich neurologisch forschend zu betätigen. Wie immer ist auch hier die Persönlichkeit entscheidend.

Wie nah und doch wie fern sich Neurologie und Psychiatrie stehen, wird uns vielleicht schon der heutige Tag zeigen. In den Fragen der Erbbiologie kreuzen sich die Wege beider Disziplinen, ihre Arbeitsmethoden berühren sich auf das engste. Dies ist vielleicht mehr unbewußt als bewußt mit ein Grund gewesen, daß der Herr Reichsleiter die Erbbiologie in den Mittelpunkt unserer ersten Sitzung gestellt hat. Wir Neurologen wollen nicht verschweigen, daß wir bei dieser Arbeit bis jetzt über den Anfang nicht hinausgekommen sind. Dennoch aber wissen wir heute schon, daß die neue Arbeitsrichtung über die Forderungen des Gesetzes zur Verhütung erbkranken Nachwuchses hinaus viele Probleme der Neurologie, nicht nur der degenerativen Erkrankungen, in überraschender Weise befruchtet hat und weiter befruchten wird. Die letzten

Jahre haben in zunehmendem Maße gelehrt, daß eine ausschließlich oder auch nur vorwiegend auf exogene Momente gerichtete Forschung weder Prozeß noch Symptom ätiologisch und pathogenetisch hinreichend gerecht zu werden vermag. Auch die Erfassung konstitutioneller Eigenarten des Einzelindividuums reicht oft nicht aus, hier kann, wie wir glauben, nur ein auf Anlage und Reaktionsweise ganzer Sippen gerichtetes Schauen weiterhelfen. Das gilt insbesondere auch für bestimmte Infektionen des Nervensystems, eine Auffassung, die, wie besonders hervorgehoben sei, nicht nur in Deutschland ihre Vertreter hat.

Zum Schluß seien mir noch einige Worte gestattet zu einer Frage, die mir ganz besonders am Herzen liegt; sie erscheint mir nicht nur wichtig, sondern auch dringend. So wie die Pathopsychologie das ureigenste Gebiet der Psychiatrie ist, stellen Pathophysiologie und pathologische Anatomie das Quellgebiet der praktischen und wissenschaftlichen Neurologie dar. Hier liegen die Wurzeln für die seit Jahren bestehenden Bestrebungen, die Neurochirurgie in den Aufgabenkreis der Neurologie einzubauen. Die Neurochirurgie kann nur dort gedeihen, wo eine enge Anlehnung an die Neurologie möglich ist. Es kann nicht wünschenswert sein, einseitig orientierte neurochirurgische Kliniken zu schaffen. Die neurologische Klinik muß unter allen Umständen der neurochirurgischen Klinik vorgeschaltet sein. Das Ideal ist zweifellos eine Dachgemeinschaft von neurologischer und neurochirurgischer Klinik, deren Leitung in den Händen des Neurologen zu liegen hat. Wir sind über die Zeit hinaus, wo nur die Technik den Erfolg gewährleistet. Auswahl der zu operierenden Fälle, Ausdeutung der diagnostischen Befunde und strengste Indikationsstellung, wozu nur der Neurologe berufen ist, sind nicht minder wichtig. Ich zweifle nicht daran, daß eine sich auf solcher Basis aufbauende Neurochirurgie den Vorsprung einholen wird, den andere Länder heute noch vor uns haben.

Ich schließe, indem ich des merkwürdigen Zufalles Erwähnung tue, daß wir gerade in Dresden, der Stadt, in der 1907 die Gesellschaft Deutscher Nervenärzte gegründet wurde, unsere erste gemeinsame Sitzung haben. Möge dies ein gutes Omen für unsere Arbeit sein und möge die Erinnerung an eine große Zeit deutscher Neurologie uns zu neuer Arbeit begeistern zu Nutz und Frommen unseres geeinten deutschen Volkes.

Probleme der neurologischen Erbbiologie.

Von

Prof. **Wilhelm Weitz,**

Direktor der inneren Abteilung des Städtischen Krankenhauses Stuttgart-Cannstatt.

Mit 1 Textabbildung.

Die Zahl jener Erkrankungen des Nervensystems, bei denen die Erbanlage in geringerem oder höherem Grade mitspricht, ist fast so groß wie die der Nervenerkrankungen überhaupt. Wenn ich über Probleme der neurologischen Erbbiologie spreche, so möchte ich in den Kreis meiner Betrachtung nur einen Teil von ihnen einbeziehen. Vernachlässigen möchte ich die außerordentlich verbreiteten sich gewöhnlich dominant vererbenden Störungen des visceralen Nervensystems einschließlich der vasoneurotischen Störungen und der Migräne. Ich möchte auch nicht auf jene Nervenerkrankungen eingehen, bei denen Erblichkeit nur in einem kleinen Teil der Fälle nachgewiesen ist, wie bei den Tumoren und den Neuritiden; ich möchte die grob anatomisch erkennbaren angeborenen schweren Mißbildungen des Zentralnervensystems und eine Reihe ausgesprochen seltener Erkrankungen unerwähnt lassen und meine Betrachtungen im wesentlichen auf die sogenannten heredodegenerativen Nervenerkrankungen stützen und auf einige andere häufiger vorkommende, aus rassehygienischen Gründen wichtige Nervenleiden.

Wie bei allen Erbleiden erhebt sich auch bei den heredodegenerativen Nervenleiden die Frage nach ihrem Erbgang. Ich bin der Meinung, daß bei der großen Mehrzahl der Fälle ein einfacher Erbgang, ein monomer-dominanter oder monomer-recessiver anzunehmen ist, wobei die Ausprägung des Erbleidens individuell mehr oder weniger stark variieren kann infolge des jeweiligen Einflusses der übrigen Erbmasse und der Umweltbedingungen.

Ich zähle die hauptsächlichsten heredodegenerativen Erkrankungen auf und begründe gleichzeitig, weshalb bei ihnen einfache Erbgänge anzunehmen sind. Dabei brauche ich nicht erst darauf hinzuweisen, daß die Erkennung von Stammbäumen mit einfach dominantem Erbgang im allgemeinen leicht ist und daß einfache Recessivität nach der Weinbergschen Methode aus der Erkrankung von $^1/_4$ der Geschwister am gleichen Leiden und vor allem aus der häufigen Herkunft der Erkrankten aus Verwandtenehen zu erkennen ist.

Die spinale Ataxie vererbt sich gewöhnlich recessiv. Von 46 Fällen Hanharts stammten 8 aus Ehen von Geschwisterkindern und 26 nachweisbar aus Verwandtenehen. In 21 Geschwisterreihen waren unter 118 Geschwistern 29 (das sind fast genau 25%) krank. Daneben sind vor allem von englischer Seite eine Reihe von Stammbäumen mit einwandfrei monomer-dominantem Erbgang beschrieben worden. Auch scheint sich die cerebrale Form der hereditären Ataxie in der Regel dominant zu vererben.

Bei der spastischen Spinalparalyse besteht nach Bremer in etwa 15% einfach dominanter Erbgang. Die übrigen stammen in etwa 20% aus Verwandtenehen, auch sind häufig Geschwister erkrankt, was für einfache Recessivität spricht.

Von den hereditären Dyskinesien folgt die typische Huntingtonsche Chorea, wie uns vor allem die Untersuchungen von Davenport und Entres gezeigt haben, dem einfach dominanten Erbgang. Den bisher recht unübersichtlichen erblichen Verhältnissen bei anderen strio-pallidären Erkrankungen lassen sich nach neueren Untersuchungen von Patzig anscheinend als Auswirkungen einer sich einfach dominant vererbenden Unterentwicklung des strio-pallidären Systems auffassen, wobei andere Erbeinheiten und Umwelteinflüsse mitwirken. Ich werde darauf noch zurückkommen.

Bei der Westphal-Wilsonschen Pseudosklerose fanden sich nach Kehrer unter 218 Geschwistern von 59 Probanden 23,4% Kranke, wenn man die Verdächtigen als gesund, und 28% Kranke, wenn man die Verdächtigen als krank ansah — ein Befund, der sich ungezwungen nur durch einfach recessiven Erbgang erklären läßt.

Auch bei der Myoklonusepilepsie fand Lundborg in seinen bekannten Untersuchungen an einem großen schwedischen Bauerngeschlecht fast genau $^1/_4$ von den Geschwistern der Probanden an dem gleichen Leiden erkrankt und erklärt deshalb mit Recht das Leiden für einfach recessiv.

Einfach dominant vererbt sich der essentielle heredofamiliäre Tremor.

Unter den Krankheiten, die als Muskelleiden imponieren, vererbt sich die Myotonia congenita einfach dominant. Auch die myotonische Dystrophie vererbt sich, wie ich mit Henke und

Seeger annehmen möchte, wahrscheinlich dominant, nachdem sie oft mehrere Generationen hindurch latent verlaufen ist. Ich werde auf Näheres später noch einzugehen haben.

Einfach dominanten Erbgang zeigt auch in vielen Sippen die Muskeldystrophie; in diesen Fällen ist die Zahl der Kranken männlichen und weiblichen Geschlechts gleich groß. Viel häufiger stammen aber die Muskeldystrophiker von gesunden Eltern, wobei die Zahl der männlichen Kranken die der weiblichen beträchtlich übersteigt, während in den einzelnen Geschwisterreihen die Zahl der männlichen Kranken der der männlichen Gesunden gleich kommt. Zahlreiche Beobachtungen zeigen in diesen Fällen, daß die Familie der gesunden Mutter belastet ist, während bisher keine sichere Beobachtung über die Belastung des gesunden Vaters veröffentlicht worden ist. Man kann diese Beobachtungen nicht einheitlich durch einen geschlechtsgebundenen recessiven Erbgang erklären, denn häufig haben kranke Männer in diesen Familien kranke Söhne und die gesunden Überträgerinnen übertragen die Erkrankung nicht nur auf Söhne, sondern auch auf Töchter und haben auch im übrigen blutsverwandte Kranke weiblichen Geschlechts. Man kann dagegen den Erbgang dieser Fälle einheitlich so erklären, daß die Erkrankung zwar dem dominanten Erbgang folgt, dabei aber eine gewisse Geschlechtsbegrenzung zeigt, daß die heterozygotische Anlage beim Manne stets in Erscheinung tritt, bei den Frauen aber nur in einem gewissen Prozentsatz.

Diese von mir zuerst ausgesprochene Ansicht hat auch Dawidenkow zu der seinen gemacht. Nach seinen sehr sorgfältigen Berechnungen an sehr großem Material darf man annehmen, daß von den weiblichen Anlageträgern nur 40—50 % erkranken. Ob daneben bei der Muskeldystrophie noch andere Erbgänge vorkommen, ist nicht ganz sicher. Möglich ist recessiver Erbgang. Ich fand am eigenen Material häufig, daß die Kranken aus Verwandtenehen stammten. Möglich ist auch das Vorkommen geschlechtsgebundenen recessiven Erbgangs.

Die neurale Muskelatrophie folgt in zahlreichen Sippen dem einfach dominanten Erbgang, wobei die Zahl der männlichen und weiblichen Kranken gleich groß ist. Auch bei der neuralen Muskelatrophie findet man wie bei der Muskeldystrophie in den übrigen Familien ein starkes Überwiegen des männlichen Geschlechts, und auch hier darf man die Ursache in einfacher Dominanz mit relativer

Geschlechtsbegrenzung vermuten. Recessiver Erbgang kommt selten vor. Ich habe einen solchen Fall von Steinthal beschreiben lassen. Ob geschlechtsgebundener Erbgang vorkommt ist zweifelhaft.

Die seltene Dejerine-Sottasche Form der Krankheit, bei der fühlbare Verdickung der Nervenstämme vorhanden ist und die außerdem durch Enge der Pupillen und Trägheit der Pupillenreaktion, Kyphose, Ataxie, Sensibilitätsstörungen, Nystagmus, Schwäche des unteren Facialis und Verdickung der Lippen gekennzeichnet ist, muß als einfach recessiv angesprochen werden, da die Kranken fast stets aus Verwandtenehen stammen. Diese auch als infantile progressiv-hypertrophische Neuritis bezeichnete Erkrankung wird von manchen Autoren in nähere Beziehung zur Friedreichschen Ataxie als zur neuralen Muskelatrophie gebracht. Strümpell bezeichnet sie als eine Kombination von beiden.

Krankheiten, die man klinisch als Kombinations- oder Mischformen zwischen zwei verschiedenen heredodegenerativen Nervenerkrankungen ansprechen kann, sind in großer Zahl beschrieben. Ich will auf sie hier nicht näher eingehen. Sie wurden sehr häufig bei zwei und mehr Geschwistern, nicht selten auch isoliert beobachtet. Häufig wurde bei ihnen Herkunft aus Verwandtenehen angegeben, so bei den Fällen, bei denen gleichzeitig Symptome der Friedreichschen Ataxie und der Muskeldystrophie vorhanden waren, in mehr als der Hälfte — ein Prozentsatz, der sicher noch höher wäre, wenn man die Nachforschungen danach überall genügend gründlich gemacht hätte. Für die überwiegende Mehrzahl dieser Fälle ist jedenfalls der recessive Erbgang sichergestellt.

Ich habe in dieser Zusammenstellung der Erbverhältnisse bei den hauptsächlichsten heredodegenerativen Erkrankungen bei keinem Fall das Bestehen eines geschlechtsgebundenen recessiven Erbganges als sicher angegeben. In der Tat scheint er mir auch in keinem Fall einer erblichen Nervenkrankheit bewiesen zu sein. Einige Stammbäume, die in der Literatur allgemein als recessiv geschlechtsgebunden angesehen werden, können mit mehr Recht als geschlechtsbegrenzt angesprochen werden. In dem bekannten Stammbaum Herringhams über neurale Muskelatrophie vererbt einmal der Vater sein Leiden auf den Sohn; in dem als typisch geschlechtsgebunden recessiv angesehenen Stammbaum der Pelizäus-Merzbacherschen Krankheit überträgt eine gesunde Frau einmal das Leiden nicht nur auf 2 Söhne, sondern auch auf 2 Töchter.

Bei den typischen heredodegenerativen Erkrankungen ist der Einfluß der Außenbedingungen gering. Ich halte es für ganz unwahrscheinlich, daß ein Träger der Anlage einer dieser Erkrankungen nur deshalb gesund bleibt, weil er bestimmte Schädigungen vermeidet. Dagegen können äußere Schädigungen, vor allem Infektionskrankheiten, sehr wahrscheinlich beschleunigend und verschlimmernd wirken. Oft mag allerdings wohl eine solche Schädigung nur durch Schwächung der den Funktionsausfall ausgleichenden Kräfte eine Verschlimmerung des Leidens herbeiführen, ohne den anatomischen Krankheitsprozeß zu beeinflussen. Im übrigen sollte die Frage der Manifestationshäufigkeit der degenerativen Nervenkrankheiten und die Frage, in welchem Ausmaß äußere Einflüsse die Krankheit modifizieren, durch systematische Zwillingsforschung zur Entscheidung zu bringen versucht werden. Bisherige vereinzelte Feststellungen an E.Z. mit neuraler Muskelatrophie oder mit spastischer Spinalparalyse ergaben sehr hochgradige Konkordanz.

Manche Autoren haben sich gegen die Annahme fest umschriebener Erbfaktoren, die einfachen Erbregeln folgen, gewandt, und zwar im wesentlichen mit folgenden Begründungen: Man finde die heredodegenerativen Erkrankungen in ihren reinen Formen nicht sehr häufig, um so häufiger aber alle möglichen Übergänge zwischen den einzelnen Erbkrankheiten. Man finde in der Verwandtschaft der eigentlich Kranken zahlreiche Fälle, die ohne krank zu sein, gewisse an die Krankheit erinnernde Symptome hätten. Man finde häufig, daß die Erbkranken selbst noch andere Erbkrankheiten und Anomalien hätten und daß vor allem in ihrer Verwandtschaft zahlreiche andere erbliche Nervenkrankheiten vorkämen. Man könnte all das nach einfachen Mendel-Gesetzen nicht erklären, ja, die alte Jendrassiksche Lehre, wonach sich nur eine allgemeine Heredodegeneration vererbe, die sich bald in dieser, bald in jener Erbkrankheit äußere, verdiene alle Beachtung. Zu diesen Einwendungen und Schlußfolgerungen ist folgendes zu sagen:

Die Behauptung, daß reine Fälle gegenüber den unreinen selten seien, ist übertrieben. Aber es ist zuzugeben, daß es eine große Zahl von Fällen gibt, die neben den Symptomen der einen Erbkrankheit auch die einer anderen bieten. Man hat, wie ich schon erwähnte, die Kombination von Muskeldystrophie und hereditärer Ataxie beobachtet, es sind Mischformen zwischen spastischer Spinalparalyse und cerebraler Ataxie, zwischen Friedreichscher Ataxie und Huntingtonscher Chorea, zwischen Dystrophie und familiärer spastischer Spinalparalyse beschrieben. Man hat die neurale Muskelatrophie in Kombination mit Opticusatrophie, Idiotie und bulbären Störungen gesehen. Es würde nicht schwer sein, diese Liste fortzusetzen.

Ein Vorkommen solcher Mischformen neben den reinen Formen in einer Familie, also z. B. das Vorkommen einer reinen Muskeldystrophie, einer reinen Friedreichschen Ataxie und einer Mischform zwischen beiden, würde nun allerdings für eine gemeinsame erbliche Wurzel der Muskeldystrophie und der Friedreichschen Ataxie sprechen. Aber solche Beobachtungen gibt es nicht. Wenn ein Mischfall in einer Familie mehrmals vorkommt, so ist es die Regel, daß alle befallenen Mitglieder das gleiche Krankheitsbild zeigen. Jendrassik, der den Mischfällen seine besondere Aufmerksamkeit geschenkt hat, hat den Satz aufgestellt — und ihm als dem Hauptvertreter der Lehre von der allgemeinen Heredodegeneration wird man es ja glauben — daß die erblichen Nervenkrankheiten in derselben Familie gleich verlaufen und auch die gleichen Symptome zeigen und daß nur in Einzelheiten Unterschiede bestehen. Das spricht, auf den Mischfall bezogen, durchaus dafür, daß es sich bei ihm um eine, genetisch gesehen, besondere Krankheit handelt.

Jendrassik hat auch die weitere richtige Beobachtung gemacht, daß die einzelnen Krankheiten in verschiedenen Familien stark variieren und hat, etwas übertreibend, gesagt, daß man fast ebensoviele Krankheitsformen beschreiben könne als es kranke Familien gäbe. Davenport fand in 4 großen Familien mit Huntingtonscher Chorea, daß in der einen der psychische Verfall, in der anderen die choreatische Störung fehlte, daß in der dritten die Progression ausblieb und daß in der vierten die Erkrankung ungemein früh begann.

Lissi beschreibt 2 Familien mit dominant vererbter neuraler Muskelatrophie mit 15 resp. 22 Kranken aus einer kleinen Stadt Sardiniens und ihrer Umgebung. In der einen Familie begann die Erkrankung zwischen dem 7. und 10. Lebensjahr, selten in der Pubertät. Es wurden stets die unteren Extremitäten zuerst befallen und erst 3—5 Jahre später die oberen. In der zweiten Familie begann das Leiden zu Anfang der 40er Jahre. Den Lähmungssymptomen gingen in allen Fällen sensible voraus. Auch die Pathologen haben öfters auf die anatomische Ähnlichkeit der Fälle einer Familie hingewiesen. Jede Familiengruppe hat eine Sondernote, sagt Bielschowsky von der Pseudosklerose, die sich besonders in der Lokalisation der Veränderungen zeigt.

Die Unterschiede in den Krankheiten der einzelnen Familien, für die sich außer den gegebenen noch viele Beispiele anführen lassen, können nicht darin ihre Ursache haben, daß dasselbe Krankheitsgen durch die übrige Erbmasse in der einen Familie so und in der anderen Familie so in seiner Manifestation beeinflußt wird, denn in vielen großen Stammbäumen ist die durch Verwandtschaft bedingte Gemeinsamkeit der Erbmasse bei entfernt verwandten Kranken natürlich nur ganz klein. Die Unterschiede können nur durch Verschiedenheiten des eigentlichen Krankheitsgens erklärt werden.

Von der Muskeldystrophie mag es ein Dutzend und mehr verschiedene Biotypen geben und von der Friedreichschen Ataxie ebenfalls, und außerdem mögen ein paar Biotypen existieren, die klinisch als Mischform zwischen Muskeldystrophie und Friedreichscher Ataxie erscheinen. Den verschiedenen Biotypen der gleichen Krankheit können verschiedene Mutationen desselben Gens, eine sog. multiple Allelie, zugrunde liegen. Es kann sich bei ihnen aber auch um Mutationen ganz verschiedener Gene handeln. Nachtsheim hat kürzlich mitgeteilt, daß in den letzten Jahren an drei verschiedenen Stellen eine Mutation beim Kaninchen aufgetreten sei, die das normale Fell zu einem sog. Kurzhaarfell mache. Experimentell ließ sich dabei jedesmal einwandfrei feststellen, daß die Mutationen ihren Sitz in verschiedenen Genen, zum Teil auch in verschiedenen Chromomeren hatten.

Daß es unter den erblichen Nervenkrankheiten zahlreiche Biotypen, viel mehr als klinisch unterscheidbare Krankheiten, gibt, erscheint mir von vorneherein nicht erstaunlich. Es ist z. B. experimentell festgestellt, daß die normale Beschaffenheit des Blattes der Löwenmaulpflanze von mehr als 100 Erbeinheiten abhängt. Es ist mir danach wahrscheinlich, daß die normale Beschaffenheit des Zentralnerven- und des neuromuskulären Systems des Menschen von noch beträchtlich mehr Genen, wohl mehreren

Hunderten, abhängig ist. In jedem dieser Gene werden Mutationen auftreten können und viele davon werden heterozygotisch oder homozygotisch in Erscheinung treten. Da es nun nur einige wenige Systeme sind, die bei den erblichen Nervenleiden erkranken, so scheint es verständlich, daß Mutationen in vielen Genen zu ähnlichen Störungen am gleichen System und damit zu einer relativ einheitlichen Krankheit führen. Es erscheint aber auch verständlich, daß Mutationen an anderen Genen Störungen in mehreren Systemen hervorrufen, die klinisch als Mischformen zwischen 2 Erkrankungen erscheinen, genetisch aber selbständige Krankheiten sind. Bezüglich der myotonischen Dystrophie, die früher als Mischform zwischen Myotonie und Dystrophie angesehen wurde, bezweifelt niemand mehr ihre Selbständigkeit. Ich spreche von Mischformen und nicht, wie üblich von Übergangsformen, weil dieser Name die falsche Auffassung begünstigt, daß genetische Übergänge vorlägen.

Die alten Autoren hatten vollkommen recht, wenn sie bei den einzelnen Nervenkrankheiten die vorhandenen familiären Unterschiede sorgfältig herausgearbeitet haben. Einige neuere Autoren haben geglaubt, diese Unterschiede völlig vernachlässigen zu dürfen. Sie halten diese Arbeit für unfruchtbar, da ja auch innerhalb der gleichen Familie große Unterschiede des klinischen Bildes beobachtet werden. Solche, übrigens relativ selten vorhandenen intrafamiliären Unterschiede (Jendrassik hat ihr Vorkommen ganz geleugnet), sind, soweit sie nicht Ausdruck eines verschiedenen Stadiums der Erkrankung sind, durch die Verschiedenheit der übrigen Erbmasse und äußerer Einflüsse zu erklären, wie bereits gesagt worden ist. Die übrige Erbmasse wird bei Individuen, die entfernter verwandt sind, im allgemeinen stärker verschieden sein als bei näher verwandten, weshalb die Krankheit bei näher Verwandten oft ähnlicher ist als bei entfernter Verwandten. Doch können auch nahe Verwandte in maßgebenden Faktoren erheblich variieren, so daß auch bei ihnen die Erkrankung recht verschieden aussehen kann.

In der übrigen Erbmasse spielt gelegentlich der Geschlechtsunterschied die größte Rolle. Bei der Muskeldystrophie und der neuralen Muskelatrophie verhindert oft das weibliche Geschlecht das Manifestwerden der Krankheit und bewirkt in anderen nicht ganz seltenen Fällen eine Abschwächung des Krankheitsbildes. Auch bei der spastischen Spinalparalyse kommt das letztere vor.

Wenn die übrige Erbmasse und in geringerem Maße äußere Schädigungen variierend auf den eigentlichen Krankheitsfaktor wirken, so können die extremen Varianten des einen Biotyps die extremen Varianten des anderen überschneiden, so daß eine Unterscheidung in einzelnen Fällen schwer oder unmöglich ist. Deswegen darf man aber die in der überwiegenden Mehrzahl der Fälle klar erkennbare Selbständigkeit der Biotypen nicht leugnen.

Die Herausarbeitung der einzelnen Typen ist auch wegen der individuellen Prognose und wegen der Erbprognose wichtig, denn verschiedene Typen haben oft verschiedenen Erbgang.

Bei der spastischen Spinalparalyse sind wie bei zahlreichen anderen Erbleiden die dominanten Fälle meist die leichteren, die recessiven meist die schwereren. Die reinen oder annähernd reinen Fälle sind fast stets dominant, die unreinen meist recessiv.

Bei der Muskeldystrophie folgt die Landouzy-Dejerinesche facio-scapulo-humorale Form dem einfach dominanten Erbgang, die juvenile Erbsche Form und die Duchennesche Pseudohypertrophie dem geschlechtsbegrenzt dominanten.

Bei der neuralen Muskelatrophie, bei der, wie nebenbei bemerkt sei, Dawidenkow 12 verschiedene Typen unterscheidet, sind ebenso wie bei der spastischen Spinalparalyse die reinen Formen dominant, die unreinen recessiv. Diese Beispiele mögen genügen.

Wenn die Klassifizierung der einzelnen Formen in Mißkredit gekommen ist, so liegt das außer an der vorgefaßten Meinung von der Nutzlosigkeit dieser Arbeit wohl auch daran, daß man die einzelnen Biotypen mit Namen von Autoren zu benennen pflegt, die dem heutigen Arzt, wenn er sich mit diesem Gebiet nicht intensiv beschäftigt hat, wenig besagen. Man sollte dem einzelnen Biotyp einen Namen geben, der kurz heraushebt, was ihn von den ähnlichen unterscheidet.

Ich komme zu einem weiteren Punkt, der einigen Autoren die Annahme bestimmter, unter sich verschiedener Gene, bei den erblichen Nervenleiden erschwert. Es ist das das angeblich häufige Vorkommen von gewissen an die Hauptkrankheit erinnernden Symptomen bei gesunden Blutsverwandten der Erkrankten.

Man findet in der Tat in den Familien mit rezessiver Friedreichscher Ataxie mehr oder weniger häufig Personen ohne Patellarreflexe, in denen Familien mit recessiver spastischer Spinalparalyse mehr oder weniger häufig Fälle mit gesteigerten

Sehnenreflexen. Offenbar handelt es sich hierbei um heterozygotische Träger der Anlage.

Bei einigen dominanten Krankheiten andererseits kommen ganz leichte Formen vor, von denen die Erkrankten selbst nichts wissen, z. B. bei der Muskeldystrophie, vor allem unter Frauen. Man sieht abortive im wesentlichen an Hautveränderungen erkennbare Krankheitsformen in der Verwandtschaft von Patienten mit hypertrophischer tuberöser Sklerose. Für die verschieden starke Ausprägung wird man bei diesen Erkrankungen vor allem die Verschiedenheit der übrigen Erbmasse verantwortlich machen müssen.

Am häufigsten lassen sich kleine abortive Formen bei manchen Erkrankungen des strio-pallidären Systems nachweisen. Die Klarstellung der hierbei vorliegenden bisher recht unklaren Verhältnisse werden uns, wie ich glauben möchte, vor allem die Untersuchungen **Patzigs** bringen, die er kürzlich auf dem Jenaer Vererbungskongreß vorgetragen hat.

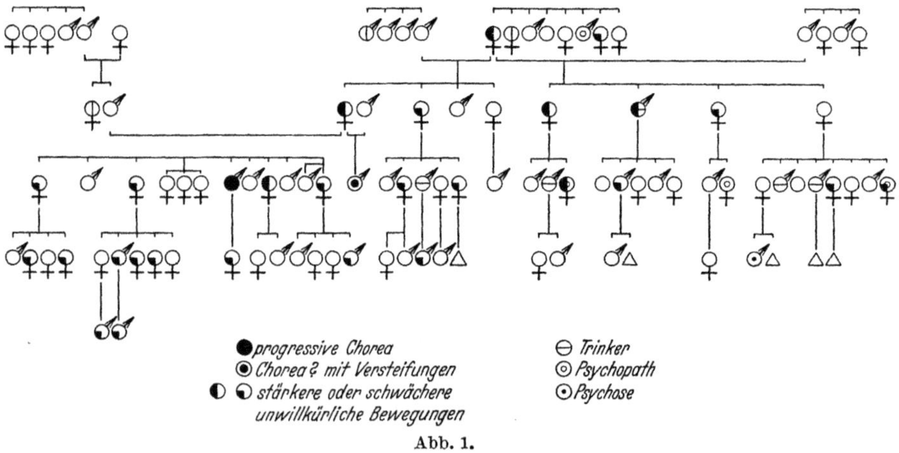

Abb. 1.

Patzig hat Stammbäume mehrerer Sippen gezeigt, in denen sich dominant eine Neigung zu stärkeren oder schwächeren unwillkürlichen Bewegungen feststellen ließ. Bei mehreren dieser noch als gesund anzusprechenden Personen ergab die anatomische Untersuchung eine deutliche Unterentwicklung des Striatums und des Pallidums. **Patzig** bezeichnet diesen Status als Status subchoreaticus. In diesen Stammbäumen fanden sich nun mehr oder weniger häufig wirkliche Krankheiten des strio-pallidären Systems; Chorea minor, chronische Chorea, chronische Versteifung.

Ich demonstriere Ihnen mit gütiger Erlaubnis von Herrn Patzig einen Stammbaum (Abb. 1), in dem außer einer sich dominant vererbenden Neigung zu unwillkürlichen Bewegungen einmal bei einem Luiker eine progressive Chorea und einmal eine allgemeine Versteifung vorkamen.

Soweit nach den kurzen Mitteilungen Patzigs ein Urteil abzugeben ist, wird man annehmen dürfen, daß das unterentwickelte Striatum bzw. Pallidum als Locus minoris resistentiae beim Hinzukommen von äußeren Schädigungen (z. B. der Infektion mit dem Rheumatismus- oder dem Syphiliserreger) oder von erblich angelegten Erkrankungen (z. B. der Gefäßabnutzung mit Arteriosklerose) sehr viel leichter krank wird als das normale. Dabei scheint bald dieses bald jenes Teilsystem stärker befallen zu werden, so daß es in der gleichen Familie zu phänotypisch verschiedenen Erkrankungen des strio-pallidären Systems kommt.

Daß ein mangelhaft entwickeltes Organ leichter erkranken kann, ist plausibel und auch sonst bekannt. Fast allen genuinen Schrumpfnieren weiblicher Kinder liegt eine angeborene Hypoplasie der Nieren zugrunde.

Ein dritter Grund, weshalb man glaubte, daß die einzelnen erblichen Nervenleiden einer allgemeinen degenerativen Anlage entsprängen, ist die Häufung sehr verschiedener Anomalien speziell auf neurologischem und psychischem Gebiet bei den Erkrankten selbst und ihren Angehörigen. Man findet bei den Erkrankten recht häufig Veränderungen am Knochensystem, man sieht gelegentlich bei ihnen innersekretorische Störungen, sie und ihre Verwandten haben öfter Migräne und allerhand Symptome, die in das Gebiet des sog. Arthritismus gehören; es wurden bei ihnen und ihren Verwandten nicht selten Epilepsie, Debilität und Idiotie, Potatorium, Psychopathie und die verschiedensten Geisteskrankheiten festgestellt.

Ein Teil dieser bei den Kranken beobachteten Erscheinungen sind sicher Auswirkungen des Krankheitsgens selbst, wie man entsprechendes auch in der experimentellen Vererbungslehre kennt. Der Faktor, der beim Kaninchen Kurzhaarigkeit veranlaßt, bedingt außerdem Neigung zu bestimmten Augenerkrankungen, erhöht die pränatale Sterblichkeit, erniedrigt das Geburtsgewicht, hemmt die normale Entwicklung nach der Geburt und begünstigt die Entstehung von rachitischen Erscheinungen und Anämie und das Auftreten von Erkrankungen der Luftwege.

Die bei unreinen Fällen häufig, und zwar nicht selten bei mehreren Geschwistern beobachteten Knochenveränderungen und Intelligenzstörungen, die psychischen Veränderungen und innersekretorischen Ausfallserscheinungen bei der Myotonia dystrophicans, gewisse psychische Abweichungen bei Huntington-Kranken sollen als verschiedenartige Auswirkungen je eines Krankheitsfaktors erwähnt werden. Es gibt solcher in die verschiedensten Richtungen gehenden Auswirkungen eines Krankheitsfaktors eine große Menge. Ihre Manifestierung ist offenbar häufig von der übrigen Erbmasse abhängig.

Bei einem mit einem recessiven Leiden Behafteten, der aus einer Verwandtenehe stammt, wird öfter auch das Manifestwerden eines anderen recessiven Leidens durch die Verwandtschaft der Eltern bedingt sein.

Was nun die Häufung von anderen erblichen Erkrankungen, speziell auf neurologischem und psychischem Gebiet bei den Blutsverwandten der Kranken mit heredodegenerativen Nervenleiden angeht, so muß mit großem Nachdruck betont werden, daß diese sich durchaus nicht in allen Familien findet und deshalb kaum durch ein biologisches Gesetz bestimmt sein kann.

Entres vermißte sie in den meisten seiner Huntington-Familien völlig. Hanhart fand nichts von einer solchen Häufung in seinen Friedreich-Familien und Diehl, Hansen und v. Ubisch keine Häufung in ihrer großen Familie mit dominanter Muskeldystrophie. Auch Henke und Seeger, die in ihrer über 1400 Mitglieder umfassenden Familie mit myotonischer Dystrophie im württembergischen Schwarzwald und an einem großen Vergleichsmaterial derselben Gegend ausgezeichnete Untersuchungen über die Frage der allgemeinen Degeneration gemacht haben, kommen zu dem klaren Ergebnis, daß die Nichterkrankten des Stammbaums durchgehend einen Prozentsatz an körperlich und geistig Defekten aufwiesen, der keinesfalls über dem der Vergleichsbevölkerung lag.

Andererseits kommt in manchen Sippen eine Häufung von allen möglichen erblichen Erkrankungen sicher vor. Die Erklärung ist meines Erachtens durch folgendes gegeben:

Für Minderwertige — und dazu gehören nach allgemeiner Ansicht viele erblich Nervenkranke — besteht ohne Zweifel eine erhöhte Wahrscheinlichkeit einen minderwertigen Ehepartner zu bekommen. Das ist mir in meiner Tätigkeit am Stuttgarter Erbgesundheitsobergericht sehr deutlich geworden. Es schien mir zunächst ein ernstes Problem zu sein, daß die Sterilisierung praktisch auch die Fortpflanzung der Ehepartner der Sterilisierten verhinderte. Dieses Problem hat für mich manches von seinem Ernst verloren, seitdem mir Aktenstudium und Vernehmung mancher Ehepartner gezeigt haben, wieviel Minderwertige es auch unter ihnen gibt.

Eine Anreicherung schlechter Erbmasse durch Heirat mit Minderwertigen wird vor allem in Sippen stattfinden, in denen die Erblichkeit des Leidens klar erkenntlich ist, das ist im allgemeinen bei dominantem Erbgang, und zwar besonders dann, wenn die Erkrankten bei ihrer Heirat schon krank sind oder, wie es bei der Huntingtonschen Erkrankung vorkommt, prämorbid irgendwelche abnorme Züge zeigen.

Bei recessivem Erbgang wird man in den Fällen, in denen die Erkrankten aus Verwandtenehen stammen, andere recessive Erkrankungen nicht nur, wie vorhin erwähnt, bei den Erkrankten selbst, sondern auch bei ihren Geschwistern häufiger erwarten dürfen als im Durchschnitt der Bevölkerung.

Außerdem mögen auch die im Umkreis der recessiven Kranken stets vorhandenen mehr oder weniger zahlreichen heterozygoten Anlageträger manchmal Krankheitssymptome des Nervensystems haben, deren Zusammenhang mit der Haupterkrankung nicht ohne weiteres erkennbar ist.

Wenn eine recessive spastische Spinalparalyse mit Sehstörungen, Augenmuskellähmungen und Idiotie einhergeht, so könnte man sich sehr wohl vorstellen, daß die Heterozygotie dieser Anlagen zur Debilität führen kann.

Es würde unsere Kenntnisse über die Beschaffenheit der heterozygoten Träger recessiver Krankheitsanlagen vermutlich sehr fördern, wenn die pathologischen Anatomen sie im gegebenen Fall zum Gegenstand ihrer Untersuchungen machen würden. Sie würden möglicherweise Befunde erheben, die an das ausgebildete Leiden erinnern.

Noch etwas anderes muß berücksichtigt werden: Bei erblich Nervenkranken und ihren Verwandten findet man öfter, daß sie sich infolge ihres Leidens in einem sozial tief stehenden Milieu befinden und daß alle möglichen schädigenden Momente auf sie gehäuft wirken. Man findet viel Potatoren unter ihnen und viele Syphilitiker. Bei der Huntingtonschen Erkrankung z. B. wurde von einigen Autoren eine positive WaR. so häufig gefunden, daß man allen Ernstes die Frage erörtert hat, ob nicht diese Erkrankung ohne Syphilis zu einem positiven Wassermann führen könne. Diese Schädigungen dürften vielfach keimverderbend wirken. Man darf dabei nicht nur an Mutationen denken, sondern an Modifikationen, nicht erbliche Keimschädigungen. Ich vermute, daß manche Debilität und manche sog. genuine Epilepsie in den Familien mit erblichen Nervenkrankheiten als solche Modifikationen angesehen werden müssen. Man denkt an sie meines Erachtens heute nicht so häufig wie sie es verdienen.

Im übrigen ist die Feststellung, ob Korrelationen zwischen irgendeinem degenerativen Nervenleiden und anderen Anomalien bestehen, nicht so einfach, wie es sich mancher vorstellt. Es sind dazu sehr genaue Vergleiche der Belastungshäufigkeit bei bestimmten Verwandtschaftsgraden, also z. B. bei Geschwistern oder Vettern in kranken und gesunden Familien nötig, wobei die miteinander verglichenen Familien bezüglich der sozialen Lage, der Beschäftigung, der Abstammung, des Alters usw. sich möglichst gleichen sollten. Es sollten Untersuchungen auf Korrelationen verschiedener Eigenschaften auch bei Geschwisterreihen gemacht werden, die aus Verwandtenehen verschiedener Grade stammen, um ihre Belastungshäufigkeit mit der von Nervenkranken vergleichen zu können, die aus Verwandtenehen gleichen Grades stammen. Da die Frage, was normal und anormal ist, von verschiedenen Untersuchern sehr verschieden beurteilt wird, ist es im allgemeinen erwünscht, wenn die vergleichenden Untersuchungen beim Kranken und seiner Verwandtschaft und beim Gesunden und seiner Verwandtschaft vom gleichen Autor vorgenommen wird.

In vielen Fragen ist unser Wissen in diesen interessanten und wichtigen Dingen noch nicht genügend fundiert.

Die Frage z. B., ob Korrelationen zwischen Migräne oder Arthritismus und degenerativen Nervenleiden bestehen, halte ich für durchaus unentschieden. Die Migräne kommt ja auch sonst, vor allem, wenn man ihre abortiven Formen mitrechnet, sehr häufig vor, und in den reichlich unscharf begrenzten Kreis des Arthritismus kann man einen großen Teil der Durchschnittsbevölkerung einschließen.

Um das Vorkommen verschiedener Erbkrankheiten desselben Systems bei einer Person und innerhalb einer Familie zu erklären, ist es neuerdings beliebt, einen Faktor für Organschwäche und eine Reihe von Faktoren, die die Art der Erkrankung dieses Organs determinieren, anzunehmen.

Es würde sich danach um dimer bzw. polymer bedingte Erbleiden handeln. Die tatsächlichen Erfahrungen, die Verteilung und Zahl der Kranken unter den Verwandten der Ausgangsfälle lassen sich mit dieser Annahme für die meisten erblichen Nervenleiden, wie ich vorhin entwickelt habe, nicht in Einklang bringen. Sie ist auch schon deshalb abzulehnen, weil sicher nicht ein Faktor, sondern sehr zahlreiche Faktoren die normale Beschaffenheit jedes Organs bestimmen. Ich halte derartige Erklärungsversuche auch nicht für nötig.

Die Forschung nach dem Zusammenhang von angeborenen Nervenleiden und dem Habitus haben im allgemeinen ein negatives Resultat gehabt. Die Angaben von Diehl, Hansen und v. Ubisch, daß die Muskeldystrophie Beziehungen zu einem gedrungenen, zu Fettleibigkeit neigenden Typus haben, konnte von anderen Autoren nicht bestätigt werden. Von großem Interesse ist der von Bremer erhobene Befund, daß sich in der Verwandtschaft von Kranken mit Syringomyelie häufig Leute mit dem von Henneberg so genannten Status dysraphicus fänden, mit Trichterbrust, Kyphoskoliose, auffällig langen Armen, lividen und kalten Händen und gekrümmten Fingern. Die Syringomyelie entsteht wohl stets auf dem Boden dysraphischer Störungen, die sich vielleicht dominant vererben. Es erkrankt aber von ihren Trägern offenbar nur ein kleiner Teil, denn während die Zahl der zum Status dysraphicus Gehörigen unter den Verwandten der Syringomyeliekranken sehr groß ist, muß das Vorkommen der Syringomyelie selbst bei ihnen als eine ausgesprochene Seltenheit angesehen werden. Da die Erkrankung von mir bei E.Z. diskordant festgestellt wurde, ist außerdem bei gleicher Erbsubstanz die Manifestierung Schwankungen unterworfen oder es spielen bei ihrer Entstehung äußere Einflüsse mit.

Nach Curtius und Lorenz kommt auf dem Boden des Status dysraphicus auch die multiple Sklerose besonders häufig vor. Auch sonst scheint diese Erkrankung nach ausgedehnten Untersuchungen von Curtius an einem minderwertigen Zentralnervensystem gehäuft vorzukommen, was natürlich nicht gegen ihre infektiöse Natur sprechen würde. Ob die bei ihrer Entstehung wirksamen erblichen Einflüsse so stark sind, wie Curtius vermutet, wird sich wohl aus Zwillingsuntersuchungen schließen lassen, über die nachher Herr Thums noch sprechen wird.

Von großer Wichtigkeit ist die Frage, ob der vielfach zu beobachtenden Anticipation oder Anteposition, d. i. dem Herunterrücken des Erkrankungsalters und dem Schwererwerden der Erkrankung in den jüngeren Generationen bei einem sich dominant vererbenden Leiden ein biologisches Geschehen zugrunde liegen kann, oder ob es sich dabei, wie manche meinen, um ein statistisches Trugbild handelt.

Ohne Zweifel wird das Bestehen einer Anteposition oft dadurch vorgetäuscht, daß Kranke aus älteren Generationen, die jung erkrankt und gestorben sind, besonders leicht der Vergessenheit anheim fallen und daß umgekehrt in den jüngeren Generationen alle die als krank gebucht werden, die früh erkranken, während die in höherem Alter Erkrankenden nicht mitgezählt werden, weil sie zur Zeit der Untersuchung noch nicht krank sind. Häufig ist es auch so, daß nur die besonders spät Erkrankenden heiraten und Kinder zeugen. Es sind also die kranken Eltern einer Auslese nach dem Alter unterworfen, die für die Kinder nicht ohne weiteres gilt.

Und trotzdem glaube ich nicht, daß der Anteposition stets ein statistischer Irrtum zugrunde liegt. Es sprechen vor allem Beobachtungen bei der myotonischen Dystrophie dagegen. Unter den Geschwisterreihen, in denen sich Kranke befinden, ist das Verhältnis von Kranken zu Gesunden annähernd 1:1, und außerordentlich häufig läßt sich bei einem der Eltern die gleiche Erkrankung nachweisen, auch wenn dieser Elter keine Verwandtenehe eingegangen hat. Es spricht das sehr dafür, daß dominanter Erbgang vorliegt. In höheren Generationen ist dabei von der Erkrankung nicht allein nichts bekannt, sondern es ist auch ihr Bestehen durchaus unwahrscheinlich. Dagegen findet man unter den mutmaßlichen Überträgern der Erkrankung in früheren Generationen sehr häufig Katarakt, der in älteren Generationen später zu beginnen pflegt als in jüngeren. In den übersehbaren jüngeren Generationen, in denen die ausgesprochene Erkrankung vorkommt, läßt sich vielfach das Herunterrücken des Erkrankungsalters und die stärkere Ausprägung der Erkrankung in der letzten Generation nachweisen.

Man muß annehmen, daß der verstärkten Ausprägung des Leidens auch eine verstärkte Anomalie des Gens zugrunde liegt. Durch eine geringfügige Mutation — so darf man sich die Sache vielleicht vorstellen — ist in einem Gen eine Mutationsbereitschaft entstanden, die in den ersten Generationen zu schwächeren, in den späteren zu stärkeren Mutationen führt und dadurch in diesen früher beginnende und schwerer verlaufende Krankheiten verursachen.

Auf jeden Fall ist aber die wirkliche Anteposition eine seltene Sache. Ich bin nicht davon überzeugt, daß sie bei einer anderen Erkrankung als der myotonischen Dystrophie vorkommt, obwohl ich natürlich die Möglichkeit nicht abstreiten will. Bei der Muskeldystrophie und der neuralen Muskelatrophie habe ich früher einmal das ganze mir zugängliche Material darauf durchgesehen — mit negativem Erfolg.

Von großer Bedeutung ist die Frage der Neuentstehung von Nervenkrankheiten durch Mutation. Es wird von den meisten Autoren zugegeben, daß jede erbliche Krankheit letzten Endes auf eine Mutation zurückzuführen ist; doch meinen viele, daß ihre Entstehung fast stets in einer ziemlich fernen Vergangenheit liege. Mir scheint diese Annahme nicht berechtigt.

Es gibt in der Literatur eine Reihe von recht zuverlässigen Beobachtungen, wonach ein aus gesunder Familie stammendes Individuum an einem auffälligen und nicht übersehbaren heredodegenerativen Nervenleiden erkrankt und es nun in einfach dominantem Erbgang durch mehrere Generationen weiter vererbt. Hier ist man gezwungen, eine Mutation anzunehmen. Aber auch die Annahme, daß viele isolierte Fälle ihre Entstehung einer direkten Mutation verdanken, ist durchaus einleuchtend und mit den Ergebnissen der experimentellen Vererbungslehre in Einklang zu bringen.

An den am besten experimentell durchforschten Objekten der Taufliege und der Löwenmaulpflanze beobachtet man bei mehreren Prozenten eine Mutation und nach Müller und Altenburg darf man annehmen, daß jedes Gen der Drosophila im großen Durchschnitt unter 50000 Individuen einmal mutiert. Daß es beim Menschen ähnlich sei, ist durchaus wahrscheinlich.

Die experimentelle Vererbungslehre hat uns auch gezeigt, daß bestimmte äußere Einwirkungen die Mutationshäufigkeit vermehren.

Für die menschliche Pathologie ist es wichtig, daß Agnes Bluhm bei Mäusen das Auftreten von Erbschädigungen durch chronische Alkoholvergiftung wahrscheinlich gemacht hat, und daß man durch Röntgenstrahlen, wie wir durch die Untersuchungen Mullers wissen, Mutationen in beliebiger Menge verursachen kann.

Daß es für den Menschen noch andere erbändernde Einflüsse gibt, ist sehr wahrscheinlich, wenn auch im einzelnen schwer beweisbar. Man möchte glauben, daß derjenige am sichersten vor Mutationen beschützt ist, der eine möglichst naturgemäße Lebensweise führt.

Ein Wort zur Frage der Eheberatung. In allen Sippen mit einem recessiven Nervenleiden sollten Verwandtenehen vermieden werden. Von der Ehe sollte allen denen abgeraten werden, oder man sollte vor der Ehe mit denen warnen, die hinreichend verdächtig sind, heterozygote Träger einer krankhaften Anlage zu sein, z. B. vor den mit erhöhten Reflexen Behafteten in den Familien mit spastischer Spinalparalyse, vor den mit fehlenden Patellarreflexen in den Familien mit Friedreichscher Ataxie.

Bei der Muskeldystrophie und neuraler Atrophie ist zu bedenken, daß die Gefahr der Vererbung des Leidens bei einem Mann, der das Erkrankungsalter überschritten hat, sehr gering, dagegen bei einer Frau, wenn sie nicht aus einer Familie mit einfach dominantem Erbgang stammt, sehr groß ist.

Bei den gesunden Überträgerinnen der Anlage zur Muskeldystrophie hat Dawidenkow schwache Entwicklung der Muskulatur am Schultergürtel und starke Entwicklung an den Waden beobachtet. Man wird so stigmatisierten Frauen aus belasteten Familien mit besonderem Nachdruck von der Ehe abraten müssen.

Abraten von der Ehe wird man wohl auch den zum Status subchoreaticus Gehörigen, wenn in der Familie mehrere Erkrankungen des strio-pallidären Systems vorgekommen sind. Die Gefahr, daß ein mit dysraphischen Störungen Behafteter eine Syringomyelie bekommt, scheint mir nach unserem bisherigen Wissen so gering zu sein, daß ich ihm nicht die Ehe verbieten möchte.

Abraten von der Ehe wird man allen, die ein degenerativ-erbliches Nervenleiden haben, wenn sie nicht sterilisiert worden sind. Abraten wird man auch allen gesunden Kindern eines Nervenkranken mit dominantem erblich-degenerativen Leiden, wenn sie das Erkrankungsalter noch nicht erreicht haben, also z. B.

eines Huntington-Kranken. Bei diesen wird man die Ehe mit allen nur möglichen Mitteln zu verhindern suchen, wenn es sich um leicht erregbare psychopathische Persönlichkeiten handelt, da nach den Erfahrungen Meggendorfers Psychopathie und leichte Erregbarkeit oft das erste Symptom der Huntingtonschen Chorea ist. Kranken mit multipler Sklerose wird man aus allgemein ärztlichen Gründen dringendst die Ehe widerraten, dagegen sehe ich vorläufig keinen Grund, ihren gesunden Blutsverwandten die Ehe aus rassenhygienischen Gründen zu verbieten.

Von den erblich Nervenkranken fallen bisher unter das Sterilisierungsgesetz nur die an Huntingtonscher Chorea Leidenden, bei denen die Sterilisierung meistens zu spät kommt. Ich sehe keinen Grund, weshalb andere degenerativ-erbliche Nervenkranke vor allem die an Muskeldystrophie, an neuraler Muskelatrophie, an myotonischer Dystrophie, an spastischer Spinalparalyse, an hereditärer Ataxie Leidenden, nicht auch der Sterilisierung unterworfen werden sollten. Man könnte entweder das Gesetz dahin ändern, daß man da, wo die Huntingtonsche Chorea erwähnt ist, hinzusetzt: „und die anderen heredodegenerativen Nervenleiden“; oder man könnte, wenn man dagegen Bedenken hat, unter Überwindung gewisser formaler Bedenken, die degenerativen Nervenleiden als schwere körperliche Mißbildungen ansehen. Degenerative Nervenleiden und körperliche Mißbildungen machen sich vor allem an der quergestreiften Muskulatur geltend und machen oft sehr ähnliche Störungen.

Wenn ich soeben einige Maßnahmen erwähnen konnte, die der Verhütung der neurologischen Erbkrankheiten dienen sollen, so zeigt das, daß unser bisheriges Wissen ungeachtet dessen, was jetzt noch verborgen ist und noch erforscht werden muß, schon genügt, um praktische Maßnahmen treffen zu können, was ja schließlich die Hauptsache ist. Sehen wir zu, daß das Fundament unseres Wissens immer fester und breiter wird, damit wir immer mehr der uns gestellten hohen Aufgabe dienen können, unserem Volk zur erblichen Gesundung zu verhelfen.

Aus dem Kaiser-Wilhelm-Institut für Genealogie und Demographie der Deutschen Forschungsanstalt für Psychiatrie in München.

Vorläufige Mitteilung über Zwillingsuntersuchungen bei multipler Sklerose[1].

Von
Dr. K. Thums.

Seit den umfangreichen Familienuntersuchungen von Curtius hat die alte Frage nach der endogenen Bedingtheit der multiplen Sklerose wieder neues Interesse erlangt. Schien in den letzten Jahren die infektiöse Natur der multiplen Sklerose einigermaßen wahrscheinlich zu sein, wenn auch noch bezüglich des Erregers Unklarheit und Uneinigkeit bestand, so glaubte Curtius den Nachweis erbracht zu haben, daß am Zustandekommen der multiplen Sklerose, sowie an der Gestaltung von Verlauf und Symptomatologie die Erbanlage entscheidenden Anteil habe. Bei fraglichen komplizierten Erbverhältnissen bedürfen aber Familienuntersuchungen der Ergänzung durch die Zwillingsmethode.

Nun liegt in dieser Beziehung erst eine einzige kasuistische Beobachtung mit sicheren Diagnosen, sowohl bezüglich des Leidens als auch der Ähnlichkeit, aus der holländischen Literatur vor (Le Gras): Ein eineiiges Zwillingspaar mit multipler Sklerose beider Partner. Der Verlauf der Erkrankungen zeigte Unterschiede sowohl hinsichtlich des Beginns, der Dauer und der Symptomatologie, was an sich noch nicht gegen die Erbbedingtheit oder für eine etwaige gemeinsame Infektion zu sprechen braucht, da selbst bei reinen Heredodegenerationen eine hochgradige intrafamiliäre Variabilität in Befund und Verlauf vorkommen kann und bedeutende intrageminelle Schwankungen bei Zwillingspsychosen bekannt sind.

Es wurde schon oft darauf hingewiesen, daß die Zwillingskasuistik mit vielen Mängeln behaftet ist: Auslese nach Eineiigkeit und Konkordanz sowohl in bezug auf die Tatsache der Erkrankung wie auch auf wichtige Einzelheiten in Beginn, Symptomato-

[1] Wir verweisen auf die demnächst in der Z. Neur. erscheinende ausführliche Veröffentlichung.

logie, Verlauf und Ausgang führten notwendigerweise schon oft zu falschen erbbiologischen und klinischen Schlüssen.

Auf Anregung von Herrn Prof. Rüdin stellten wir Untersuchungen an „multiple Sklerose-Zwillingen" an und versuchten, nicht in der Kasuistik stecken zu bleiben, sondern zu einer lückenlosen, repräsentativen Zwillingsserie zu gelangen. Während dieser Versuch bei den seltenen organischen Nervenkrankheiten von vornherein aussichtslos erscheinen würde, konnte er bei der relativ häufigeren multiplen Sklerose gewagt werden; Curtius berechnete, daß es im Deutschen Reich gegen 400 Zwillingspaare geben müsse, von denen mindestens ein Partner an multipler Sklerose leidet. Schwierigkeiten mußte vor allem der Weg bereiten, um zu einer lückenlosen Serie zu gelangen. Selbstverständlich mußten wir von einem Kollektiv von multiple Sklerosekranken ausgehen; die Erfassung des Materials vieler Anstalten an einem Stichtage genügte hierzu jedoch nicht als Ausgangsmaterial, vielmehr mußten wir einen Längsschnitt durch den Anstaltsbestand legen und erlitten auch dabei Fehlschläge bezüglich ungenügender Zahlen, solange wir den Längsschnitt auf 5 Jahre beschränkten. Erst als wir ihn auf 10—20 Jahre ausdehnten und auch viele kleine Abteilungen und Krankenhäuser in die Sammlung einschlossen, erhielten wir ein umfangreiches Ausgangsmaterial von multiple Sklerosekranken, das eine größere Anzahl von Patienten enthalten mußte, die einer Zwillingsgeburt entstammten. Wir sind zahlreichen Anstalten, Kliniken, Krankenhausabteilungen und Spitälern, die sich der ungemein mühsamen Arbeit unterzogen, ihr Material von 1—2 Jahrzehnten auf multiple Sklerosefälle zu prüfen und dadurch erst diese Arbeit ermöglichten, zu außerordentlichem Danke verpflichtet.

Wir beschritten zur Erlangung einer Zwillingsserie einen von Luxenburger angegebenen Weg, indem wir in jedem einzelnen uns gemeldeten Fall von multipler Sklerose durch Anfragen beim Standesamt oder Pfarramt feststellen ließen, ob der Patient einer Zwillingsgeburt entstammte oder nicht. Auf diese Weise erhielten wir 54 Zwillingspaare. Leider sind wir derzeit noch nicht in der Lage, die Größe des Ausgangsmaterials anzugeben, aus dem diese 54 Fälle gewonnen wurden, da unsere Sammlung noch nicht abgeschlossen ist; jedoch haben wir eine genaue Karteiisierung aller gemeldeten multiplen Sklerosefälle durchgeführt und werden nach

Beendigung der Sammlung über die Häufigkeit der Zwillinge in unserem Ausgangsmaterial berichten können.

Jeder noch lebende Patient und Partner wurde einer eingehenden neurologischen Untersuchung unterzogen. Daß wir dabei bei den Partnern ein besonderes Augenmerk auf die Auffindung von heredodegenerativen Einzelsymptomen, sog. Mikroheredodegenerationen, oder von Rudimentärformen der multiplen Sklerose legten, braucht wohl nicht betont zu werden. Weil die Diagnose der multiplen Sklerose oft, besonders bei einem einmaligen Spitalsaufenthalt nicht mit voller Sicherheit gestellt werden kann, untersuchten wir alle noch lebenden Patienten, auch solche mit verstorbenem Partner, um auf diese Weise alle unsicheren Fälle festzustellen oder solche mit Fehldiagnosen ausscheiden zu können und auch in dieser Hinsicht eine gleichmäßige Behandlung des Gesamtmaterials zu gewährleisten.

Alle lebenden gleichgeschlechtlichen Zwillingspartner unterzogen wir der Eiigkeitsbestimmung, wobei wir uns im wesentlichen der Siemens-v. Verschuerschen Ähnlichkeitsdiagnose bedienten, also anamnestische Daten, Kinder- und Jugendbilder berücksichtigten, eine Reihe anthropologischer Maße nahmen, Augen- und Haarfarbe bestimmten und auf Auffälligkeiten verschiedener Art, etwa der Weichteile des Gesichts, der Zahnstellung, der Fingerlängen und ähnliches achteten; auch fertigten wir Abdrücke aller 10 Fingerbeeren und beider Handflächen, sowie mehrere Photographien des Gesichts an.

Die Diagnosenstellung selbst bereitete bei den meisten Patienten keine Schwierigkeiten; wir hatten uns vor den Besuchen alle Krankenblätter der verschiedenen Spitals- und Anstaltsaufenthalte kommen lassen und dadurch zumeist von vornherein einen ausgezeichneten Überblick über den Verlauf des Leidens gewonnen. Nur in wenigen Fällen mußten wir das Vorliegen einer multiplen Sklerose als unsicher bezeichnen; wir führen diese Fälle im folgenden aber als fraglich mit an, da auch bei ihnen bei meist mehrmaligem Spitalsaufenthalt die klinische Diagnose einer multiplen Sklerose gestellt worden war.

Von 54 Ausgangsfällen und ihren Partnern konnten wir bei 20 Paaren unsere Untersuchungen noch nicht abschließen, können daher im folgenden nur über 34 Ausgangsfälle und Partner berichten.

Doch wollen wir zunächst den Aufbau des Gesamtmaterials der 54 Paare hinsichtlich Geschlecht und Überleben der Zwillingspartner schildern.

Tabelle 1. Übersicht nach Geschlechtsverhältnis und Überleben.

	Beide Partner über 5 Jahre	1 Partner vor dem 5. Jahr gestorben	Summe
Geschlechtsgleiche Paare GG	22	16	38
Geschlechtsverschiedene Paare PZ .	12	3	15
Geschlecht des Partners unbekannt .	—	1 (?)	1
Summe	34	19 + 1 (?)	54

Berechnung der zu erwartenden Zahl von EZ nach der Weinbergschen Differenzmethode: 53 — (2 · 15) = **23**.

Dieselbe Berechnung nur für die Überlebenden: 34 — (2 · 12) = **10**.

Tatsächlich gefundene Zahl von EZ: **9** (Minimalzahl).

Wenn wir nach der Weinbergschen Differenzmethode die zu erwartende Zahl der EZ berechnen, indem wir die doppelte Anzahl der Pärchen von der Gesamtsumme der Zwillinge abziehen (den einen Fall mit unbekanntem Geschlecht des Partners von der Gesamtsumme abgezogen), so erhalten wir 53 — (2 · 15) = 23. Die von uns bisher tatsächlich gefundene Zahl von EZ beträgt 9. Dieser Unterschied gegenüber der zu erwartenden Zahl von 23 EZ ist einerseits durch die von der Bestimmung ausgeschlossenen EZ zu erklären, die ihren Partner in der Kindheit verloren haben; andererseits harren noch 4 weitere gleichgeschlechtliche Paare mit lebenden Partnern der Eiigkeitsbestimmung. Berechnen wir nur für die Überlebenden die zu erwartende Zahl der EZ, also nicht wie früher aus dem Gesamtmaterial, so erhalten wir 34 — (2 · 12) = 10, was mit der von uns bisher gefundenen Zahl (9) gut übereinstimmt, die ja allerdings noch eine Erhöhung um maximal 4 erfahren könnte, wenn es sich herausstellen sollte, daß alle 4 von uns bezüglich der Eiigkeit noch nicht bestimmten gleichgeschlechtlichen Paare mit lebenden Partnern EZ sein würden.

Die Verteilung der Probanden nach dem Geschlecht zeigt nichts Auffälliges: 28 Männer zu 26 Frauen.

Wie schon erwähnt, konnten wir von den 54 Ausgangsfällen 20 bisher noch nicht untersuchen oder noch nicht beide Partner untersuchen; die untersuchten 34 Paare verteilen sich folgendermaßen:

7 eineiige Zwillingspaare,

8 zweieiige gleichgeschlechtliche Zwillingspaare,

7 Pärchen-Zwillingspaare,

10 Zwillingspaare mit kleingestorbenen Partnern, davon
11 Gleichgeschlechtliche und 1 Pärchen.

Von den 7 eineiigen Paaren scheidet eines von vornherein aus, bei welchem der Partner 10 Jahre vor dem Beginn der Erkrankung des Probanden im Felde gefallen ist; bis zu diesem Zeitpunkt waren beide Zwillingsbrüder stets gesund gewesen.

Von den restlichen 6 EZ-Paaren sind 2 Ausgangsfälle hinsichtlich der Diagnose der multiplen Sklerose als unsichere Fälle zu bezeichnen. In beiden Fällen war bei einmaligem Spitalaufenthalt und genauer klinischer Untersuchung die Diagnose multiple Sklerose gestellt worden, in beiden Fällen hatte sich der Zustand bis zur völligen Beschwerdefreiheit gebessert; bei unserer Nachuntersuchung, die in dem einen Falle 4 Jahre, in dem anderen 15 Jahre nach dem ersten und scheinbar einzigen Schub erfolgte, konnte keinerlei Symptom gefunden werden, das auf eine abgelaufene multiple Sklerose hingedeutet hätte. In beiden Fällen waren die eineiigen Partner anamnestisch stets gesund gewesen, objektiv fand sich nicht das geringste organische Zeichen.

Die übrigbleibenden 4 Ausgangsfälle mit lebenden eineiigen Partnern ließen keinen Zweifel an der Diagnose bestehen. In fast allen Fällen hatten mehrmalige Untersuchungen des Patienten anläßlich längerer Spitalsaufenthalte oder ambulatorisch stattgefunden und eine eindeutige Diagnose stellen lassen. Auch unsere Nachuntersuchung ließ keinen Zweifel an der Diagnose aufkommen. Die eineiigen Partner dieser 4 Probanden erwiesen sich anamnestisch und bei der neurologischen Untersuchung als vollkommen gesund. Nicht das geringste Symptom, auch kein heredodegeneratives Einzelsymptom konnte bei den Partnern gefunden werden. Dabei lag der Erkrankungsbeginn der Probanden 2 Jahre, bzw. 5, 11, 12 Jahre vor unserer Untersuchung.

Wenn wir, wie vielfach üblich, als Hauptgefährdungsperiode für die Erkrankungsmöglichkeit an multipler Sklerose das 18. bis 35. Lebensjahr annehmen, so stehen von den 6 EZ-Paaren nur noch 2 (eines mit sicherer und eines mit unsicherer Diagnose) innerhalb dieser Zeitspanne.

Zusammenfassend können wir sagen: von 4 EZ-Probanden mit sicherer und von 2 EZ-Probanden mit unsicherer Diagnose einer multiplen Sklerose erwiesen sich die Partner als völlig diskordant bezüglich organischer Nervensymptome.

Unter den 8 zweieiigen gleichgeschlechtlichen Zwillingspaaren scheidet von vornherein nur 1 Paar aus, bei dem der Partner mit 8 Jahren einer Appendicitis erlag, während sein Zwillingsbruder erst etwa 20 Jahre später an einer typischen multiplen Sklerose erkrankte. Von den übrigen 7 Fällen ist bei 2 Probanden die Diagnose der multiplen Sklerose nur mit großer Wahrscheinlichkeit zu stellen, während bei 5 Probanden kein Zweifel an der Diagnose bestehen kann. In allen 7 Fällen erwiesen sich die Partner bezüglich der multiplen Sklerose als diskordant, der Erkrankungsbeginn der Probanden lag 2 Jahre bzw. 5, 8, 9, 10, 17, 22 Jahre vor unserer Nachuntersuchung.

In der Hauptgefährdungsperiode stehen noch 2 Paare (eines mit sicherer und eines mit unsicherer Diagnose).

Zusammenfassend konnten wir auch unter 7 zweieiigen, gleichgeschlechtlichen Zwillingspaaren hinsichtlich der multiplen Sklerose nur Diskordanz finden.

Von den 7 Pärchen-Zwillingspaaren fallen 2 Paare von vornherein weg; bei dem einen war der Partner mit 10 Jahren an Scharlach, im anderen Fall mit 20 Jahren an nicht mehr feststellbarer Ursache, angeblich jedoch an keiner Nervenkrankheit gestorben; im letzteren Fall erkrankte die Probandin 26 Jahre nach dem Tode ihres Partners an multipler Sklerose, im anderen Falle 19 Jahre nachher. Ein weiterer Fall der Pärchen-Zwillinge konnte deswegen nicht voll ausgewertet werden, weil der gesunde Partner im Ausland wohnt und nicht besucht werden konnte. Eingeholte Erkundigungen ergaben, daß er auch heute noch subjektiv völlig gesund sei, während seine Schwester seit 6 Jahren an einer typischen multiplen Sklerose leidet. Somit bleiben nur 4 Pärchen-Zwillinge übrig und unter diesen befindet sich ein hinsichtlich der multiplen Sklerose fraglich konkordantes Paar. Dieser einzige fraglich konkordante Fall unserer ganzen Serie läßt sich kurz folgendermaßen schildern: Die Probandin erkrankte mit etwa 34 Jahren an einer klassischen multiplen Sklerose, an der sich nach 15jährigem, typisch in Schüben verlaufendem Leiden starb; während dieser Zeit stand sie fast stets in ärztlicher Beobachtung und Behandlung, darunter auch mehrmals an einer Universitätsnervenklinik. An der Diagnose bestand von Anfang an kein Zweifel. 16 Jahre nach ihrem Tode stellten sich bei ihrem damals 65jährigen Zwillingsbruder Gangstörungen von spastischem

Charakter ein, die im Verlaufe von 5 Jahren allmählich zunahmen, bisher aber noch zu keiner völligen Lähmung geführt haben, so daß der nunmehr 70jährige Landwirt auch heute noch nicht ans Bett gefesselt ist. Die Untersuchung ergab rein spastische Phänomene von Seiten der unteren Extremitäten, sonst fehlte jedes andere Symptom. Ein luischer Prozeß konnte nicht ausgeschlossen werden, ist aber ziemlich unwahrscheinlich, für eine hereditäre spastische Spinalparalyse ist in der übrigen Familie kein Anhaltspunkt. Mit einiger Wahrscheinlichkeit kann man eine atypische multiple Sklerose vermuten. Derartige atypische Fälle (Auftreten einer rein spastischen Paraparese im höheren Alter) sind beschrieben und autoptisch als multiple Sklerosen verifiziert worden. Zu bemerken ist noch, daß der Beginn und der Verlauf der Erkrankung bei der Ausgangsprobandin symptomatologisch völlig verschieden von dem ihres Bruders war.

Von den restlichen 3 Pärchenzwillingspaaren zeigten keiner der Partner einen pathologischen Befund; unsere Untersuchung fand 10, bzw. 11 und 19 Jahre nach dem Krankheitsbeginn des Ausgangsfalles statt.

In der Hauptgefährdungsperiode steht nur noch 1 Paar.

Zusammenfassend sind von 5 Pärchenzwillingspaaren 4 hinsichtlich der multiplen Sklerose diskordant (davon bei einem Paar nur nach den Angaben der Probandin) und 1 Paar mit einiger Wahrscheinlichkeit konkordant.

Von den 12 Zwillingspaaren mit kleingestorbenen Partnern wollen wir nur kurz mitteilen daß in 10 Fällen an der Diagnose der multiplen Sklerose beim Probanden kein Zweifel bestand, in 2 Fällen die Diagnose nur mit ziemlich großer Wahrscheinlichkeit zu stellen war. Von den kleingestorbenen Partnern dieser 12 Probanden war einer totgeboren, 3 starben unmittelbar nach der Geburt, einer in der 1., einer in der 2. Woche, einer mit 2, zwei mit 8 Monaten, zwei mit 1 und einer mit 2 Jahren. Die Todesursachen konnten in 4 Fällen nicht ermittelt werden, in 4 Fällen wurden Kinderkrämpfe, in einem Fall Lungenentzündung, in 1 Diphtherie und in 2 Fällen Lebensschwäche angegeben.

Wollen wir uns nun noch an Hand einer tabellarischen Zusammenstellung überlegen, zu welchen Schlüssen die Ergebnisse unserer Untersuchungen berechtigen, so sei vorerst betont, daß selbstverständlich die Kleinheit des Materials allzu weittragende

Tabelle 2. Verteilung der bisher untersuchten lebenden Paare nach Konkordanz und Diskordanz bez. der M. S.

	Konkordanz		Diskordanz		Summe
	sichere M. S. des Probanden	unsichere M. S. des Probanden	sichere M. S. des Probanden	unsichere M. S. des Probanden	
Eineiige Paare EZ	0	0	4	2	6
Gleichgeschlechtliche zweieiige Paare ZZ	0	0	5	2	7
Geschlechtsverschiedene Paare PZ . .	1 (?)	0	3+1(?)	0	5
Summe	1 (?)	0	12+1(?)	4	18

Schlußfolgerungen verhindert. Insbesondere können wir mit solchen Zahlen, wie den von uns gefundenen, natürlich auch keinerlei Berechnungen über Manifestationswahrscheinlichkeit und -verhinderung anstellen. Wir werden versuchen, durch möglichste Anreicherung des Ausgangsmaterials die Zahl unserer Serienuntersuchungen zu erhöhen. Nach unseren bisherigen Erfahrungen hoffen wir, daß es uns gelingen wird, vielleicht noch einmal so viele „multiple Sklerose-Zwillingspaare" als bisher zu finden. Mehr werden wir aber voraussichtlich mit Hilfe der Längsschnittmethode durch das Anstalts-, Abteilungs- und Klinikmaterial der letzten 10—20 Jahre kaum erhalten.

Immerhin stellen aber 54 „multiple Sklerose-Zwillingsfälle" einen beachtlichen Teil des überhaupt in Deutschland erreichbaren Materials dar. Zumindest haben wir gezeigt, daß das eine konkordante EZ-Paar der holländischen Literatur die oft vergessene Regel bestätigt, daß man mit Schlußfolgerungen aus der Zwillingskasuistik vorsichtig sein muß. Diesem einen Paar stehen unsere sechs bezüglich der multiplen Sklerose diskordanten Zwillingspaare (davon 4 mit sicherer, 2 mit unsicherer Diagnose des Ausgangsfalles) gegenüber. Und unter unseren 12 zweieiigen Paaren befindet sich nur ein fraglich konkordantes Paar.

Unsere Serienuntersuchungen an „multiple Sklerose-Zwillingen" berechtigen uns jedenfalls nicht zu dem Schlusse, daß die Erbanlage einen entscheidenden Faktor für das Zustandekommen der multiplen Sklerose darstellt. Fortgesetzte Untersuchungen an Zwillingsserien im Verein mit neuen, ausgedehnteren Familienuntersuchungen werden aber doch vielleicht in dieser Frage Klarheit bringen.

Aus der Psychiatrischen und Nervenklinik der Universität Breslau.
(Direktor: Prof. Dr. Johannes Lange.)

Myotonie und dystrophische Myotonie in Schlesien.

Von
Heinz Boeters, Breslau.

Die pathogenetischen Zusammenhänge bei der Thomsenschen Krankheit und der dystrophischen Myotonie sind noch weitgehend ungeklärt. Experimentelle Ergebnisse deuten darauf hin, daß dem myotonischen Verhalten des Muskels eine Änderung im Zustand und der Erregbarkeit des Sarkoplasmas zugrundeliegt, so daß an eine myogene Entstehung des Leidens zu denken wäre. Gegen diese Annahme sprechen aber manche anderen physiologischen Ergebnisse. Auf eine Beteiligung des endokrinen Systems verweisen außerdem, vor allem bei den dys- und atrophischen Formen der Myotonie, zahlreiche klinische und pathologisch-anatomische Befunde. Es sei nur an die häufigen Störungen in der Sexualsphäre, an hypophysäre und hypadrenale Symptome erinnert, vor allem aber auch an die Myotoniekatarakt, die als spezifischer Cholesterinstar zu gelten hat. Schon Curschmann hat aber betont, daß eine primär endokrine Genese nicht anzunehmen ist, weil der typische myotonische und myotonisch-dystrophische Symptomenkomplex von den innersekretorischen, auch den pluriglandulär bedingten Krankheitsbildern, die wir sonst kennen, völlig verschieden ist.

Deshalb ist seit der klassischen Beschreibung des myotonischen Syndroms durch Erb immer wieder die Theorie einer zentralnervösen Ätiologie vertreten worden. Störungen der zentralen Regulationsstellen, Kernaplasien und Funktionsdefekte der vegetativen Zentren in Mittel- und Zwischenhirn könnten in der Tat die myotonische Reaktion selbst, außerdem auch die verschiedenartigsten endokrinen und dystrophischen Anomalien erklären. Hirnhistologische Befunde, die diese Theorie stützen, sind bisher allerdings nur in seltenen Fällen erhoben worden.

Wenn auch hier noch manche Probleme ungeklärt sind, steht andererseits der erbliche Charakter der Myotonie außer Zweifel, eine Tatsache, auf die schon Thomsen am Beispiel seiner eigenen Familie und außerdem Erb verwiesen haben. Auch in der späteren

Myotonieliteratur finden sich häufig Hinweise auf die Erblichkeit des Leidens. So sind vielfach mehrere Krankheitsfälle bei Geschwistern oder auch eine direkte Vererbung der Myotonie über Generationen hin beobachtet worden. In anderen Fällen wird aber im Gegensatz dazu betont, daß die Eltern der beobachteten Kranken sicher frei von myotonischen Störungen sein sollen. Systematische Familienuntersuchungen fehlen allerdings vielfach, so daß diese Ergebnisse, wenn eine Klärung der Erblichkeit und des Erbganges beabsichtigt ist, nicht vorbehaltlos verwertet werden können. Am besten erforscht ist die Familie Thomsen selbst, in der Nissen die Untersuchungen fortgesetzt hat. Der Erbmodus erscheint hier über 7 Generationen eindeutig dominant.

Über die Sippen von Probanden mit dystrophischer Myotonie liegen mehrere eingehende Familienuntersuchungen, zum Teil von ophthalmologischer Seite her, vor. Auch hier ist vielfach der Schluß gezogen, daß die Störung nach einem dominanten oder einem unregelmäßig dominanten Erbmodus übertragen wird. Dieser Annahme ist aber von anderer Seite her widersprochen worden. Eine Reihe weiterer Fragen ist ebenfalls noch heute ungeklärt; zunächst, wie denn die Vielgestaltigkeit der klinischen Bilder zu deuten sei, weiterhin die Frage nach der genetischen Beziehung zwischen reiner (kongenitaler) und dystrophischer Myotonie, zumal, bisher in wenigen Fällen, beide Krankheitsbilder nebeneinander in der gleichen Familie beobachtet worden sind.

Um einen Beitrag zu diesem Fragengebiet an Hand einer ausgedehnten Familienforschung zu liefern, haben wir den Versuch gemacht, das schlesische Myotoniematerial lückenlos zu sammeln und die Sippen der Kranken möglichst genau durch persönliche Untersuchung und mit Hilfe aller sonstigen genealogischen Methoden zu durchforschen. Von 20 diagnostisch gesicherten Ausgangsfällen her, je zur Hälfte reine und dystrophische Myotonieformen, haben wir Unterlagen über insgesamt 812 Personen erhalten. Von den lebenden Angehörigen dieser Familien konnten rund 80% persönlich untersucht werden.

Während die Krankenblatteintragungen zur Familienanamnese nur selten Angaben über myotonische Störungen enthalten und ein Teil unserer Ausgangsfälle aus verschiedenen Gründen ursprünglich als Myotonia acquisita aufgefaßt worden war, ergab die systematische Familienforschung 120 Sekundärfälle von Myotonie bzw. von leichteren myotonischen Störungen. In der letzteren Gruppe sind (außer Initialstadien) abortive Myotonieformen zusammengefaßt, bei denen nicht alle klassischen Symptome des voll entwickelten Krankheitsbildes nachweisbar waren. Derartige leichte myotonische Störungen sind in unseren Familien häufig. Selbstverständlich wurde hier eine Verwechslung mit tetanischen, rheumatischen und ähnlichen Zuständen besonders sorgfältig zu vermeiden gesucht.

Die genealogische Durchforschung der Myotoniefamilien ergab zunächst ein grundsätzliches Resultat, das den weiteren Überlegungen vorangestellt werden soll: Krankheitsfälle von reiner und von dystrophischer Myotonie verteilen sich regellos über die Mehrzahl der Familien, unabhängig davon, welches beider Syndrome bei dem Probanden selbst vorliegt. Mehrmals finden sich beide Krankheitsbilder in Geschwisterschaften unmittelbar nebeneinander oder sie wechseln in einer Familie in der Kette der Generationen. Dazu kommt, daß bei Krankheitsbeginn gelegentlich nach ärztlicher Beobachtung der Eindruck eines reinen Thomsen vorliegt, während später dystrophische und endokrine Züge vielfacher Ausprägung hinzutreten oder gar das Krankheitsbild beherrschen. In anderen Fällen bleibt aber bei einzelnen Familienangehörigen bis ins hohe Alter das Bild einer reinen Thomsenschen Form der Myotonie bestehen, während andere Mitglieder der gleichen Familie schon im 2. und 3. Lebensjahrzehnt deutliche dystrophische Merkmale aufweisen. Daraus ist der allgemeine Schluß zu ziehen, daß Myotonia congenita und Myotonia dystrophica trotz der beträchtlichen Abweichungen im klinischen Bild unter genetischen Gesichtspunkten eng miteinander verbunden sind.

Wenn wir an Hand unseres großen Materials die Fragen nach der Bedeutung exogener Momente für die Entstehung der Myotonie, nach Beginn und Terminalstadium der Erkrankung und dem sozialen Schicksal des einzelnen aufwerfen, so ist zusammenfassend folgendes zu sagen: Mehr als die Hälfte unserer Probanden, die vielfach zur Begutachtung im Rentenverfahren in die Klinik eingewiesen waren, machte einen groben äußeren Schaden, meist Kriegsleiden und Feldzugsstrapazen, für Entstehung oder Verschlimmerung der Myotonie verantwortlich. In allen diesen Fällen war aber, zum Teil nur unter großen Schwierigkeiten, nachweisbar, daß schon vor dem genannten Termin myotonische Störungen, zum mindesten leichterer Art, bestanden hatten, wenn nicht die Zeit der Erkrankung mit dem Gefährdungsalter ohnehin zusammenfiel.

Dieses Gefährdungsalter genau festzulegen, ist überaus schwierig, zumal die Kranken selbst vielfach wenig genaue Angaben machen. In den meisten Fällen ist der Krankheitsbeginn in die Kinderjahre bzw. in das Pubertätsalter zu verlegen. Das gilt im Gegensatz zu früheren Angaben der Literatur in gleicher Weise für rein myotonische und für myotonisch-dystrophische Formen. Allerdings ist zu bedenken, daß gelegentlich die Krankheitserscheinungen erst später, etwa bis gegen Ende des dritten Lebensjahrzehntes, in deutlicherem Maße hervortreten, vielleicht auch durch äußere Einflüsse in diesem Lebensalter schubartig oder chronisch-progredient verschlimmert werden können. Viele der Kranken sind schon frühzeitig ihrem Beruf nicht mehr gewachsen. So ist ein Polizeibeamter Botengänger, ein Buchhalter Straßenarbeiter geworden. Im ganzen gesehen, sind schon im mittleren Lebensalter $^{2}/_{3}$ unserer Myotoniekranken beruflich schwer behindert oder völlig unbrauchbar und invalide geworden.

Irgendwelche Anhaltspunkte für eine endemische Häufung des Leidens haben wir nicht ermitteln können.

Weiterhin haben wir versucht, uns über die Häufigkeit der Myotonie bei beiden Geschlechtern Rechenschaft zu geben. Unter dem Probandenmaterial überwiegen die Männer — 19 Männer gegenüber einer Frau. Diese Unterschiede gleichen sich angesichts der Sekundärfälle aus. Von einer Häufung der Myotonie bei Männern können wir nicht sprechen. Bei den Frauen überwiegen aber die leichteren Krankheitsfälle. Es muß demnach zum mindesten dahingestellt bleiben, ob grobe exogene Schäden, denen Männer im Beruf und Kriegsdienst in stärkerem Maße ausgesetzt sind, zu einer Verschlimmerung der myotonischen Krankheitserscheinungen beitragen können.

Nunmehr wenden wir uns den besonderen Fragen des Erbganges der Myotonie zu. Um hier eine orientierende Übersicht zu schaffen, ist der Versuch gemacht, die statistische Morbiditätsberechnung nach Rüdin und Weinberg auch auf unsere Fragestellung anzuwenden.

Wir sind uns völlig darüber klar, daß angesichts der kleinen Bezugsziffern unseres Materials die Zahlen nicht Anspruch auf absolute rechnerische Gültigkeit erheben können. Immerhin ergibt sich, daß die Zahl der Myotoniekranken in den Geschwisterschaften den Wert von 50 %, wie wir ihn bei dominantem Erbgang erwarten müssen, nahekommt. Das gleiche gilt in entsprechender Weise für die anderen Familiengruppen.

Auch eine rechnerische Übersicht, die größere Verwandtschaftsgruppen mit gleicher Erbprognose zusammenfaßt, ändert an diesen Ergebnissen nichts. Wir finden auch hier in der engeren biologischen Familie eine Myotonieziffer von 43,6, gegenüber 50 %, wie sie theoretisch erwartet werden müßte.

Schon damit ist ein dominanter Erbgang der Myotonie wahrscheinlich gemacht, eine Annahme, die später durch die Analyse einzelner Stammbäume weiter gesichert werden soll.

Hier seien noch kurz einige rechnerische Ergebnisse angefügt.

Wir haben unter den Verwandten von Myotoniekranken eine außergewöhnlich hohe Zahl von Schwachsinnigen ermittelt, die bei weitem und über jeden rechnerischen Fehler hinaus eine Häufung der Oligophrenie gegenüber allen sonstigen Untersuchungen der Durchschnittsbevölkerung erkennen läßt. An der genealogischen Abteilung der Klinik sind inzwischen neue Vergleichsuntersuchungen über die Häufigkeit seelischer und neurologischer Anomalien in der schlesischen Bevölkerung in Angriff genommen worden. Als vorläufiges Ergebnis läßt sich hier schon sagen, daß die Schwachsinnshäufigkeit in Schlesien die Ziffern der Münchener Vergleichsarbeiten zwar übertrifft, andererseits aber nicht im entferntesten an die Zahl von nahezu 17 % unter den Myotoniegeschwistern heranreicht.

Besonders häufig sind in unseren Myotoniefamilien auch Merkmale aus dem epileptoiden Formenkreis. Wir haben hier Linkshändigkeit, Bettnässen und Fälle von habituellen Kopfschmerzen migräneartigen Charakters ausgezählt. Auch sonstige Auffälligkeiten, körperliche Mißbildungen und Fehlanlagen, psychopathische Anomalien und Psychosen haben wir in unserem Material gehäuft ermittelt.

Im folgenden darf ich Ihnen kurz die Erblichkeitsverhältnisse bei Myotonie an Hand einiger Stammbäume im Einzelnen demonstrieren (Vorweisung von Lichtbildern).

Diese Erbtafel veranschaulicht deutlich, daß die verschiedensten Formen der myotonischen Störung sich nebeneinander in einer Geschwisterschaft finden: Rein dystrophische Prozesse, leichte myotonische Bewegungsstörungen und typische Thomsen-Fälle. Gleichzeitig ist ersichtlich, daß das Leiden direkt von einem Elternteil auf die Kinder übertragen wird. — Auch dieser Fall gibt ein ähnliches Beispiel über 3 Generationen hin. — Das gleiche gilt von der vorliegenden Erbtafel. Die Zwillinge, die hier eingezeichnet sind, sind zweieiig; der eine Partner weist eine leichte myotonische Bewegungsstörung auf, der andere leidet an Diabetes und Gicht. — In diesem Stammbaum verfolgen wir über 4 Generationen hin die myotonische Störung. — Der gleiche Befund ergibt sich in dieser großen Familie; die schematisierende Zeichnung versucht auch hier den konkreten Formenreichtum innerhalb eines Erbkreises zu verdeutlichen. Der Erbgang der Myotonie läßt sich lückenlos verfolgen.

Ein besonderer Beleg für die dominante Vererbung der myotonischen Störung ist schließlich in den Befunden bei Halbgeschwistern zu sehen. In einem Fall ist es die Mutter, die in 2 Ehen die krankhafte Erbanlage weitergibt. Die Zwillinge in dieser Familie sind ebenfalls zweieiig. Bei dem einen besteht eine typische Thomsensche Krankheit, während der andere neben einer frühzeitigen Glatzenbildung eine deutliche Muskelschwäche an Vorderarm und Hand, außerdem eine Hypoplasie des Genitalapparates und ein Nachlassen der sexuellen Funktionen aufweist. Eine Schwester der erkrankten Mutter hat wiederum Kinder, die an Myotonie leiden. Alle anderen Seitenlinien, die Nachkommen eines manifest gesunden Elternteiles, sind auch ihrerseits frei von myotonischen Störungen geblieben, wie aus den vorhergehenden Demonstrationen ebenfalls erkennbar war.

Aus einem weiteren Beispiel ist zu ersehen, daß der kranke Vater in 2 Ehen mit gesunden Frauen myotoniekranke Kinder gezeugt hat. Besonders eindrucksvoll ist hier der Befund bei 2 Schwestern unmittelbar nebeneinander in der Geburtenreihe: Bei der einen besteht eine typische Thomsensche Form der Myotonie, die andere wäre dagegen zunächst als charakteristische progressive Muskeldystrophie angesprochen worden, wenn sie nicht ebenfalls alle Zeichen der myotonischen Funktionsstörung aufgewiesen hätte.

Fassen wir diese Ergebnisse zusammen: Die myotonische Störung wird in allen Fällen, in denen genügende Unterlagen und

Eigenuntersuchungen vorliegen, direkt vererbt; sie manifestiert sich bei Heterozygoten. Die Nachkommen nachweislich gesunder Familienglieder bleiben von myotonischen Störungen dauernd frei und vererben die kranke Erbanlage auch nicht an ihre Kinder. Hinweise auf einen geschlechtsgebundenen Charakter der Erbanlage fehlen. Die myotonische Störung wird demnach autosomal und dominant vererbt.

Wenn wir an dieser Stelle weiterhin die speziellen erbtheoretischen Resultate für unsere Fragestellung verwerten, die sich auf die experimentellen Ergebnisse von Timoféeff-Ressovsky gründen, sind folgende Überlegungen anzuschließen: Unter Penetranz haben wir hier den Prozentsatz der Fälle zu verstehen, in denen ein Gen sich überhaupt in einem bestimmten Material manifestiert. Auf Grund unserer Ergebnisse ist demnach mit einer starken Penetranz des Erbmerkmals „Myotonie“ zu rechnen. Wenn weiterhin als Expressivität definiert wird der Grad der Ausprägung eines Merkmals bei Individuen, bei denen es sich manifestiert hat, so werden wir zu dem Schluß kommen, daß die erhebliche intrafamiliäre Variabilität in der graduellen Ausprägung der myotonischen Störungen, wie sie immer wieder anzutreffen war, durch die Annahme einer wechselnden Expressivität weitgehend verständlich gemacht werden kann. Schließlich ist hier noch das Problem der Spezifität der Erbanlage zu besprechen, d. h. die spezifische Lokalisation, die typische Ausdehnung und die besondere, morphologische bzw. physiologische Gestaltung der Manifestation des Erbmerkmals. Gerade damit könnte die Tatsache einer Deutung nähergebracht werden, daß wir mehrfach reine und dystrophische Myotoniefälle in der gleichen Familie neben- und nacheinander finden, daß also hier eine gemeinsame Wurzel bestehen muß, wenngleich die Phänotypen und die klinischen Charakteristica weitgehend voneinander abweichen. Berücksichtigen wir andererseits, daß Defekte und Degenerationen im Bereich der zentralen vegetativen Regulationsmechanismen eine Erklärung für die Vielheit der myotonischen Krankheitsbilder abgeben könnten, so würden Unterschiede im Sinne der Spezifität erklären, daß das gleiche Gen unter dem Einfluß des genotypischen Milieus und — vielleicht — auch exogener Faktoren bald den ganzen myotonischen Symptomenkomplex, in anderen Fällen nur Teile dieses Syndroms in Erscheinung treten läßt, je nachdem ein oder mehrere, größere oder kleinere Bezirke des gleichen Hirnteiles betroffen sind.

Damit sind wir am Schluß unserer Ausführungen. Erlauben Sie mir hier nur noch ein Wort unter Berücksichtigung praktischer und rassenhygienischer Gesichtspunkte.

Unter diesem Blickfeld spielt die Myotonie wegen ihrer besonderen Seltenheit praktisch keine erhebliche Rolle. Nicht wenige Ehen von Myotoniekranken bleiben zudem wegen der genitalen Ausfallserscheinungen unfruchtbar. Andererseits finden wir aber, wie aus den vorher demonstrierten Erbtafeln abzulesen war, gelegentlich hohe Kinderzahlen, auch da, wo ein Elternteil an schwerer Myotonie leidet.

Wenn nun früher gelegentlich angegeben worden ist, daß gerade dominante Erbleiden rassenhygienisch weniger bedenklich seien, weil sie eliminierend wirken und den kranken Erbstamm zum Erlöschen bringen, so trifft dies sicher nicht für Erbleiden zu, die sich erst im späteren Lebensalter manifestieren oder dann deutlicher hervortreten. Ein analoges Beispiel bietet hier die Chorea Huntington, die praktischen Maßnahmen der Rassenhygiene besonders schwer zugänglich ist. Das gleiche gilt auch für die Myotonie: Es kann nicht erwartet werden, daß das Leiden ohne aktive rassenhygienische Maßnahmen von selbst erlischt.

Die erbbiologische Beurteilung angeborener Schäden des Zentralorgans.

Von

B. Ostertag, Berlin.

Es sind etwas mehr als 10 Jahre her, daß wir in unserer Arbeit über die „dysraphischen Störungen" die Bedeutung des Syringomyeliekomplexes darlegen konnten. Bald danach konnte Bremer den Status dysraphicus klinisch aufstellen. Es sind gerade 5 Jahre vergangen, seit ich in Dresden auf der Tagung der damaligen neurologischen Gesellschaft über die „vererbbare Syringomyelie der Kaninchen" berichten durfte. Daher entbehrt es nicht einer gewissen Tragikomik, daß wir heute dazu mahnen müssen, nicht jede Syringomyelie und nicht jede Spina bifida als Ausdruck etwa eines Erbleidens anzusehen.

Die Veranlassung zu meinen Ausführungen gibt die Anfrage eines Arztes und Vaters, der in seinem hohen Verantwortungsbewußtsein seine etwa 19jährigen Tochter wegen einer bald nach der Geburt operierten Spina bifida (mit geringer Hydrocele) sterilisieren lassen wollte.

Nach eingehender Durchforschung seines Stammbaumes konnte ich ihm ruhig raten, von dieser Maßnahme Abstand zu nehmen.

Wir dürfen nicht aus einzelnen Abwegigkeiten und Krankheitserscheinungen heraus, die wohl einmal Ausdruck einer Erbkrankheit sein können, den Schluß ziehen, daß jedesmal eine Erbkrankheit vorliegt.

Zur Erläuterung darf ich vor allen Dingen diejenigen Fälle anführen, wo uns bei Spina bifida, Hydromyelomeningocele und Kleinhirnfehlbildungen mit Hydrocephalus internus der Nachweis gelang, daß sicher exogene Ursachen eine Rolle spielen. Insbesondere darf ich auf eine Beobachtung verweisen, die mein Mitarbeiter Schulz aus unserem Institut gerade veröffentlicht und die auch in meinem bei Fischer, Jena, erschienenen Buch über die „Hirngewächse" mit angezogen ist.

Es handelt sich um ein frühgeborenes Kind luischer Eltern, das einige Monate erhalten werden konnte. Die Untersuchung der in Bildern demonstrierten Fehlbildung zeigt außer der Spina bifida mit Hydromeningocele bei geschlossenen Wirbelbögen am caudalen Ende im Dorsalmark ein nur in diesen Partien völlig geschlossenes und ausdifferenziertes Rückenmark, während im Gebiet des Halsmarkes und der Rautengrube ein weitgehender Defekt der sekundären Schließung anzutreffen war. Im Halsmark fand sich außerdem eine ungewöhnlich starke, gliöse Verdickung mit einer Erweichungszone, im Kleinhirn eine mediane Spaltbildung. Das Ventrikelsystem des Großhirns war hydrocephal erweitert mit gegen die Innenfläche vortretenden Höckern, die eine rindenähnliche, mehr oder weniger ausdifferenzierte Matrix darstellen (sog. Bild der inneren Mikrogyrie).

Die histologische Untersuchung, besonders der Partien des Brustmarks ergab nun, daß die Entwicklungsstörung am Rückenmark zwar einen normalen Schluß zugelassen hatte und der Grundaufbau dieses Teiles des Zentralorgans zeigt einen Aufbau, wie er sich um die Wende des 1. zum 2. Embryonalmonats bis vor den Beginn des 3. Monats darbietet, d. h. zu einem Zeitpunkt, in dem die Vascularisation der Zwischenschicht statthat. Mit dem Einstrahlen des Mesenchyms, der Vascularisation der Zwischenschicht, wird die Entwicklung hier gestört, weil bei dem von luischen Eltern abstammenden Kinde das Mesenchym die Einwirkung der luischen Schädigung auf das Zentralorgan möglich machte. So findet sich an dieser Stelle am Mesenchym das typische Bild der luischen Veränderungen: Endarteritis, perivasculärer, meist plasmacellulärer Infiltrate in der zugrunde gegangenen Zwischenschicht, an deren peripherer Grenze unter dem ehemaligen Randschleier noch die allmählich ausreifenden Ganglienzellen liegengeblieben sind.

Bezüglich der allgemeinen Rolle fehlerhafter und abwegiger Mesenchymation darf ich auf meine eingangs genannte Mitteilung verweisen.

Wichtig ist nun, daß wir hier den äußeren Faktor kennen gelernt haben: Nämlich die Lues mit ihren mittelbaren Auswirkungen auf die Entwicklung des Fetus, die durch ihren Eingriff in einen bestimmten Determinationsstadium sich auch unseren Augen sichtbar auswirkt. Ist auch die Entwicklung des Großhirns eine andere als die des Rückenmarks, so finden wir doch hier die Ausdifferenzierung in dem gleichen ontogenetischen Stadium gestört, und wir wissen u. a. dank der Mitteilung Schobs in Bumkes Handbuch der Psychosen, in welche Determinationsperiode die Mißbildung der inneren Mikrogyrie zu verlegen ist. Es ist derselbe Zeitpunkt, in den wir die Entwicklungsstörungen im Rückenmark zu verlegen haben. Ich darf auf die Mitteilung meines Mitarbeiters Schulz verweisen und lediglich hier anführen, daß wir diese als innere Mikrogyrie bezeichnete Fehlbildung auf äußere fehlerhafte Mesenchymation oder meningitische Affektion in bestimmter Entwicklungsepoche zurückführen müssen, da wir die eingreifende Störung des Mesenchyms in die Hirnrindenbildung bei keinem einzigen entsprechenden Falle bisher vermißt haben.

Wir vertreten die Auffassung, daß bei einer derartigen Störung in der Hirnrinde der cytotaktische Reiz für die Abwanderung der noch in der Matrix liegenden Zellelemente aufgehoben wird, wodurch diese am Ort der Entstehung liegenbleiben und sich dort entsprechend weiter entwickeln. Wesentlich an der Mitteilung dieser Beobachtungen ist einmal allein die Tatsache, daß die gesamten schwerwiegenden Störungen der hyperplastischen Syringomyelie im Halsmark, der Hydromyelie mit innerer Mikrogyrie im Großhirn ätiologisch und genetisch wie zeitlich auf ein und dieselbe Ursache zurückgeführt werden können; zum zweiten die Tatsache, daß wir in der Lage waren, im vorliegenden Fall die äußere Ursache klipp und klar herauszuschälen.

An der folgenden Demonstration eines normalen Fetus aus analoger Zeit erkennt man die bereits im Gebiet des Brustmarks und unteren Halsmarks geschlossenen Wirbelbögen, während caudalwärts wie kranialwärts die Wirbelbögen noch weit auseinanderklaffen. Es ist nun eine Folge der fetalen Beugung in der Längsachse, die individuell stark verschieden ist, je nachdem ob sich Neuralrohr und Wirbelbogen primär eher im Gebiet der Nackenbeuge oder caudalen Beuge schließen. Auf jeden Fall hinken diese Partien im primären und sekundären Schluß des Neuralrohres wie im Schluß der Wirbelbögen ganz erheblich hinten nach, und so ist es kein Zufall, daß wir bei etwaigen Störungen in der Entwicklung und den davon abzuleitenden Fehl- und Geschwulstbildungen die Prädilektionsstelle am caudalen oder kranialen Ende des Rückenmarks finden. So tritt Spina bifida (als Grundstörung mit ihren zahlreichen Kombinationen) fast nur am caudalen Ende und die Metencephalo-Meningocele oft mit Übergreifen auf das oberste Cervicalmark am kranialen Ende auf. In gleicher Weise finden sich an dieser Prädilektionsstelle die häufigen Fehlbildungen mit blastomatösem Einschlag. Die caudale Syringomyelie oder kranial die cervicale Dysraphie, wie die des Metencephalon (Syringobulbie) waren (auch die früh embryonal versprengten Keimmassen und unreifen Gewächsbildungen Försters und Gagels im caudalen Metencephalon gehören hierher) oft vergesellschaftet mit Entwicklungsstörungen oder Gewächsen des Kleinhirns.

Es braucht also nicht wunderzunehmen, wenn auch bei äußeren Ursachen an diesen physiologisch sich später schließenden, während der Entwicklung besonders exponierten, Stellen aus mehr oder weniger tiefgreifender Ursache Störungen entstehen. So besitze ich eine Anzahl in dem geschilderten Sinn fehlgebildeter menschlicher Früchte, bei deren Entwicklung die Menstruation am Ende des 1. Monats wieder aufgetreten war, so daß mit einer Unterbrechung der Gravidität gerechnet werden mußte, in denen die Gravidität dann zwar fortbestand, aber doch als geschädigt zu betrachten war. Hierüber werde ich berichten, wenn ein zahlenmäßig größeres Material zur Verfügung steht, darf aber mit Rücksicht auf die Wichtigkeit dieser Beobachtungen die Problemstellung hier öffentlich berühren, damit sachverständige, entwicklungsgeschichtlich geschulte Pathologen in den Stand gesetzt werden, zu diesen Fragen eindeutig Stellung zu nehmen. Dringend empfehle ich die Untersuchung ausgestoßener Früchte, zumal wir jetzt auch durch das Gesetz verpflichtet sind, alle Aborte zu melden. Daß der Gynäkologe verpflichtet sein sollte, das abgegangene Material oder ausgestoßene Früchte durch den Pathologen untersuchen zu lassen, ist leider in dem Gesetz nicht gesagt. Hierauf komme ich noch zurück.

Wir können festhalten, daß Störungen in der Entwicklung des Rückenmarkes also aus äußeren und oft genug feststellbaren Gründen bei erbgesunden Früchten auftreten können. Hierfür mag ein weiteres Beispiel dienen.

Bei einem eineiigen Zwillingspaar wird der eine Paarling als gesundes Kind geboren und erfreut sich heute im 12. Lebensjahr der besten Gesundheit. Der andere Paarling kommt mit einer Mißbildung (schwerste Dysraphie, Spina bifida, Syringomyelie, Fehlmesenchymation, Hydrocephalus) zur Welt und stirbt an dieser Fehlbildung, die überdies mit Hypospadie verbunden war, in wenigen Tagen.

Das war die erste Beobachtung der eingangs genannten Mitteilung. Wenn bei eineiigen Zwillingen nur der eine in der Tat gesund bleibt, so kann schlechterdings der andere Paarling nicht erbkrank gewesen sein. Wegen der Verantwortung, die ich mit diesen Ausführungen übernehme, will ich trotzdem bitten, eine vorsichtige Kritik noch walten zu lassen. Es bleibt jedoch zu überlegen, allein nach den vorher angeführten Beobachtungen: wie oft kommt es vor, daß bei eineiiger Zwillingsschwangerschaft der eine Paarling sich kräftiger entwickelt und bei dem engen zur Verfügung stehenden Raum den anderen Paarling am Aufkommen verhindert, so daß dieser als plattgedrückter Fetus papyraceus ans Licht der Welt befördert wird.

Es bedarf doch dann keiner großen und gekünstelten Erklärungsversuche, anzunehmen, daß gegebenenfalls der eine Paarling so unglücklich gelagert wird, daß bei ihm der Körperschluß sich nicht mehr regulär vollziehen kann. Dann aber haben wir einen gesunden, kräftigen und einen entwicklungsgeschädigten Fetus mit den dysraphischen Störungen vor uns.

Auch die Steißblastome und Steißteratome sind doch ursächlich nur Entwicklungsstörungen, die formal genetisch in denselben Abschnitt der ohnehin gefährdeten caudalen Schließung am Rückenmark gehören. Ich habe aber bisher noch nie erlebt, daß irgend jemand die Steißtumoren als Erbkrankheit bezeichnet hätte.

Es sind eben Erscheinungsformen, die sehr wohl Ausdruck einer Erbkrankheit sein können, nicht ohne weiteres zwangsläufige Bestandteile einer erblichen Erkrankung. Der „einseitige Acusticustumor" ist nie ein erbliches Leiden, der „doppelseitige Acusticustumor" aber stets der Ausdruck einer Recklinghausenschen Krankheit, deren Natur als Erbleiden nicht zu leugnen ist, mag selbst das Acusticusblastom der einen Seite so klein sein, daß es sich der Beobachtung entzieht und nie klinische Erscheinungen gemacht hat. Ich brauche die Neurologenkollegen nur an die Häufigkeit der Kleinhirncysten und die mit ihnen kombinierte Gewächsbildung zu erinnern; wie unendlich häufig sind sie! Und kaum jemand wird auf den Gedanken kommen, daß sie der Ausdruck einer Erbkrankheit sind. Dagegen sind die Kleinhirncysten, obzwar im Erscheinungsbild ganz ähnlich, nur durch einen kleinen Knoten mesenchymalen Angiomgewebes charakterisiert, der Ausdruck der nach Lindau benannten Erbkrankheit, die als solche meist im Todesfalle durch Obduktion der Körperorgane weiterhin gesichert werden kann, selbst wenn die Angiomatosis retinae fehlen sollte.

Hierzu lassen sich noch weitere Beispiele anführen. Erinnern möchte ich zum Schluß noch an die schwierige Beurteilung idiotischer Kinder, selbst wenn sie mit symmetrischen Fehl- und Mißbildungen zur Welt kommen. Zunächst wäre die Frage der sicheren Gefäßabhängigkeit im anatomischen Bild zu prüfen, alsdann die Tatsache festzustellen, ob eine exogene Ursache nachgewiesen werden kann oder nicht.

So kenne ich in gesunder Familie einen Knaben, der idiotisch geblieben war und, da es sich um eine Ehe handelt, deren einer Partner katholisch war, während der andere dem evangelischen Bekenntnis angehört, den Anlaß dazu gab, daß die Erkrankung des Kindes als Strafe für die „Mischehe" mit einer evangelischen Frau propagiert wurde, woraufhin gewisse Angehörige dieser Frau den Ehemann häßlicher Krankheiten verdächtigten. Zur Klärung des Falles bekam ich Sektionserlaubnis, und konnte feststellen, daß es sich um eine Hemmungsmißbildung, die wir etwa in den 5. Fetalmonat hineinverlegen, handelt und konnte später weiterhin ermitteln, daß zu dieser Zeit die Kindesbewegung eine Zeitlang erlahmt war und daß dieses Geschehen zeitlich zusammentraf mit einer Pilzvergiftung, die die Ehefrau sowie deren Dienstmädchen zur kritischen Zeit durchgemacht hatten. Die Erkrankung war eine sehr schwere gewesen, bei dem Mädchen mit Krämpfen, bei der Frau mit heftigen „Migräneanfällen" verlaufen. Objektive Bekundungen gab das unvoreingenommene Tagebuch der Mutter, die wegen der Erkrankung zur Tochter gerufen war.

Es braucht ja nicht erwähnt zu werden, daß selbst ein erbgesunder Idiot sich nicht als Elter für unseren Nachwuchs eignet und er schon deshalb nicht als Erzeuger in Frage kommen darf. Wohl aber müssen diese Fälle mit Rücksicht auf die Sippe geklärt werden und vor allen Dingen sind wir derartige Klärungen den verantwortungsfreudigen Volksgenossen in jedem einzelnen Falle schuldig, zumal wenn sich diese mit dem Gedanken der freiwilligen Sterilisierung tragen. Mit weiser Vorsicht hat der Gesetzgeber den Kreis der unfruchtbar zu machenden Personen (für ärztliches Empfinden oft) fast zu eng begrenzt. Wir müssen aber dem Gesetzgeber helfen, die Personenkreise zu erfassen, die unbedingt der Sterilisation zu unterwerfen sind, und das tun wir auch dadurch, daß wir ihm helfen, daß wir die rein symptomatischen Einzelfälle richtig erkennen und ausschalten. Und wir sind dazu gegenüber den Volksgenossen, die auch persönlich jede Verantwortung für ein erbgesundes Volk mit zu übernehmen bereit sind, verpflichtet, um nicht einen einzigen von ihnen zu ängstigen oder in der Zeugung wertvoller Nachkommenschaft zu hindern. Das Gesetz zur Verhütung erbkranken Nachwuchses hat für die Lösung vieler Fragen einen großen Anreiz für die Beschäftigung mit Erbfragen auch für weitere Kreise gegeben; Erbforschung und Rassenpflege dürfen aber nicht „modern" werden, sondern dürfen nur gelöst werden von Ärzten und Erbforschern, zu denen auch insbesondere, was die Beschaffung des Tatsachenmaterials anbetrifft, die Pathologen in Zukunft rechnen müssen.

Wie dies zum allgemeinen Wohl zu geschehen hat, darf ich Ihnen morgen mitteilen, wenn ich im Anschluß an den Bericht Roemers über „Die Bedeutung einer sozialen Pathologie für die erbbiologische Bestandaufnahme" spreche.

Erbliche Hirntumoren.

Von

Dr. J. Hallervorden.

Ein großer Teil aller Geschwülste — auch im Zentralnervensystem — läßt sich auf dysontogenetische Störungen zurückführen. Bei den Dysplasien mit blastomatösem Einschlag (Bielschowsky), nämlich der tuberösen Sklerose, der Neurofibromatose und Lindauschen Krankheit (zusammengefaßt als „Phakomatosen" nach van der Hoeve) ist Erblichkeit mehrfach nachgewiesen. Zu den erblichen blastomatösen Erkrankungen des Zentralnervensystems gehören auch die Netzhautgliome. Bei den Gliomen des Gehirns ist Heredität bisher nicht exakt festgestellt worden. Verf. ist eine Familie (nur klinisch) bekannt geworden, in der Mutter, Sohn und Tochter an bösartigem Hirngliom zugrunde gingen. In der Literatur ist sonst nur familiäres Vorkommen beschrieben (Besold, Böhmig, Hoffmann, Leavitt, Joughin, Bender und Panse). Aus der von Bender und Panse [Mschr. Psychiatr. 83, 253 (1932)] mitgeteilten Familie mit Naevi, Hohlfuß, Schwachsinn und Epilepsie hatten 3 Brüder Hirntumoren: Der älteste 60 Jahre alt, besaß ein unreifes Gliom im vorderen Balken mit Zelldystopien in Groß- und Kleinhirn; der zweite starb zu Hause, den dritten, Reinhold G., 46 Jahre alt, konnte Verf. anatomisch untersuchen. Es fand sich eine diffuse Glioblastomatose des Gehirns mit lokalisiertem Tumor im rechten Schläfenlappen; die unreifen Gliazellen waren im ganzen Großhirn, sowie Hirnstamm und Kleinhirn nachzuweisen. Wie bei dem von Bender und Panse beschriebenen Bruder ist hier eine Verwandtschaft mit der tuberösen Sklerose und der Recklinghausenschen Krankheit vorhanden (Naevi, Fibrome, Hohlfuß; etwas zurückgebliebene Rindenarchitektonik, Abartung der Glia). — In einem weiteren Falle, einem 47jährigen Manne war eine Schwester an Hirntumor gestorben, der Vater an Schlaganfall, die Mutter an Darmkrebs. Hier war nur eine diffuse Ausbreitung blastomatöser unreifer Gliazellen vorhanden, die vorwiegend um die Ventrikel herum gehäuft lagen und sich von da durch das ganze Gehirn ausbreiteten; stellenweise war es zu dichteren Wucherungen mit Riesenzellen und Kernballen gekommen, ohne aber zu einer wirklichen Geschwulstbildung zu führen. Hier bestand die gleiche diffuse Glioblastomatose, aber ohne klinische und anatomische Anzeichen der erwähnten Dysplasien; wichtig bleibt die Beziehung zu den ventrikulären Keimzentren (Creutzfeldt). Das Krankheitsbild der diffusen Glioblastomatose ist nicht so selten wie es scheint (Verf. hat noch 4 weitere Fälle untersucht). Andererseits zeigen viele Gliome mehr oder weniger weitgehende Ausbreitung der blastomatösen Zellen im Gehirn, so daß von den einzelnen Gliomen bis zur diffusen Glioblastomatose alle Übergänge möglich sind und auch vorkommen. Dies weist aber eindringlich darauf hin, daß die allermeisten Gliome auf dysontogenetische Störungen zurückgehen; in dieser Erkenntnis liegt der Wert der Ostertagschen Einteilung. Die Polymorphie der Zellen und ihre örtlich verschiedene Differenzierung bei der diffusen Glioblastomatose ist eine Mahnung, nicht die Zellform allein zum Einteilungsprinzip der Gliome zu machen, denn die Wachstums- und Gestaltungsvorgänge der Geschwulst sind weitaus wichtiger und kennzeichnender (Scherer). (Erscheint ausführlich im „Nervenarzt".)

Aussprache.

Curschmann (Rostock): Herrn Boeters bemerke ich, daß auf Grund der Literatur und meiner etwa 28jährigen Beobachtung an etwa 20 Familien mit myotonischer Dystrophie und Thomsenscher Krankheit eine Identität dieser beiden Erbleiden nicht zuzugeben ist. Es ist unrichtig, daß Thomsenfälle in Familien mit myotonischer Dystrophie vorkommen. Dieser Irrtum dürfte sich aufklären, wenn man diese scheinbaren reinen Thomsenfälle weiter verfolgt; dann stellt sich nämlich heraus, daß diese Fälle doch zu mehr oder minder kompletten myotonischen Dystrophikern geworden sind.

Bezüglich der sog. Mischformen (z. B. Kombination von M. Friedreich und Erbsche Muskeldystrophie) rate ich zu großer Vorsicht. Oft handelte es sich um ganz simple und häufige Symptome des einen Leidens; z. B. weiß jeder Erfahrene, daß Muskeldystrophiker häufig Areflexie, Fußdeformitäten und etwas Ataxie zeigen. Deshalb darf man aber nicht von einer „Mischform" von Erbscher Dystrophie und Friedreichscher Krankheit sprechen.

Die Resultate von Thums begrüße ich. Denn sie scheinen die in letzter Zeit übertrieben eingeschätzte Erbbedingtheit der multiplen Sklerose auf das sehr geringe, wahre Maß zurückzuführen.

Bezüglich der Frage der Anteposition bemerke ich, daß sie doch viel häufiger und wesentlicher ist, als Herr Weitz glaubte. Man darf sie aber nicht nur aus der Neurologie erschließen, sondern auch aus anderen internen Erbleiden. Z. B. zeigen die Biermersche Anämie und andere Blutleiden die Anteposition sehr deutlich ausgeprägt.

Weygandt (Hamburg): Nicht kasuistisch, obwohl manches zu erwähnen wäre, wie Turmschädel, tuberöse Sklerose, Chondrodystrophie, sondern praktisch einige Worte: Das Referat kommt zum Schluß wohlbegründet zum Abraten von der Eheschließung erbgefährdeter, erblich belasteter Personen. Die Erfahrungen der Eheberatungsstellen sind unbefriedigend. Viele Ehekandidaten fragen lieber Heilmystiker als ernste Beratungsstellen. Die Befrager der letzteren aber befolgen die Ratschläge, besonders das Abraten, nur ausnahmsweise. Wir kommen nicht aus mit Abraten, es muß zu gesetzlichen Vorschriften über Eheverbot und -erlaubnis auf erbbiologischer Grundlage kommen, wie ich es schon 1904 und neuerdings vorschlug. Vor allem Zusammenfluß zweier rezessiver Erblinien, wie bei Schizophrenie, muß dringend verhindert werden. Also gesetzliches Verbot ist anzustreben, nicht nur Abratung.

Kehrer (Münster) erscheint es fraglich, ob so zahlreiche Variationen der klinischen Bilder, deren Vorkommen auch auf Grund eingehender Untersuchung sehr erfahrener Neurologen nicht bestritten werden kann, in dem Maße durch Mutationen erklärt werden dürfen, wie es Weitz möchte. Für die Aufstellung der Typen muß mehr, wie es im Referat zum Ausdruck gekommen ist, die pathologische Anatomie herangezogen werden; nur mit ihrer Hilfe allein konnte z. B. die engste Verwandtschaft des „Pelizaeus-Merzbacher" mit den diffusen Hirnsklerosen und ihre Zusammenfassung als Leukatrophia cerebri ermöglicht werden. Kehrer verweist darauf, daß der von Weitz gezeigte Stammbaum Patzigs zahlreichen ähnlichen von echtem Erbveitstanz entspricht, auf die Kehrer bereits 1924 hingewiesen hat. Vorurteilslose histologische Betrachtung wird daher zu erweisen haben, ob in jener Sippe wirklich eine erbliche Aplasie und nicht viel mehr eine erbliche Degeneration vorliegt. — Der Syphilis kommt, wie Kehrer glaubt erwiesen zu haben, beim Erbveitstanz keine ursächliche Bedeutung, auch nicht in der Weise der familiären Syphilis, zu. Zum Schluß tritt Kehrer noch einmal wie vor 2 und 1 Jahr dafür ein, daß die hereditären Nervenleiden etwa als (schwere) „erbliche nervöse Krüppelleiden" in das Gesetz zur Verhütung erbkranken Nachwuchses aufgenommen werden.

Pette (Hamburg): Die Erforschung heredo-degenerativer neurologischer Erkrankungen ist dank der Ergebnisse erbbiologischer Arbeiten in ein neues Stadium getreten. Der Versuch, lediglich auf Grund klinischer Tatsachen immer wieder neue Typen aufzustellen, muß zugunsten einer erbbiologischen Betrachtungsweise aufgegeben werden. Es kann kein Zweifel sein, daß die sog. Übergangsfälle zwischen großen Krankheitsgruppen z. B. der neuralen Muskelatrophie und der Friedreichschen Ataxie einerseits und der neuralen Muskelatrophie und der Dystrophia musc. progr. andererseits um so seltener werden, je intensiver der Einzelfall klinisch und anatomisch unter erbbiologischen Gesichtspunkten ausgewertet wird.

Weitz (Schlußwort): Herrn Curschmann gegenüber möchte ich bemerken, daß ich die Anteposition als genetisch begründet anerkannt habe, ihr Vorkommen aber als eine ausgesprochene Seltenheit ansprechen muß. Daß die Bedeutung der

Mischfälle vielfach überschätzt worden ist, ist auch meine Meinung. Jedenfalls darf aus ihrem Bestehen nicht die Lehre von der Heredodegeneration hergeleitet werden. In den von Kehrer früher beschriebenen Sippen mit erblicher Dyskinese dürfte es sich zum Teil um Träger des Status subchoreaticus (Patzig) gehandelt haben.

Aus der Neurochirurg. Abteilung des staatl. Luitpoldkrankenhauses Würzburg. (Leiter: Prof. W. Tönnis.)

Die Geschwülste der Hirnkammern.

Von
W. Tönnis.

Um unseren Kranken die Vorteile moderner neurochirurgischer Behandlung in steigendem Maße zugänglich zu machen, ist es notwendig, immer wieder darauf aufmerksam zu machen, was wir mit den heutigen diagnostischen und therapeutischen Methoden der Neurochirurgie erreichen können. Deshalb habe ich, der Aufforderung des Führers der deutschen Neurologen und Psychiater folgend, zu meinem Vortrage ein Gebiet gewählt, das diese Vorteile besonders augenfällig erkennen läßt. Bis auf die Geschwülste des 4. Ventrikels und einzelne des hinteren Abschnittes des 3. Ventrikels gelingt die Ortsbestimmung fast nur durch die Luftdarstellung der Hirnkammern. Die Entfernung dieser Geschwülste erfordert die Beherrschung neurochirurgischer Technik, handelt es sich dabei in vielen Fällen doch um die technisch schwierigsten Operationen, die wir in der Gehirnchirurgie überhaupt kennen. Da ein großer Teil dieser Geschwülste gutartig ist, kann ihre glückliche Entfernung zu sehr guten Erfolgen führen.

Die Abgrenzung der Hirnkammergeschwülste gegenüber anderen Hirngeschwülsten geschah nach ihrem Ausgangspunkt von der Ventrikelwandung oder vom Plexus. Ein aus dem linken Seitenventrikel entferntes Meningeom wurde ebenfalls hinzugenommen, obwohl es sich herausstellte, daß es von einer etwa zweimarkstückgroßen Haftstelle am Tentorium aus in den Ventrikel eingewachsen war. Da es aber nach dem klinischen Bild und auch den operativ-technischen Problemen zu den Hirnkammergeschwülsten gehört, wurde es mit einbezogen. Ebenfalls eine Cyste des Septum pellucidum, obwohl sie keinen Tumor zum Ausgangspunkt hatte, sondern als Mißbildung aufgefaßt werden muß.

Die Verteilung der einzelnen Fälle auf die einzelnen Kammerabschnitte geht aus Tab. 1 hervor.

Tabelle 1. Geschwülste der Hirnkammern.
(Verteilung auf die einzelnen Abschnitte des Kammersystems.)

Sitz	Zahl	Operiert	Gestorben
4. Ventrikel	6	4	1
3. Ventrikel	4	3	1
Seitenventrikel	5	5	1
Septum pellucidum . .	1	1	0
	16	13	3

Die Geschwülste der Hirnkammern sind verhältnismäßig selten. Unter 219 bestätigten Geschwülsten haben wir 13 beobachtet. Im Schrifttum fanden wir 173 Fälle: 65 des 4., 68 des 3. Ventrikels und 40 der Seitenventrikel. Von diesen Fällen wurden nur 64 operativ angegangen.

Unter den Geschwülsten des 4. Ventrikels müssen wir nach dem klinischen Bild 2 Gruppen unterscheiden: Die Papillome und Cysticerken, die fast durchweg nur Erscheinungen eines Hydrocephalus int. occlusus zeigen und die Ependymome, die mit Vorliebe in den Rückenmarkskanal einwachsen und so Reizerscheinungen wie Schulterschmerzen, Parästhesien in beiden Armen usw. hervorrufen. Letztere sind deshalb in den meisten Fällen schon klinisch als solche zu erkennen. Allerdings können manche Kleinhirntumoren mit hochgradiger Einpressung der Tonsillen in das Foramen occipitale magnum schwer von ihnen zu trennen sein. Nur die Vorgeschichte, die bei den Ependymomen mit Nackensteifigkeit und Nackenschmerz zu beginnen pflegt, gibt hier gelegentlich einen Hinweis.

Die Papillome, oft verhältnismäßig kleine Geschwülste, sind wegen ihres Blutreichtums bisweilen nicht zu entfernen.

E. W., 14 Jahre. Seit Jahren Kopfschmerzen und Erbrechen, vorübergehend leichte Nackensteifigkeit und Nackenschmerz. Ventrikulographie: Hydrocephalus int. occl. mit Hindernis am Ausgang des 4. Ventrikels. Bei der Operation fand sich ein kleinpflaumengroßes Papillom zwischen beiden Tonsillen liegend, das das Foramen Magendi verschloß. Art. cerebelli inf. beiderseits gänsekieldick, schwer abzupräparieren. Beim Anschneiden der Geschwulst heftige, arterielle Blutung, die nur durch Muskelstücke gestillt werden kann. Eröffnung des 4. Ventrikels durch Spaltung des Wurmes. Besserung.

Bei den Ependymomen liegt die Schwierigkeit ihrer operativen Entfernung an ihrem Ausgangspunkt, der oft unmittelbar in der Gegend des Calamus script. gefunden wird. Hier führt allzu radikales Vorgehen leicht zu Atemlähmung oder Vasomotorenlähmung.

K. B., 24 Jahre. Seit 2 Jahren sehr heftige Nackenschmerzen besonders morgens früh, dabei Erbrechen. Flimmern vor den Augen. Doppelsehen. Gangunsicherheit. Kopfhaltung steif nach rechts gedreht, passive Bewegungen schmerzhaft. Beiderseits Stauungspapille von 4 D. Grobschlägiger Nystagmus nach beiden Seiten. Ataxie im linken Arm. Romberg positiv. Gang breitbeinig mit starkem Schwanken. Ventrikulographie: Hydrocephalus int. occl. Hindernis im unteren Teil des 4. Ventrikels. Operation ergibt ein großes Ependymom, das partiell entfernt wird. Wiedervorstellung nach 1 Jahr: Keine Hirndruckerscheinungen, Romberg negativ. Gang sicher. Keine Ataxie. Leichter Nystagmus nach beiden Seiten.

H. R., 27 Jahre. Seit 2 Jahren Erbrechen des morgens, dabei Schmerzen im Nacken, die in die rechte Schulter ausstrahlen. Seit $^1/_2$ Jahr Müdigkeit in beiden Beinen und Ameisenlaufen. Vor 4 Monaten zweimal ein Anfall mit Zuckungen in beiden Armen und Beinen. Schweißausbruch, Erbrechen. „Absterben" von beiden Händen, die völlig kalt geworden wären. — Steife Kopfhaltung mit Neigung auf die rechte Schulter. Nacken druckschmerzhaft. Beiderseits hochgradige Stauungspapille. Links Abducensparese. Nystagmus nach rechts. Fallneigung nach rechts. Adiadochokinese rechts. — Ventrikulographie: Hydroc. int. occl. Hindernis im 4. Ventrikel. Bei der Operation fand sich ein sehr großes Ependymom, das entfernt wurde bis auf die Ansatzstelle. Nach brieflicher Mitteilung 10 Monate nach der Operation beschwerdefrei.

Die Geschwülste des 3. Ventrikels teilen wir aus diagnostischen wie aus therapeutischen Gründen zweckmäßig in die des vorderen und die des hinteren Abschnittes ein. Im vorderen finden wir Kolloidcysten oder Ependymome, die durch das Foramen Monroe in den Seitenventrikel einzuwachsen pflegen. Ihre Entfernung geschieht nach dem Vorgehen Dandys am besten durch das Vorderhorn nach Resektion aus dem Stirnhirn.

G. G., 41 Jahre. Seit 6 Jahren anfallsweise „rasende" Kopfschmerzen, dazwischen freie Intervalle. Seit 4 Jahren akromegale Zeichen. Seit 3 Jahren gelegentlich nachts Anfälle von Steifigkeit der linken Gliedmaßen. Seit 2 Jahren schwerer Morphinismus. Starke Fettsucht. Große Hinfälligkeit und leichte Ermüdbarkeit. Keine Stauungspapille. Fundus völlig o. B. Keine Gesichtsfeldveränderungen. Behaarung normal. Genitale auffallend klein entwickelt. Impotent seit $1^1/_2$ Jahren. Röntgenologisch deutliche Erweiterung des Türkensattels. Ventrikulographie: Hydrocephalus int. ohne sicheren Anhalt für Hindernis. Die operative Freilegung des Chiasmas läßt keinen Hypophysentumor oder suprasellären Tumor auffinden. 3 Tage nach der Operation Exitus an beiderseitiger Pneumonie. Sektion: Kleine Kolloidcyste im 3. Ventrikel, die noch nicht zu einem vollständigen Verschluß geführt hatte.

E. H., 21 Jahre. Vorgeschichte: Familie frei von vererbbaren Krankheiten. In 7 Generationen nachweislich keine Epilepsie. 6 Wochen nach einem mit 14 Jahren erlittenen Schädeltrauma mit anschließender 2stündiger Bewußtlosigkeit, trat zum erstenmal ein epileptischer Anfall auf. Beginn mit plötzlicher Schwäche in der linken Hand. Danach Bewußtlosigkeit. Neurologischer Befund negativ bis auf eine fragliche, linksseitige Facialisparese. Die suboccipitale Encephalographie ergibt eine Cyste des Septum pellucidum, die nach dem Vorgehen Dandys durch Spaltung des Balkens eröffnet und durch Perforation der Wand in den rechten Seitenventrikel hineindrainiert wird. Nachuntersuchung nach $^1/_2$ Jahr: Beschwerdefrei.

Die im hinteren Teil des 3. Ventrikels entwickelten Geschwülste zeigen häufiger Vierhügel- oder Thalamussymptome. Zur Abgrenzung gegenüber den Geschwülsten des Hirnstammes bzw. des Thalamus wird man in den meisten Fällen auf die Ventrikulographie nicht verzichten können. Der operative Zugang zum hinteren Teil des 3. Ventrikels wird am besten durch den hinteren Teil des Balkens von einer parietooccipitalen Trepanation aus erzielt. Förster, Olivecrona, Cairns haben diesen von Dandy entwickelten Zugang erfolgreich benutzt. Van Wagenen gelang das gleiche durch den Seitenventrikel hindurch.

O. N., 5 Jahre[1]. Seit 6 Monaten Anfälle von Kopfschmerzen. Schmerzen im rechten Arm und linken Bein seit etwa 4 Wochen. Seit der gleichen Zeit Abnahme des Sehvermögens. Beiderseits hochgradige Stauungspapille. Kopfumfang deutlich vergrößert, Nackensteifigkeit. Kopf vorwiegend nach rechts gehalten. Stark benommen, reagiert kaum auf Anruf. Amaurose. Augenhaltung extrem nach oben. Pupillen groß und rund, reagieren nicht auf Licht. Auf Grund des klinischen und ventrikulographischen Befundes wurde die Diagnose Tumor im hinteren Bereich des 3. Ventrikels gestellt. Die Operation ergab ein Teratom der Glandula pinealis. Entlassung 4 Wochen p. op. Blickparese nach oben nur noch angedeutet. Beide Pupillen weit, reagieren nicht auf Licht. Zielbewegungen noch unsicher. Gang nur mit Unterstützung möglich, taumelig, schwankend. 4 Monate später Gang vollkommen o. B. Blickparese noch angedeutet. Hell und dunkel können wieder unterschieden werden. Heute weitere Besserung des Sehvermögens. Neurologisch so gut wie symptomfrei.

Th. L., 25 Jahre. Seit 4 Monaten Kopfschmerzen, Erbrechen. Seit 2 Wochen deutliches Nachlassen der Sehkraft. Doppelbilder. Klingen im linken Ohr. Schwindelgefühl. Beiderseits Pupillenstarre. Blickparese nach oben. Stauungspapille beiderseits. Nackensteifigkeit. Romberg: Fallneigung nach links hinten. Gang: Deutliches Abweichen nach links. Ventrikulographie: Großer Hydrocephalus int. occlusus. Verschluß im hinteren Teil des 3. Ventrikels. Bei der Operation, durch den hinteren Teil des Balkens hindurch, wird ein etwas über pflaumengroßer Tumor entfernt. 4 Wochen p. op. beschwerdefrei entlassen.

Vergegenwärtigen wir uns die anatomische Lage der Seitenventrikel, so ist es verständlich, daß sich in ihnen entwickelnde Geschwülste Symptome fast jeden Abschnittes der Großhirnhemisphären mit Ausnahme der Pole hervorrufen können. Motorische und sensible Anfälle, Epilepsie vom Jakson-Typ, Zwischenhirnsyndrome, Zeichen der Erkrankung der Stamm-

[1] Der Fall wurde von Prof. Kleist-Frankfurt a. M. diagnostiziert und zugewiesen.

ganglien, Temporallappensymptome. Alle zeigen eine schwere allgemeine Hirndrucksteigerung mit hochgradiger Entkalkung des Schädels und Erbrechen. Tritt ein vorübergehender Ventrikelverschluß eines Foramens Monroes bei kleineren Geschwülsten auf, so können wir Perioden mit heftigsten Kopfschmerzen und Erbrechen abwechselnd sehen mit fast symptomfreien Intervallen. Berücksichtigt man, daß alle Hirnkammergeschwülste in der ersten Lebenshälfte beobachtet zu werden pflegen, so wird z. B. ein Syndrom des tiefen Temporallappens mit entsprechender homonymer Hemianopsie im 2. Lebensjahrzehnt die Vermutung eines Papilloms im entsprechenden Unterhorn gerechtfertigt erscheinen lassen.

E. S., 18 Jahre. Seit 1 Jahr Kopfschmerzen und Erbrechen alle 2—3 Tage, dabei wiederholt allgemeine Krampfanfälle, daneben etwa 5 Minuten dauernder Schwindel mit dem Gefühl, daß sich alle Außengegenstände drehen und gleichzeitiger Verdunkelung. Beiderseits Stauungspapille. Links homonyme Hemianopsie mit entsprechender Pupillenstarre. Links zentrale Facialisparese. Parese des linken Armes. Hochgradiges Schlafbedürfnis, psychisch deutlich abgestumpft. Maskengesicht.

Diagnose: Tiefliegender Temporaltumor rechts. Die Operation ergab ein Papillom des rechten Temporalhornes, das entfernt wurde.

In den meisten Fällen aber wird ohne die Luftdarstellung der Ventrikel schwerlich eine genaue Lokalisation möglich sein. Insbesondere ist dies erforderlich, wenn die Stammgangliensymptome stärker im Vordergrund stehen als die im eben beschriebenen Fall. Bei einem 39jährigen Mann bestanden seit 8 Monaten anfallsweise Kopfschmerzen, seit 6 Monaten Zittern in der rechten Hand, seit 4 Monaten auch im rechten Bein. Seit 3—4 Wochen Schwindel, Gangunsicherheit, Müdigkeit. Beiderseits beginnende Stauungspapille. Rechts mimische Facialisparese und Hypoglossusparese. Hypertonie im rechten Arm und Bein. Tremor der rechten Hand, im geringeren Grade auch im rechten Bein. Die Diagnose von Prof. Kleist lautete auf einen Tumor im Bereich des linken Thalamus. Die Ventrikulographie ergab eine Verdrängung des ganzen Ventrikelsystems nach rechts. Das linke Unterhorn fehlte. Das linke Hinterhorn bzw. Trigonum war durch einen Tumor von unten her komprimiert. Die Operation ergab ein im Seitenventrikel liegendes Meningeom, das nach Resektion eines fünfmarkstückgroßen Rindenbezirkes entfernt wurde (Linkshänder!). 5 Wochen p. op. Entlassung. Noch geringes feinschlägisches Zittern der rechten Hand, rechte homonyme Hemianopsie; subjektiv beschwerdefrei.

Aus differentialdiagnostischen Gründen sei hier ein Thalamustumor erwähnt, dessen Ventrikelbild sich wesentlich von dem vorigen Fall unterscheidet.

Auch in den beiden weiteren Fällen war die operative Entfernung nur durch die Ventrikulographie ermöglicht.

G. P., 9 Jahre. Der Junge wurde auf der Tagung in Baden-Baden vorgestellt. Deshalb hier gekürzte Wiedergabe; Vorgeschichte seit 2 Jahren mit Erbrechen, anfallsweisen Kopfschmerzen, Doppelsehen, Gangunsicherheit. Beiderseits Stauungspapille. Rechts Abducensparese. Hypertonie der linken Gliedmaßen. Schwäche im linken Arm. Ataxie und Adiadochokinese beidarseits links stärker als rechts. Romberg: Fall nach hinten. Babinski und Oppenheim beiderseits positiv. Keine Nackensteifigkeit trotz schwerer Benommenheit. — Bei der Ventrikelpunktion wird rechts eine große Cyste angetroffen, die etwa 80 ccm gelbbräunlichen Inhalt faßt. Luftdarstellung der Cyste. Operation: Großes in den Ventrikel entwickeltes occipitales Gliom, das unter Mitnahme des Occipitallappens entfernt wird.

A. K., 30 Jahre. Seit $1^1/_2$ Jahren Kopfschmerzen, Erbrechen. Vor 7 Monaten auswärts wegen Verdacht auf einen rechten Parietaltumor trepaniert. Jetziger Befund nicht verwertbar, da alle Erscheinungen auf eine Schädigung im alten Operationsgebiet hindeuten. Ventrikulographie ergibt einen Tumor im linken Vorderhorn. Operation: Entfernung eines in das Vorderhorn hineinragenden, hühnereigroßen Tumors. 14 Tage später Korrektur der früheren Trepanation. 5 Wochen nach der 1. Operation entlassen. Heute völlig beschwerdefrei. 7 Monate p. op. Geburt eines 8 Pfund schweren gesunden Jungen. Während der Operation Mens. III.

Wie eingangs schon betont wurde, ist der größte Teil der Geschwülste der Hirnkammern histologisch gutartiger Natur. Die Fälle, die ich Ihnen hier, wenn auch nur kurz zeigen konnte, lassen erkennen, wie wir mit Hilfe der Luftdarstellung der Hirnkammern die klinisch oft nicht genügend eindeutigen Krankheitsbilder klären können. Ich weiß, daß viele Neurologen gegen eine erweiterte Anwendung der Luftfüllung eingenommen sind. Wenn sie aber von erfahrener Hand unmittelbar vor der Operation ausgeführt wird, so haben wir keine Schädigung der Kranken zu befürchten. Zum mindesten sind die Gefahren für ihn geringer als die einer fehlgerichteten Operation ohne Auffindung der Geschwulst. Aus operativtechnischen Gründen führen wir die Ventrikulographie auch in Fällen klinisch sicherer Lokalisation bisweilen aus, um ein besseres Urteil über die Größe bzw. den Ausgangspunkt der Geschwulst oder die Lage der Ventrikel usw. zu haben. Sie ermöglicht hier ein zielbewußteres Operieren, dem ja auch letzten Endes die erfolgreich operierten Fälle, die ich Ihnen heute zeigen konnte, zu verdanken sind.

Leipziger neurochirurgische Erfahrungen.

Von

F. E. Flügel und **H. Kuntzen**, Leipzig.

Mit unserem Vortrag haben wir beabsichtigt, lediglich unsere Erfahrungen organisatorisch praktischer Art kurz darzustellen. Die Berechtigung hierzu glauben wir daraus ableiten zu können, weil einmal die neurochirurgischen Behandlungsmöglichkeiten im Laufe der Zeit so an Bedeutung zugenommen haben, daß sie bereits heute im Rüstzeug der Nervenheikunde einen sehr bedeutsamen Raum einnehmen, weil außerdem die äußeren Verhältnisse die praktische neurochirurgische Betätigungsmöglichkeit durch die historisch gegebene Abgrenzung der einzelnen Fachdisziplinen besonders schwierig gestaltet haben. Wie die Diskussion auf dem letzten Chirurgenkongreß 1935 gezeigt hat, gehen die Anschauungen über die Stellung der Neurochirurgie erheblich auseinander. Es haben sich hier im wesentlichen 3 verschiedene Meinungen auseinanderhalten lassen.

1. Die Neurochirurgie ist nur ein Teil der Allgemeinchirurgie und muß in den Chirurgischen Kliniken ausgeübt werden. Schaffung von Sonderinstituten ist nicht empfehlenswert. Der Neurologe soll zur Beratung mit herangezogen werden.

2. Die Neurochirurgie ist ein eigenes Spezialfach und muß in selbständigen Instituten, von der Allgemeinchirurgie und Neurologie getrennt, ausgeübt werden.

3. Die Neurochirurgie ist nur eine der möglichen Behandlungsarten der Nervenheilkunde und muß in den Nervenkliniken selbst gepflegt und ausgebildet werden.

Diese Anschauungen weichen zweifellos erheblich voneinander ab. Aus allen geht aber hervor, daß die Neurochirurgie ein Gebiet darstellt, welches unbedingt der Pflege bedarf und dessen weitere Entwicklung dringend notwendig ist. An der Weiterentwicklung muß natürlich vor allen Dingen die Nervenheilkunde selbst interessiert sein, denn es handelt sich hierbei ja um die Erweiterung ihrer eigenen, bisher leider nicht allzu umfassenden therapeutischen Möglichkeiten.

Wir in Leipzig haben dank unseres umfassenden Krankenstandes schon von jeher rege Beziehungen zur Neurochirurgie unterhalten können in der früher allgemein üblichen Weise der Verlegung fertig diagnostizierter Krankheitsfälle aus der Hand des Neurologen zum Chirurgen zur weiteren dortigen Behandlung. Da dies aber den modernen Anforderungen nicht mehr gerecht werden konnte, haben wir seit ungefähr 3 Jahren einen besonderen Modus neurochirurgischer Betätigung eingeschlagen, über welchen wir kurz berichten möchten.

Es handelt sich hierbei um engste Gemeinschaftsarbeit von Chirurgen und Neurologen. Ein Oberarzt der Chirurgischen Klinik (Kuntzen) und ich (Flügel) haben uns zusammengeschlossen. Durch die verständnisvolle Förderung unserer Interessen seitens der Herren Direktoren der beiden Kliniken (GR. Payr, Prof. Schröder) und durch die räumliche Nähe der beiden Institute hat sich unsere Gemeinschaftsarbeit ohne Schwierigkeiten bis in alle Einzelheiten erstrecken können. Jeder von uns ist auf diese Weise in der Lage, an allen Phasen des Prozesses teilzuhaben, an der rein neurologischen Untersuchung, den speziellen chirurgischen Untersuchungsmethoden, der Operation und der Nachbehandlung.

Die besonderen Einrichtungen unserer Kliniken haben es praktisch finden lassen, daß die neurochirurgischen Untersuchungsmethoden (Encephalographie, Ventrikulographie, Arteriographie usw.) in der Nervenklinik vorgenommen werden, während die eigentliche Operation und die unmittelbare Nachbehandlung in der Chirurgischen Klinik stattfindet. Für diese Verteilung sind äußere Gründe der Einrichtungen und Ökonomie maßgebend. Die Nervenklinik hat sich schon seit vielen Jahren speziell mit den chirurgischen Untersuchungsmethoden beschäftigt und Personal und Apparatur ist hierfür besonders eingerichtet. In der Chirurgischen Klinik steht für die Operationen das universelle Inventar einer großen Klinik zur Verfügung. Wir haben hier eine besondere Schwester des Operationssaales speziell mit der Verwaltung des Instrumentariums, der Vorbereitung, Instrumentierung usw. unserer Operationen betraut, so daß ein denkbar reibungsloser Operationsverlauf gewährleistet ist. Es handelt sich bei dieser Verteilung aber nicht um ein starres Schema. Unter Umständen können auch die diagnostischen Eingriffe in der Chirurgischen Klinik vorgenommen werden oder eine Radikaloperation kann im unmittelbaren Anschluß an einen vorbereitenden Eingriff im Operationssaal der Nervenklinik vollzogen werden.

Unser geschilderter Arbeitsmodus hat sich bisher ausgezeichnet bewährt. Wir haben schon eine große Zahl verschiedenartigster Eingriffe im Bereich des Gehirns, Rückenmarkes, peripheren Nervensystems und Sympathicus wirkungsvoll ausführen können. Auf unser Material selbst näher einzugehen verbietet uns leider die Zeit und es würde auch den Rahmen unseres Vortrages überschreiten. Wir beabsichtigen an anderer Stelle demnächst näher hierauf einzugehen.

Erwähnen möchten wir noch, daß auch der Lehrbetrieb sich sehr gut in unsere Arbeitsgemeinschaft hat eingliedern lassen. Wir halten gemeinsam eine Vorlesung über Neurochirurgie, welche stundenweise abwechselnd in je einer der beiden Kliniken gelesen wird. Auf diese Weise haben sich rein Theoretisches und praktische Demonstrationen glücklich vereinigen lassen.

Zum Schluß sollen nur noch kurz einige Punkte herausgegeben werden, die den besonderen Vorteil unserer Arbeitsgemeinschaft unter den heutigen Verhältnissen aufzeigen. Durch unsere Zusammenarbeit ist es möglich geworden, daß sich zu gleicher Zeit 2 Personen speziell neurochirurgisch ausbilden und die, wie in allen Dingen so notwendige persönliche Erfahrung erwerben. In unser beider Gesichtsfeld ist ein Krankenmaterial gerückt, welches sonst nur einer von uns zu bearbeiten bekommen pflegt. Für den Neurologen soll hier nur auf viele Fälle frischer Unfallverletzungen und auf gewisse Organerkrankungen, welche mit dem sympathischen Nervensystem in engster Beziehung stehen, hingewiesen werden. Für die Operation hat es sich von Vorteil erwiesen, wenn zwei völlig aufeinander eingespielte Operateure vorhanden sind, die sich unter Umständen abwechseln können.

Wir sind uns bewußt, daß unsere Arbeitsweise durch die günstigen örtlichen Verhältnisse sich hat so glücklich gestalten lassen, und daß sie sich kaum allgemein durchführen lassen wird. Mit Hinblick auf die weitere Entwicklung unserer Wisenschaft wird es sich sicherlich auch nur um eine Interimslösung handeln können. In welche Bahn sich die Neurochirurgie aber auch entwickeln möge, zur Zeit jedenfalls hat sich unsere Arbeitsgemeinschaft als eine durchaus befriedigende Lösung bewährt, welche in der Lage ist, die für die weitere Entwicklung notwendige wissenschaftliche und praktische Arbeit zu leisten.

Aussprache.

Kleist (Frankfurt): Bei den beiden von mir diagnostizierten und von Prof. Tönnis operierten Kranken handelte es sich im einen Falle um einen Epiphysentumor, der neurologisch aus den Druckwirkungen auf Mittel- und Zwischenhirn, nämlich Blicklähmung nach oben, leichter Streckstarre und Schlafsucht erkannt und ventrikulographisch bestätigt wurde. Die technisch vollendete operative Entfernung der Geschwulst rettete nicht nur das Leben, sondern brachte auch die neurologischen Symptome zu völliger Rückbildung, einschließlich der schon fast gänzlichen Erblindung durch Stauungspapille, dies allerdings erst nach Monaten. Im zweiten Falle hatte sich die Geschwulst nicht ursprünglich in den Hirnkammern entwickelt, sondern war vom Kleinhirnzelt (links) nach oben ausgegangen und in den linken Seitenventrikel hineingewachsen, wo sie durch Druck auf den linken Thalamus rechtsseitige Zittererscheinungen und geringe rechtsseitige Hyperpathie verursachte. Die Lage der Geschwulst in der Thalamusgegend war indessen neurologisch nicht einwandfrei anzugeben gewesen und wurde erst ventrikulographisch sichergestellt. Da die Entfernung der Geschwulst aus dem Seitenventrikel nur durch Opferung des linken Hinterhauptlappens möglich war, entstand eine rechtsseitige Hemianopsie, zum Glück ohne Alexie, da der Patient ein Linkser war. Die eigentlichen Tumorsymptome bildeten sich zurück.

Beide Fälle sind besonders eindrucksvolle Beispiele für das, was heute durch engste neurologische, röntgenologische und neurochirurgische Zusammenarbeit geleistet werden kann. Diese und andere Beobachtungen einer 1jährigen Zusammenarbeit mit Prof. Tönnis haben mich gelehrt, daß die Leistungen eines nur neurochirurgischen Operateurs unvergleichlich besser sind als die eines noch so erfahrenen und gewandten Allgemeinchirurgen. Wenn Chirurgen, wie Cushing und Tönnis, sich auf Neurochirurgie beschränken, so werden sie dadurch mehr oder weniger selbst zu Neurologen, und es wäre das natürlichste, ihr operatives Wirken in engste tätige und räumliche Verbindung mit einer Nervenklinik von entsprechender Leistungshöhe zu bringen. Ein anderer Weg ist der, daß der Neurologe selbst zum Chirurgen seines Faches wird, wie O. Foerster es vorbildlich getan hat. Auch ich habe im Kriege 2 Jahre neurochirurgisch gearbeitet und weiß, wie sehr meine nervenärztlichen Kenntnisse meinem operativen Handeln und umgekehrt meine chirurgische Tätigkeit meiner neurologischen Erfahrung zugute gekommen sind. Meine Gehirnpathologie verdankt ihre Entstehung nicht zum wenigsten dieser Doppeltätigkeit. Da ich selbst infolge anderer Aufgaben mich später nicht mehr der Neurochirurgie widmen konnte, möchte ich, wie ich es schon wiederholt getan habe, geeignete jüngere Neurologen dazu auffordern, sich diesem erfolgversprechenden Gebiete zuzuwenden, und daran mitzuwirken, daß der Vorsprung, den andere Länder hier noch vor Deutschland haben, bald ausgeglichen wird.

Glettenberg (Hannover) berichtet über 2 Fälle von Tumoren des 3. Ventrikels, welche in vivo diagnostiziert wurden. Er weist zunächst auf die diagnostische Schwierigkeit dieser Tumoren hin. Beide Fälle zeigten in der Symptomatologie auffallende Ähnlichkeit. Im Vordergrund standen schwere psychische Störungen in Form von tiefer Bewußtseinstrübung, wechselnd mit Verwirrtheit und Erregungszuständen. In beiden Fällen fanden sich außerdem starke Gleichgewichtsstörungen vom Typ eines cerebellaren Taumelns und Schwankens. Eine Stauungspapille wurde in beiden Fällen nicht beobachtet. Bei dem 2. Fall fand sich eine doppelseitige Opticusatrophie mit unscharfer Grenze als Zeichen einer früheren Stauungspapille (der Patient war vor 21 Jahren wegen Stauungspapille mit Kopfschmerzen und heftigem Erbrechen palliativ trepaniert worden). Seit der Zeit Wohlbefinden bis Anfang 1935. Seit dieser Zeit zunehmende Verschlechterung. Das Ventrikulogramm zeigte den 3. Ventrikel nicht gefüllt, vielmehr im 3. Ventrikel gelegen einen deutlichen Tumorschatten. Der Patient starb vor der Operation plötzlich an einer Atemlähmung. Die Sektion ergab einen etwa kleinhaselnußgroßen Tumor im 3. Ventrikel. Beim 1. Fall handelt es sich um eine 43jährige Frau, bei der das 1. Ventrikulogramm (Hinterhörner) eine starke Erweiterung der Seitenventrikel zeigte, der 3. Ventrikel war trotz wiederholter Versuche nicht darzustellen. Es wurde ein Tumor im 3. Ventrikel angenommen. Bei einer zweiten Füllung 3 Wochen später (Vorderhörner), bei der sich zunächst unter starkem Druck aus beiden Seitenventrikeln eine Menge klaren Liquors entleerte, wurde bei tieferer Einführung der Nadel in Richtung des Foramen monroi eine in das Foramen monroi hineinragende Cyste perforiert, wobei sich eine reichliche Menge goldgelben, dünnflüssigen Cysteninhaltes entleerte. Das psychische Befinden besserte sich fast unter der Hand. Die Röntgenaufnahmen zeigten nunmehr eine deutliche Füllung des 3. Ventrikels, welcher stark erweitert war. Das Befinden der Patientin besserte sich zusehends, sie wurde völlig geheilt entlassen. Krankheitsbild und Verlauf erinnern sehr an den von Foerster veröffentlichten Fall.

Betont zum Schluß, daß für die Diagnose der Tumoren des 3. Ventrikels das Ventrikulogramm von ausschlaggebender Bedeutung ist.

Altenburger (Breslau): Daß die Neurochirurgie auch in Deutschland in letzter Zeit erhöhte Beachtung erfährt, ist zweifellos zu begrüßen, wenn man sich auch gelegentlich nicht des Eindruckes erwehren kann, daß die Beschäftigung mit neurochirurgischen Fragen in Gefahr steht, etwas zu modern zu werden, zum Schaden der Sache, weil damit übersteigerte Erwartungen geweckt werden, auf die erfahrungsgemäß eine um so größere Enttäuschung folgt.

Sicher kann die Zusammenarbeit des Chirurgen und Neurologen gute Resultate zeitigen. Wenn daraus aber die Forderung abgeleitet wird, die chirurgische Behandlung der Nervenkrankheiten gehöre grundsätzlich zur allgemeinen Chirurgie, so muß dem widersprochen werden. Es ist nicht recht verständlich, weshalb die chirurgische Therapie beispielsweise in der Augen- und Ohrenheilkunde als ein selbstverständlicher Bestandteil dieser Disziplinen angesehen wird, während man andererseits Einspruch dagegen erhebt, daß der Neurologe seine eigene Therapie treibt. Es ist dies um so befremdlicher, als wohl kaum bezweifelt werden kann, daß die pathophysiologischen und klinischen Voraussetzungen für ein chirurgisches Vorgehen auf neurologischem Gebiete keineswegs einfachere sind als bei den anderen erwähnten Disziplinen. Es soll damit keineswegs gesagt sein, daß jeder Neurologe neurochirurgisch tätig sein soll. Sind aber im einzelnen

Falle die Voraussetzungen für die Beherrschung der technischen Seite der neurochirurgischen Erkrankungen gegeben, so stellt die Vereinigung von Diagnostik und Therapie in der Hand des Neurologen einen Idealzustand dar. Es ist diese Forderung keine theoretische, sie ergibt sich vielmehr aus dem, was jahrelange praktische Erfahrung gelehrt hat. O. Foerster hat kürzlich seine neurochirurgischen Erfahrungen der letzten 10 Jahre mitgeteilt, und es ergab sich eine Statistik, die nahe an die Cushingsche heranreicht. Es ist also bereits erwiesen, daß die Ausübung der chirurgischen Therapie durch den Neurologen das zur Zeit optimal Erreichbare für unsere Kranken zu leisten vermag. Hinzu kommen die weitgehenden Möglichkeiten für die wissenschaftliche Bearbeitung neurophysiologischer und -pathologischer Zusammenhänge, die sich aus einer solchen Personalunion ergeben. Wenn die von Foerster kürzlich auf dem Internationalen Neurologen-Kongreß gehaltene Jackson memmorial Lecture einen so großen Erfolg deutscher Wissenschaft darstellte, so war dies zu einem guten Teil der Niederschlag einer vieljährigen Verknüpfung von chirurgischer Tätigkeit und wissenschaftlicher Bearbeitung der neurologischen Probleme. Diese bereits vorhandenen praktischen Erfahrungen kann man nicht, wie dies nur zu häufig geschieht, einfach übergehen, wenn die Frage der Stellung der Neurochirurgie diskutiert wird. Die Leistungsfähigkeit einer chirurgischen Therapie im Rahmen der neurologischen Klinik ist vielmehr bereits erwiesen. Ob diese Therapie im gegebenen Falle von einem Mann ausgeübt wird, der von der Chirurgie oder der Neurologie herkommt, wird von der Persönlichkeit abhängen. Die Aufgeschlossenheit einer neuen Denkweise in ärztlichen Fragen gebietet, beiden Möglichkeiten Raum zu geben.

Pette (Hamburg): Die Erfolge des Herrn Tönnis beweisen die Notwendigkeit, die Neurochirurgie von der Allgemeinchirurgie abzutrennen. Nicht minder wichtig wie die Technik ist für den Erfolg eine straffe Indikationsstellung, wann, wie und wo operiert werden soll. Hierzu gehört vor allem auch die richtige Auswahl der Fälle, wozu nur der berufen sein kann, der die Neurologie von Grund auf beherrscht. Eigene Erfahrungen haben Pette gelehrt, daß das Ideal engste Zusammenarbeit zwischen Neurologen und Neurochirurgen ist, falls nicht der Neurologe selbst zum Messer greift, was ebenfalls segensreich sein kann, wie die Beispiele von O. Foerster und Cl. Vincent beweisen.

Tönnis (Schlußwort): Hinsichtlich der Organisation der Neurochirurgie halte ich eine möglichst enge Zusammenarbeit zwischen Neurologen und Neurochirurgen für die beste Lösung. Ich sage ausdrücklich Neurochirurgen und nicht Allgemeinchirurgen, denn die chirurgische Behandlung der Hirn- und Nervenkrankheiten erfordert eine so große diagnostische und therapeutische Erfahrung, daß sie nur bei ausschließlicher Beschäftigung mit diesem Gebiete wirklich erfolgreich betrieben werden kann. Diese Lösung hat sich mir in der Zusammenarbeit mit einer sehr großen Zahl deutscher Nervenkliniken und praktischen Nervenärzten bewährt.

Auf Vorschlag von Prof. Rüdin wurde nachstehende Entschließung angenommen:

Neben der Pflege erbbiologischer bzw. eugenischer Probleme betrachtet die Gesellschaft Deutscher Neurologen und Psychiater es als eine ihrer Hauptaufgaben, die Individualtherapie, wo sie erfolgreich sein kann, tatkräftig zu fördern. Insbesondere gilt dies für diejenigen Nervenerkrankungen, die erfahrungsgemäß allein chirurgischer Behandlung zugängig sind, wie Geschwülste, Abscesse und Verletzungen des Zentralnervensystems, gewisse Formen der Epilepsie und Schmerzzustände; hinzu kommen Operationen am Sympathicus, plastische Operationen bei Folgezuständen nach traumatischer und entzündlicher Schädigung des Nervensystems und anderes mehr.

Von wenigen Ausnahmen abgesehen, hat die chirurgische Behandlung neurologischer Krankheiten in Deutschland bisher nur wenig befriedigende Erfolge aufweisen können. Die Ursache der bisherigen Mißerfolge liegt in der Eigenart des Zentralnervensystems begründet, das sich operativen Eingriffen gegenüber anders verhält wie andere Organe des menschlichen Körpers. Daraus ergibt sich die Notwendigkeit, die Neurochirurgie als ein Sonderfach zu entwickeln, wie das bereits in anderen Ländern (Amerika, England, Frankreich, Schweden, Holland) geschehen ist mit dem Ergebnis, daß hier die Neurochirurgie im Gegensatz zu Deutschland zu hoher Entwicklung gelangt ist.

Die Beziehungen der Neurologie zur Neurochirurgie sind sehr eng, weil einerseits der Neurologe den Neurochirurgen für die operative Behandlung der Nervenkrankheiten benötigt und weil andererseits der Neurochirurge nicht nur bei der Diagnose und Indikationsstellung sondern auch in bezug auf die Versorgung zahlreicher Fälle, die nicht in seinen Bereich gehören, aber durch seine Hand gehen und ferner auch in bezug auf die Laboratoriumsmethoden auf die Mitarbeit des Neurologen angewiesen ist.

Wir würden es deswegen nicht für richtig halten, wenn isoliert dastehende neurochirurgische Kliniken entwickelt würden. Da wo die Vereinigung von Neurologie und Neurochirurgie in einer Hand, die große Anforderungen an das Können und an die Arbeitskraft eines einzelnen Menschen stellt, nicht verwirklicht werden kann, halten wir es für unbedingt notwendig, daß nun mindestens eine neurologische und eine neurochirurgische Abteilung stets eine enge Dachgemeinschaft miteinander eingehen. In welcher Form dieses Problem organisatorisch zu lösen ist, hängt von den örtlichen Verhältnissen ab.

Im Interesse der Sache muß auch in Zukunft die Zahl der neurochirurgischen Abteilungen eine beschränkte sein, da die Zahl der neurochirurgischen Kranken im allgemeinen eine begrenzte sein wird, und der Erfolg doch gerade hier abhängig ist von dem Maß der persönlichen Erfahrung und Übung.

Im Zeitpunkt des Wiederaufbaues der deutschen Wehrmacht hält es die Gesellschaft Deutscher Neurologen und Psychiater für ihre Pflicht, dem Heeressanitätswesen durch tatkräftige Förderung der Neurochirurgie, die für die Behandlung von Verletzungen des Nervensystems eine besonders große Bedeutung hat, helfend zur Seite zu stehen. Um diesen Anforderungen genügen zu können, ist ein Ausbau bereits vorhandener neurochirurgischer Abteilungen und eventuell die Neueinrichtung weiterer Abteilungen im engsten Anschluß an neurologische Kliniken dringend erforderlich. Die Gesellschaft bittet den Herrn Reichs- und Preußischen Minister für Wissenschaft, Erziehung und Volksbildung, überall da, wo neurochirurgische Arbeit in vorher gezeigtem Sinne aufblüht, sie auf das nachdrücklichste unterstützen zu wollen.

Der Reichsleiter Rüdin.

Die Veranlagung zu Krampfanfällen.

Von

Friedrich Mauz, Marburg.

Die iktaffinen Konstitutionen reichen tief in die untersten Schichten menschlicher Anlageformen hinab und machen nach oben hin mit einigen Ausnahmen bereits bei einer unterdurchschnittlichen Mittelmäßigkeit Halt. Nur die iktaffinen Diathesen reichen bis in die hoch entwickelten Konstitutionsschichten hinauf. Die Gesamtheit der iktaffinen Konstitutionen zerfällt in zwei große Gruppen.

Die eine sehr einheitliche und homogene Gruppe ist die im engeren Sinne epileptische Konstitution. Das epileptische Wesen ist, wie Ziehen treffend sagt, das Gegenteil dessen, was man beim Gesunden als Esprit bezeichnet. Es ist Einförmigkeit und Gebundenheit (Delbrück). Dieses Haftenbleiben scheint mir das Kernstück der epileptischen Konstitution im engeren Sinne zu sein. Es ist für mich das eindeutige Symptom einer mangelhaften und ungenügenden Hirnentwicklung. Wir können das epileptische Haften sehr deutlich aus der Körperlichkeit des Kranken erfassen. Das besondere Wesensmäßige wird dadurch bedingt, daß das Kernstück der seelischen Leistung, die intrapsychische Aktivität fehlt. Dementsprechend ist die Affektivität summarisch und kompakt. Abgesehen von Aufwerfungen und Senkungen, die sich in dieser zähflüssigen Masse Affektivität spontan bilden, sind Zustandsänderungen der epileptischen Affektivität nicht selten außenweltbedingt. Es erscheint deshalb weniger wichtig, im affektiven Bild der im engeren Sinne epileptischen Konstitution nach detaillierten spezifischen Eigenschaften suchen zu wollen. Spezifisch sind allein das Haften, das Fehlen der intrapsychischen Aktivität und das Kompakte und Summarische der Affektivität.

Dieses spezifisch Epileptische bestimmt das Schicksal der Familie und ihr gesamtes Kolorit. Als Gegenprobe habe ich außerhalb meiner ärztlichen Tätigkeit Persönlichkeitsbilder gesammelt, deren Kern mir das Syndrom des Haftens zu sein schien. Nachforschungen in der Familie dieser enechetischen Konstitutionen (abgeleitet von dem griechischen Wort für Haften) haben ergeben, daß in der Blutsverwandtschaft oft deutliche epileptische Zeichen vorhanden waren. Das spezifisch Epileptische einer Konstitution ist etwas Ganzes und Geschlossenes, etwas Einheitliches und Gewachsenes. Für die cerebral-organische Wesensveränderung ist dagegen charakteristisch das Umschriebene und Herdförmige, der allmähliche Verlust der Ganzheit und Geschlossenheit.

Während für die erste Gruppe der iktaffinen Konstitutionen das psychische Gesamt und die Homogenität charakteristisch sind, besteht das Wesentliche der jetzt zu besprechenden Konstitutionen in einer im Einzelfall wechselnden Zusammengruppierung von Merkmalen aus den verschiedensten körperlichen Apparaten und Systemen. In einer für das biologische Geschehen charakteristischen Affinität finden sich in den einzelnen Konstitutionen Minderwertigkeiten und Schwächen der vegetativen Apparate, des endokrinen und Zentralnervensystems zusammen. Die unterste Stufe dieser Konstitutionsreihe bilden schwere Defekttypen, die schon Otto Binswanger zu der Meinung veranlaßten, daß „in der Masse der Rowdies und Zuhälter, in der Zunft der Diebe und Einbrecher, bei den Prostituierten, sowie bei den Stromern der Landstraße eine erhebliche Zahl von Epileptikern“ zu finden seien.

Die Minderwertigkeit ist auf dieser untersten Stufe durchgehend in allen Teilsystemen des Körpers vorhanden. Wir finden Schwachsinn in jeder Form, völligen Mangel an höheren psychischen Regulationen, mannigfaltige neurologische Minderwertigkeiten im Sinne des Status dysraphicus, gehäufte Dysplasien, schwere Insuffizienzen und Zirkulationsstörungen des Gefäßapparates, grobe Steuerungsschwäche der affektiven Apparate und ein Vorherrschen der tiefen Motilitätsapparate. Die Heredität, die bei dieser ganzen Konstitutionsreihe von größter Wichtigkeit ist, weist Trunksüchige, Gewalttätige, Laute und Aufgeregte, Mißgestaltete und Verwachsene, Schwachsinnige und Verblödete auf.

Gehen wir einige Stufen höher in der Reihe — die Zwischenstufen bieten nur graduelle Unterschiede — so heben sich bereits spezifische Merkmalsgruppierungen ab, die sich auf dieser Stufe in eine Typenreihe mit zwei besonders charakteristischen Flügelgruppen gliedern lassen. Auf dem einen Flügel finden sich die Merkmale „kopfvasomotorische Insuffizienz und Athletik“ zur explosiven Konstitution zusammen, auf dem anderen Flügel gruppiert sich die Insuffizienz des Reflexapparats mit der Asthenie und wird zu dem, was in der Literatur als „epileptischer Schwindler“ Eingang gefunden hat. Dazwischen stehen die körperlichen und geistigen Kümmerformen, die Übererregbaren, Triebhaften, Impulsiven usw. Entscheidend sind vor allem 2 Punkte: 1. Die Minderwertigkeit und Schwäche der einzelnen körperlichen Apparate und Systeme. 2. Das Eingebautsein dieser Schwächen und Minderwertigkeiten in eine bestimmte Heredität. Die in der Strukturformel des Kranken selbst enthaltenen Merkmalsgruppen lassen sich im weiteren Familienbild in allen möglichen Varianten und Korrelationen finden. Da sind die verschiedensten heredodegenerativen Erkrankungen, allerlei unklare und atypische organische Nervenleiden, Krankheitsbilder, die zu dem Status dysraphicus in Beziehung stehen, Taubstummheit, Debilitäten und unklare Demenzen; da finden wir Hypophysentumoren, Turmschädel, akromegale Stigmen, Kleinwuchs und Hochwuchs, viel Caries und sonstige schwere Zahndefekte. Ferner alle möglichen Formen von Regulationsstörungen und Insuffizienzen des Gefäßapparats, des Wasserhaushalts, des pneumogastrischen Systems, der Blase; endlich die verschiedensten Zeichen einer gesteigerten und beschleunigten Umschaltbarkeit der psychophysischen Apparate, Neigung zu elementaren, reflexmäßigen Reizentladungen, anlaufenden Reflexmechanismen und Zittererscheinungen jeder Art. Kontrolluntersuchungen an vegetativ-stigmatisierten Familien und Beobachtungen bei Migränekranken und Psychopathen haben folgendes ergeben: Nicht der Vasomotorismus, oder eine sonstige vegetative Labilität, nicht die Migräne oder das Psychopathische allein machen die iktaffine Konstitution aus. Wir könnten die Aufzählung noch fortsetzen und sagen: Nicht das Stottern, nicht die Linkshändigkeit, nicht das Bettnässen allein. Erst wenn sich aus ganz bestimmten erbbiologischen Bezirken Minderwertigkeiten und Schwächen verschiedener körperlicher Systeme und Apparate zusammenkoppeln, entsteht eine fertige iktaffine Konstitution.

Wenn sich aber z. B. lediglich Athletik und Vasomotorenschwäche oder hormonale Minderwertigkeiten und Schwächen der affektiven Apparate ohne den entsprechenden erbbiologischen Hintergrund in einer Anlage zusammenfinden, dann haben wir keine fertige Konstitution vor uns, sondern eine iktaffine Diathese. Aus dem Aufbau und der Anordnung unserer iktaffinen Konstitutionen geht eindeutig hervor, daß „die Epilepsie keine reine cerebrale Erkrankung ist“ (Neubürger). Wie überhaupt der von Siebeck aufgestellte Satz, daß „das Gefäßsystem die wichtigste Einbruchsstelle des Funktionellen in das Organische“ ist, an dem Krankheitsgeschehen der iktaffinen Konstitutionen vielfach bewahrheitet wird. Die iktaffinen Konstitutionsformeln lehren uns aber auch, daß Kraulis mit seiner durch eigene Untersuchungen bereits sehr wahrscheinlich gemachten Vermutung eines näheren inneren Zusammenhangs von genuiner Epilepsie und paroxysmaler Hysterie unbedingt recht hat. Kraulis sagt: „Auffallend hoch ist die Zahl der Epileptiker in den Geschwisterschaften der Hysteriker“. Und Luxenburger findet unter den Geschwistern der Epileptiker 8mal soviel Hysteriker wie in der Durchschnittsbevölkerung. Diese Befunde, die von der Konstitution hergesehen gar nicht anders zu erwarten sind, geben Veranlassung, darauf hinzuweisen, daß zwischen den zwei großen Gruppen der iktaffinen Konstitutionen selbstverständlich Übergänge und mannigfache Beziehungen bestehen. Es hat sich an meinen Untersuchungen gezeigt, wie richtig Reichardts Auffassung war, daß das Epilepsieproblem aufs engste mit der Namengebung verknüpft sei. In dem Augenblick, wo die scharfe Grenzziehung zwischen genuin und symptomatisch, zwischen organisch und funktionell fiel und an die Stelle des starren Entweder-Oder die von Rüdin und Reichardt schon 1923 ausgesprochene Frage trat: „Wieviel ist Anlage, wieviel ist äußere Einwirkung? und auf der anderen Seite: Wieviel ist organisch? wieviel ist funktionell?“ war der Weg für eine fruchtbare Anlageforschung frei. Ohne den durch Förster in seinem Epilepsiereferat auf der Neurologentagung im September 1926 gegebenen Vollzug einer Synthese von neurologischem und konstitutionellem Denken und ohne die Erfahrungen unserer Kriegsneurologen wäre das Beschreiten dieses Weges nicht möglich gewesen.

Die Bedeutung der Erbanlage bei der Epilepsie.

Untersuchung an 253 Zwillingspaaren.

Von

Dr. **K. Conrad**, München.

Ich möchte Ihnen kurz über die Ergebnisse einer Zwillingsuntersuchung an Epileptikern berichten.

Das Problem der Ätiologie der Epilepsie ist untrennbar verknüpft mit der Frage der Erblichkeit. Über das Problem der Vererbbarkeit der Epilepsie wird seit über einem Jahrhundert viel diskutiert. Für die Erblichkeit haben sich seit jeher zahlreiche Autoren eingesetzt, jedoch auch, namentlich in letzter Zeit, eine Reihe von Autoren dagegen ausgesprochen (wie vor kurzem wieder J. Abadie auf dem Internationalen Neurologenkongreß in London 1935). Die große Meinungsverschiedenheit in diesem Punkt erklärt sich unseres Erachtens durch die falsche Fragestellung: Ist die Epilepsie erblich oder nicht? Wir wissen seit den grundlegenden Ergebnissen der Konstitutionsforschung, daß die Frage zu lauten hat: Was an dem großen Komplex der Epilepsien ist erblich, was ist erworben? Unsere konkrete Fragestellung lautet also: Gibt es unter den letzten verursachenden Faktoren der Epilepsie auch solche erblicher Natur, d. h. gibt es Menschen, bei denen gewisse Erbanlagen zu einem bestimmten Zeitpunkt ihres Lebens jene Bedingungen zu schaffen beginnen, die — etwa charakterisiert durch gewisse endokrine, vegetative oder andere physiopathologische Wirkungen — das Nervensystem notwendig zu der pathologischen Reaktion des epileptischen Anfalls führen?

Die von uns eingeschlagene Methode, die Zwillingsuntersuchung, ist die exakteste Methode der Vererbungsforschung. Sie beruht auf der Tatsache, daß eineiige Zwillinge völlig erbgleich sind, d. h. also identische Erbanlagen haben, so daß alle Merkmale, in denen sie sich unterscheiden, nicht anlagebedingt, sondern später erworben sein müssen. Auf die Einzelheiten der sehr subtilen Methode kann hier nicht eingegangen werden; es sei verwiesen insbesondere auf Siemens, v. Verschuer, Luxenburger u. a.

Unsere Untersuchung umfaßt im ganzen 253 Zwillingspaare, von denen immer jeweils einer Epileptiker ist. Wir haben auf exaktem Wege die Frage der Eiigkeit und die Frage der psychiatrischen Qualität der dazugehörigen Partner untersucht. Kommt dem Anlagemoment tatsächlich eine so wesentliche Rolle zu, wie dies behauptet wird, so war zu erwarten, daß bei den Eineiigen, also den Anlagegleichen in der überwiegenden Mehrzahl der Partner gleichfalls Epileptiker ist. Vorausschicken möchte ich noch, daß die bisherigen Zwillingsuntersuchungen an Epileptikern (Luxenburger, Schulte, Stroessler, Rosanoff) aus methodischen Gründen versagt haben, da das Material entweder zu klein oder nicht exakt auslesefrei gewonnen war. Selbst die große und am besten verwertbare Arbeit Rosanoffs hat zahlreiche methodische Mängel, auf die ich jedoch nicht eingehen kann.

Tabelle 1. Psychiatrische Qualität der überlebenden Partner und die Beziehung zur Gefährdungsperiode.

● = Epilepsie, ⊙ = Äquivalente, ◑ = Schwachsinn, ◐ = Hysterie und schwere Psychopathie, ◎ = psychiatrische Qualität nicht bekannt.

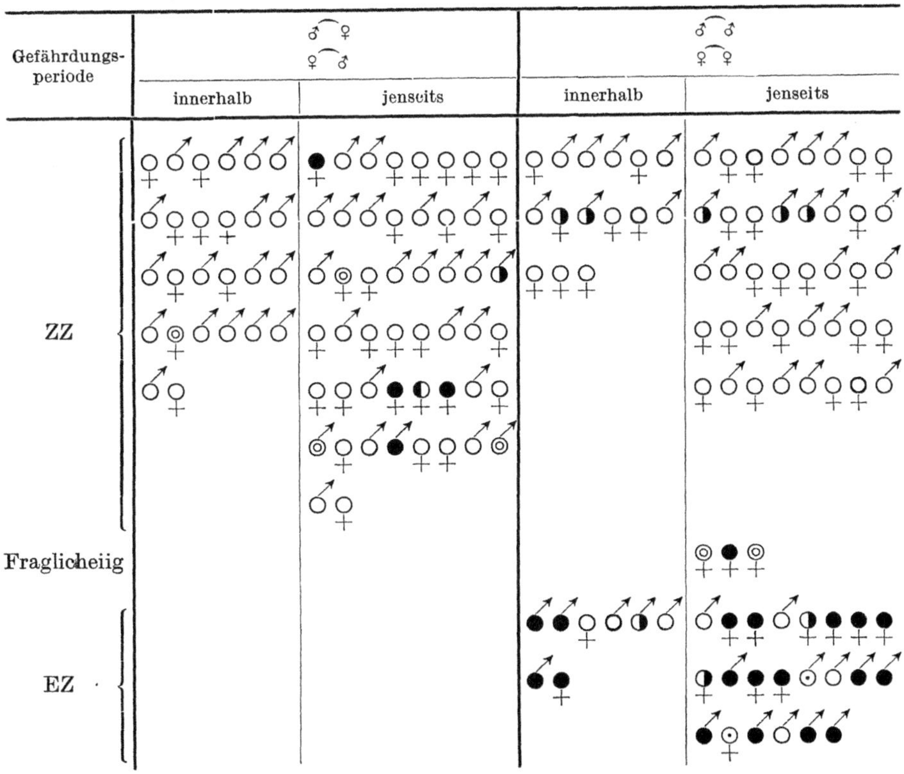

Ferner ist zu bemerken, daß wir im folgenden konkordant nur jene Fälle nennen, bei denen echte epileptische Anfälle oder echte epileptische Äquivalente mit Sicherheit nachzuweisen waren.

Die erste Tabelle gibt einen Überblick über die Ergebnisse. Sie stellt die Partner dar, geordnet nach Eiigkeit und Gefährdungsperiode hinsichtlich ihrer psychiatrischen Beschaffenheit. Es geht aus der Tabelle deutlich hervor, daß die Partner der Eineiigen in viel stärkerem Maß von Epilepsie betroffen sind, als die Partner der Zweieiigen. Nach Prozenten berechnet heißt dies (Tab. 2): Von den Eineiigen sind 66,6% der Partner epileptisch, von den Zweieiigen nur 3,15%.

Tabelle 2. Prozentverhältnis von Konkordanz und Diskordanz im Gesamtmaterial.

		Gesamtzahl	Nur Epilepsie und epileptische Äquivalente		Epileptische Äquivalente + Schwachsinn und Psychopathie	
			konk.	disk.	konk.	disk.
ZZ	absolute Zahl	127	4	123	15	112
	%	100,0	3,15	96,8	13,4	86,6
EZ	absolute Zahl	30	20	10	23	7
	%	100,0	66,6	33,3	76,6	23,4

Es ist klar, daß das Material genotypisch durchaus heterogen ist und wir müssen deshalb auch eine Scheidung in idiopathische und symptomatische Formen nach klinischen Gesichtspunkten vornehmen. Dabei zeigt sich, daß die Konkordanz bei den idiopathischen Eineiigen auf 86,3% steigt, bei den Zweieiigen ungefähr konstant bleibt (Tab. 3).

Tabelle 3. Prozentverhältnis der Konkordanz und Diskordanz im Gesamtmaterial, verteilt nach Eiigkeit und Diagnose (die fraglichen Fälle nicht berücksichtigt).

			Gesamtzahl	Epilepsie und Äquivalente		Epileptische Äquivalente + Schwachsinn u. Psychopathie	
				konk.	disk.	konk.	disk.
Zweieiig	symptomatisch	absolute Zahl	34	0	34	3	31
		%		0,0	100,0	8,8	91,2
	idiopathisch	absolute Zahl	93	4	89	12	81
		%		4,3	95,7	12,9	87,1
Eineiig	symptomatisch	absolute Zahl	8	1	7	3	5
		%		12,5	87,5	37,5	62,5
	idiopathisch	absolute Zahl	22	19	3	20	2
		%		86,3	13,7	90,9	9,1

Wenn es auch sicher nicht gelungen ist, diese Scheidung vollkommen durchzuführen, so ist doch daraus eindeutig der Schluß zu ziehen, daß bei den klinisch als genuine Epilepsie diagnostizierten Formen tatsächlich erbliche Momente die ausschlaggebende Rolle spielen. Damit fällt die Hypothese in sich zusammen, die die sog. genuine Epilepsie glaubt, ganz in die symptomatische aufgehen lassen zu können.

Wir kommen also zu folgender Beantwortung der eingangs gestellten Fragen: Es gibt zweifellos unter den das epileptische Syndrom verursachenden Faktoren solche erblicher Natur. Es gibt also sicher Menschen, bei denen gewisse Erbanlagen zu einem bestimmten Zeitpunkt ihres Lebens jene Bedingungen zu erfüllen beginnen, die das Nervensystem notwendig zu jener pathologischen Reaktion auf gewisse, wohl innere Reizvorgänge führen, deren wesentlichste äußere Manifestierung der epileptische Anfall ist. Dabei müssen wir die Frage offen lassen, ob Erbfaktoren für das Zustandekommen jeder Form der Epilepsie vorhanden sein müssen.

Aussprache.

Kaldewey (Eickelborn) weist hin auf die unbedingte Notwendigkeit genauester körperlicher Befundaufnahmen zum Zwecke der Erleichterung der Arbeit der Forschungsinstitute durch die Anstalten. Gewissenhafteste Erfassung aller beobachtbaren äußeren Merkmale unter Hinweis auf die Zusammenhänge zwischen Zentralnervensystem, Haut und Sinnesorganen.

H. F. Hoffmann (Gießen): Die Differentialdiagnose zwischen erblicher und nichterblicher Epilepsie ist nicht immer leicht. An der Gießener Klinik haben wir seit einiger Zeit auch das Encephalogramm zur Untersuchung mit herangezogen. Dabei erlebt man manche Überraschungen. Bei einzelnen Fällen, die sich durch nichts in ihrem Befund und in der Art der Anfälle von einer genuinen Epilepsie unterschieden, hat das Encephalogramm einen Hirntumor ergeben. Es sind außerdem spezifizierte Liquoruntersuchungen zur Differentialdiagnose erforderlich. Das Gesetz zur Verhütung erbkranken Nachwuchses zwingt uns, alle Hilfsmittel auszunützen, um zu einer einwandfreien Diagnose zu gelangen. Selbstverständlich muß der klinische Befund durch die Sippschaftstafel ergänzt werden, die uns häufig eindeutig den Weg zeigt.

Kehrer (Münster) weist auf die Schwierigkeit der Beweisführung von Abadie, mit der dieser jede erbliche Verursachung der „genuinen Epilepsie“ ablehnt, hin. Da durch die Untersuchungen von Conrad scheinbar die ausschließliche Erblichkeit der genuinen Epilepsie abschließend erwiesen ist, wäre es besonders wichtig zu erfahren, ob die Diagnose der Ein- und Zweieiigkeit über jeden Zweifel erhaben ist, ob z. B. alle der als eineiige Angesehenen phänotypisch so sicher eineiig sind wie die hier im Bild gezeigten Fälle. Von großem Interesse wäre andererseits wohl ein Vergleich zwischen dem Sippenbilde der von Conrad herangezogenen Zwillingsfälle und dem eines gleich großen Materials von Epileptikern, die keine Zwillinge sind.

Schaltenbrand (Hamburg): Bei der außerordentlichen Bedeutung, die die Diagnose einer genuinen Epilepsie für den Kranken hat, müssen alle diagnostischen Möglichkeiten erschöpft werden, um diese Diagnose zu sichern, und um diejenigen Fälle zu erfassen, die als symptomatische Epilepsie nicht unter das Sterilisierungsgesetz fallen. Häufig deckt schon die klinische Untersuchung eindeutige Merkmale auf, z. B. Differenzen im Wachstum der Extremitäten und in der Exaktheit der Motorik, die im Verein mit der Vorgeschichte auf eine traumatische oder eine entzündliche Hirnschädigung hinweisen. In einer Untersuchung, die mein Mitarbeiter Dr. Wand durchgeführt hat, fand er im Encephalogramm von Kranken der Eppendorfer Nervenklinik, die bis dahin als genuine Epilepsie gegangen waren, bei etwa 10% der Fälle deutliche Veränderungen des Ventrikelbildes, die auf eine Hirnschädigung oder auf eine Geschwulst hinwiesen. Selbst wenn man annimmt, daß durch gründlichste Untersuchung dieser Prozentsatz noch verkleinert werden kann, so halte ich es doch für richtig, daß man jedem Epileptiker empfiehlt, sich wenigstens einmal in seinem Leben encephalographieren zu lassen, um mit Sicherheit die symptomatische Epilepsie auszuschließen.

Schneider (Heidelberg) weist darauf hin, daß auch in den Familien sicher symptomatisch Epileptischer (z. B. bei klaren Residualepilepsien) eine gesteigerte Krampfdisposition gar nicht so selten nachgewiesen werden kann. Diese Krampfdisposition äußert sich in Erkrankung von Geschwistern, Nachkommen oder Vorfahren an anderen Formen der Epilepsie, oder auch in Migräne, Linkshändigkeit usw. Es ist in solchen Fällen selbstverständlich der Tatbestand erblicher Epilepsie im Sinne des § 1 des Gesetzes zur Verhütung erbkranken Nachwuchses gegeben, auch wenn es sich um symptomatische Epilepsien handelt. Die Diagnose symptomatische Epilepsie befreit also nicht schlechthin von der Sterilisation, sondern es kommt auf den tatsächlichen Nachweis an, daß die Familie des Kranken von erblicher Epilepsie frei ist. Das ist auch praktisch berechtigt, denn da symptomatische Epilepsie genau wie genuine zu chronischen Krankheits- bzw. Verblödungszuständen führen kann, hat sie genau die gleiche nosologische Bedeutung wie die genuine Epilepsie und ihre Verhütung ist genau nach denselben Gesichtspunkten vorzunehmen, wenn es sich um symptomatische Formen handelt, bei denen die Krampfbereitschaft in gesteigertem Maße erblich ist. Wir haben kein Interesse daran, die erbliche Veranlagung zu gesteigerter Krampfbereitschaft weitergehen zu lassen, wenn wir doch wissen, daß beliebige äußere Schädigungen mit hoher Wahrscheinlichkeit bei ihren Trägern chronische epileptische Bilder erzeugen werden.

Pette (Hamburg): Wenn auch durch die sehr interessanten Untersuchungen des Herrn Conrad nunmehr die große Bedeutung des Erbfaktors für die Pathogenese der genuinen Epilepsie als sicher erwiesen gelten kann, so sind damit die diagnostischen Schwierigkeiten, denen der Kliniker in vielen Fällen begegnet, noch keineswegs beseitigt. Es ist zu fordern, daß in zweifelhaften Fällen alle physikalischen Untersuchungsmethoden erschöpfend Anwendung finden. Daß das Encephalogramm in solchen Fällen kein absolut sicheres Kriterium ist, haben wir mit zunehmender Erfahrung gerade in den letzten Jahren gelernt. Trotzdem aber können wir seiner auch in Zukunft nicht entraten. Jedenfalls sind Anomalien in der Liquorsekretion und -resorption, wie sie besonders nach traumatischer Schädigung des Gehirns, einschließlich Geburtstraumen vorkommen, nur auf diese Weise zu erfassen.

K. Conrad (München) (Schlußwort): Auf die Frage Kehrers nach der Eiigkeitsbestimmung wird davon eine kurze Darstellung gegeben. Es wurden die von Luxenburger angegebenen Maße am Schädel anthropologisch abgenommen, Haar- und Augenfarbe bestimmt, die Weichteile des Gesichtes gezeichnet und beschrieben, Fingerabdrücke aller 10 Finger und der Handflächen abgenommen und Photographien des Gesichtes und des Schädels von vorn und beiden Profilen hergestellt.

Die klinische Scheidung in idiopathische und symptomatische Form ist gewiß noch sehr wenig befriedigend, was nicht nur im Methodischen, sondern auch im Begrifflichen liegt, als darin keine absolute (disjunktive) Alternative gegeben ist.

Aus dem Kaiser-Wilhelm-Institut für Hirnforschung, Berlin-Buch.

Bioelektrische Untersuchungen über den Pathomechanismus des Zentralnervensystems.

Von

A. E. Kornmüller.

Mit 3 Textabbildungen.

Eine Voraussetzung für bioelektrische Untersuchungen über die Pathophysiologie des Zentralnervensystems ist eine gründliche Kenntnis der bioelektrischen Erscheinungen des normaltätigen ZNS. Die Eigenströme (Kornmüller 1932—1935[1]) sind in erster Linie der bioelektrische Ausdruck der normalen

[1] A. E. Kornmüller, J. Psychol. u. Neur. **44**, 447 (1932); Dtsch. Z. Nervenheilk. **130**, 44 (1933a); J. Psychol. u. Neur. **45**, 172 (1933b); Fortschr. Neur. **5**, 419 (1933c); Biol. Rev. Cambridge philos. Soc. **9**, Nr 4 (1935a); Fortschr. Neur. **7**, H. 9 u. 10 (1935b).

Tätigkeit der Grisea. Jeder Eigenstrom ist zahlenmäßig durch eine Reihe von Merkmalen zu erfassen:

1. Die Größe der Amplituden seiner Potentialschwankungen.
2. Die Dauer bzw. Frequenzen seiner Schwankungen. Häufig sind in einer Kurve mehrere Frequenzen festzustellen, die sich entweder abwechseln oder überlagern.
3. Die Periodizität, d. h. die Art des Abwechselns der einzelnen Frequenzen. Diese kann auch fehlen, wenn z. B. regellose Einzelschwankungen vorliegen.

Was die einzelnen Schwankungen betrifft, lassen sich unterscheiden:

4. Die Steilheit bzw. Trägheit der beiden Schenkel einer Welle und
5. Die Polarität.

Jedes Hirnrindenfeld und jedes bisher untersuchte subcorticale Zentrum zeigte einen spezifischen Eigenstrom. Dieser stellt sozusagen den Maßstab für alle Modifikationen des bioelekrischen Bildes bzw. der Tätigkeit des betreffenden Zentrums dar.

Außer durch den Eigenstrom sind einige wenige Zentren durch Aktionsströme auf Sinnesreize gekennzeichnet. Bei ganz plötzlichem kurzen Reiz bestehen diese zur Hauptsache in einem Anfangseffekt zu Reizbeginn, bei genügend langer Reizeinwirkung sieht man mit dem Reizende noch einen Endeffekt. Außerdem konnte ich wiederholt feststellen, daß auch Dauerreize konstanter Intensität während der ganzen Zeit ihrer Einwirkung Modifikationen der Eigenströme der der Reizart entsprechenden Hirnrindenfelder bedingen, worüber in einer späteren Mitteilung eingehender berichtet wird.

Es wurde schon früher darauf hingewiesen (1933a, c, 1935a), daß schon normalerweise von bestimmten Feldern Sinnesreize durch Verminderung der Eigenstromproduktion beantwortet werden.

Bei Einwirkungen von Schädlichkeiten auf das ZNS ist es von großer Wichtigkeit nach Möglichkeit zu unterscheiden zwischen den Zentren, die primär von der Schädlichkeit getroffen werden und auf diese direkt reagieren und den Zentren, die nicht auf die Noxe direkt reagieren, sondern auf nervösem Wege von einer primär betroffenen Stelle aus in abnorme Tätigkeit gebracht werden. Die komplexen Verbindungen und entsprechenden Beziehungen der Zentren untereinander erschweren ohne Zweifel, die Reaktionsgesetze eines Zentrums rein zu erfassen. Es werden darum zuerst Beispiele von Einwirkungen streng lokalisierter Art gebracht.

Eine lähmende Wirkung war durch lokale Kälteeinwirkung zu erwarten. Dazu wurde eine Thermode nach W. Trendelenburg[1] verwendet. Abb. 1 stellt auf Streifen *a* die Kontrollregistrierung des normalen Eigenstromes der Area praecentralis granularis (Praecgr) des Kaninchens dar. Siehe dazu M. Roses[2] Gliederung der Hirnrinde des Kaninchens! Der Eigen-

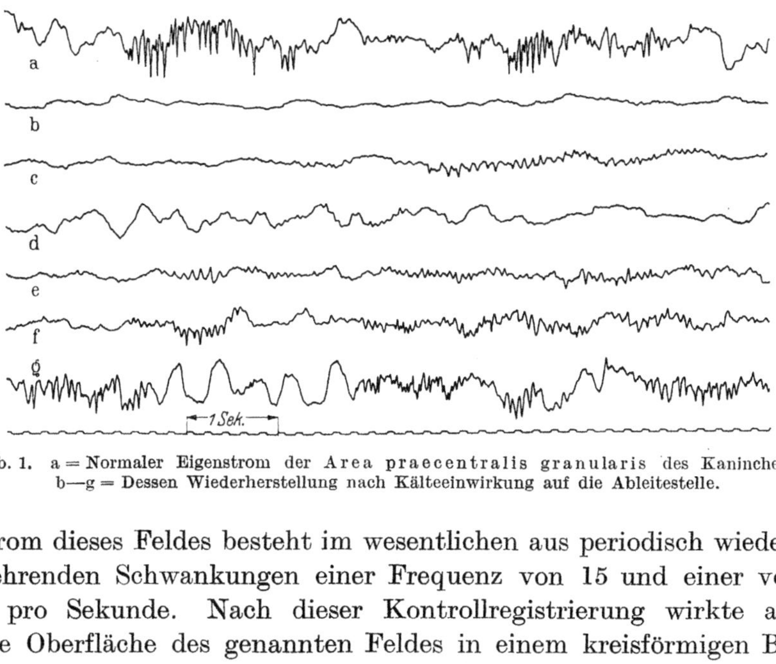

Abb. 1. a = Normaler Eigenstrom der Area praecentralis granularis des Kaninchens. b—g = Dessen Wiederherstellung nach Kälteeinwirkung auf die Ableitestelle.

strom dieses Feldes besteht im wesentlichen aus periodisch wiederkehrenden Schwankungen einer Frequenz von 15 und einer von 2 pro Sekunde. Nach dieser Kontrollregistrierung wirkte auf die Oberfläche des genannten Feldes in einem kreisförmigen Bezirk von 5 mm Durchmesser über 70 Sekunden eine Temperatur von 15° ein. Unmittelbar danach wurde Streifen *b* registriert, der so gut wie keine auswertbare Spannungsproduktion und darum ein Aufhören der Tätigkeit des gekühlten Hirnrindenareals aufweist. Dieser Zustand hielt viele Sekunden an. Dann erst ergaben sich, was Streifen *c* zeigt, wieder Spannungsschwankungen einer Frequenz von etwa 11—15 pro Sekunde. Diese Frequenz entspricht

[1] W. Trendelenburg, Pflügers Arch. **133**, 305 (1910a); **135**, 469 (1910b); **137**, 515 (1911). — [2] M. Rose, J. Psychol. u. Neur. **43**, 353 (1931).

annähernd der raschen des normalen Eigenstromes (Str. *a*), die Amplituden der Schwankungen sind aber diesem gegenüber stark reduziert und betragen nur etwa ein Viertel. Auf Streifen *d* treten vorübergehend die trägen Schwankungen der Kontrollregistrierung in Erscheinung, um auf Registrierung *e* fast ausschließlich raschen Schwankungen der Frequenz von 15 pro Sekunde Platz zu machen. Auf den folgenden Registrierungen (*f*—*g*) ist die Ähnlichkeit mit dem normalen Eigenstrom schon weitgehend, wenn auch die Amplituden durchschnittlich kleiner sind. Doch diese kommen im Laufe der Zeit der Norm immer näher.

Bei Betrachtung dieser Restitution nach einem nahezu vollkommenen Aussetzen der Tätigkeit zufolge Kühlung fällt auf, daß von den oben angegebenen Charakteristica des Eigenstromes am meisten und längsten die Amplitudengröße beeinflußt war und daß andererseits davon unabhängig die Frequenz der Schwankungen erstaunlich bald und sofort beim Auftreten weitgehend der Norm entspricht. Es treten aber nicht alle Frequenzen des normalen Eigenstromes gleichzeitig wieder in Erscheinung, sondern hier zuerst die frequenten und dann die trägen. Wie auch sonst häufig feststellbar, kommt es erst zu einem periodischen Wechsel vorherrschend rascher bzw. träger Schwankungen, bis beide wieder dem normalen Eigenstrom entsprechend mehr oder weniger gleichzeitig bzw. in unmittelbarer Aufeinanderfolge auftreten.

Es war von großem Interesse, während und nach der Kühlung dieses Rindenareals der linken Hemisphäre das Verhalten anderer Hirnrindenfelder zu beobachten. Am auffälligsten verhielt sich dabei die symmetrische Stelle[1] der rechten Hemisphäre (Area praecentralis granularis), was Abb. 2 zeigt. Schon wenige Sekunden nach der Kühlung links (Stelle 1 auf Abb. 2) sieht man über Stelle 2 rasch zunehmende Verminderung der Amplitudengrößen und eine Verkürzung der Periode mit den raschen Schwankungen. Die Produktion von Spannungsschwankungen wird weitgehend reduziert. Nach Aufhören der Kühlung der symmetrischen Rindenstelle tritt ziemlich rasche und gleichzeitige Restitution der Schwankungen der beiden Hauptfrequenzen ein, die aber zuerst nicht dauernd ist, sondern im Hinblick auf die Amplitudengröße Schwankungen aufweist.

[1] Siehe dazu auch die in unserem Laboratorium von Gozzano (l. c.) gemachten Beobachtungen über andere Einwirkungen.

Ein Vergleich der Abb. 1 und 2 ergibt, daß bei der Restitution der gekühlten Stelle eine Störung der Periodizität — isoliertes Auftreten der einzelnen Frequenzen — feststellbar ist, bei der von dieser Schädlichkeit nicht direkt getroffenen Stelle aber nicht. Die Lähmung der ersteren Stelle ist vollkommener und länger anhaltend nach Wegnahme des Kühlkörpers. Man beachte

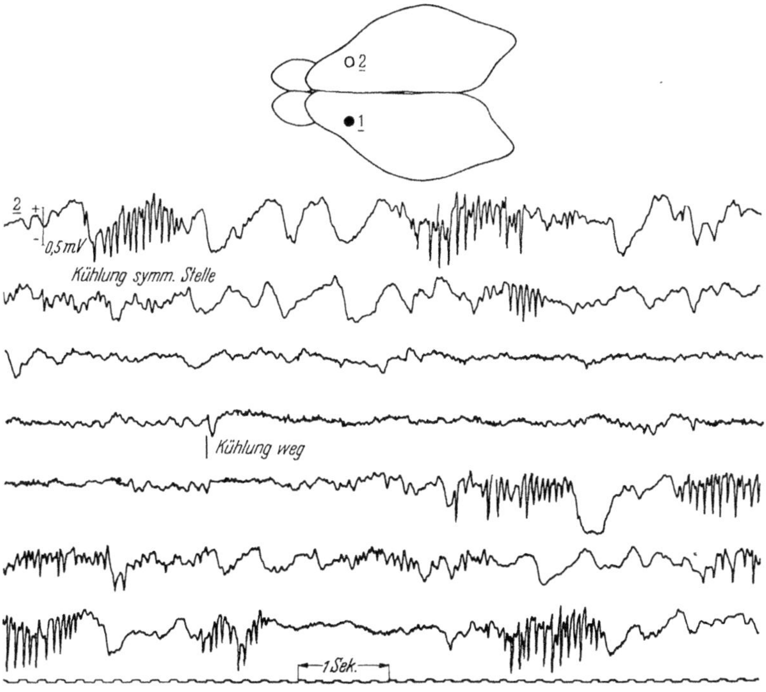

Abb. 2. Nach Registrierung des normalen Eigenstromes der Stelle 2 (auf dem obersten Streifen) dessen Abänderungen während und nach Kühlung der Stelle 1. Oben die Lokalisation der Stellen 1 und 2 auf dem Großhirnschema des Kaninchens.

auch die kleinen, sehr frequenten Schwankungen während der stärksten Lähmung der symmetrischen Stelle auf der rechten Hemisphäre.

Die Hirnrinde der gekühlten Seite zeigt in weitem Umfange, aber nur in sehr abgeschwächter Weise, ähnliche Erscheinungen wie der symmetrische Punkt. Es wird zu untersuchen sein, ob dies auf reflektorische Gefäßwirkungen durch die lokale Kühlung oder auf nervöse Ausbreitung zu beziehen ist. Normalerweise steht nur ein Feld mit der hier gekühlten Area praecentralis granularis in direkter Verbindung, nämlich die Area praecentralis agranularis. Beide Felder zeigen in ihren Eigenströmen Schwankungen einer Frequenz von 15 pro Sekunde und diese sind in ihrem Ablauf häufig zeitlich verknüpft.

Abb. 3 zeigt vom Affen (Cynomolgus) den gleichen Befund, wie er für das Kaninchen in der vorangehenden Mitteilung dargelegt

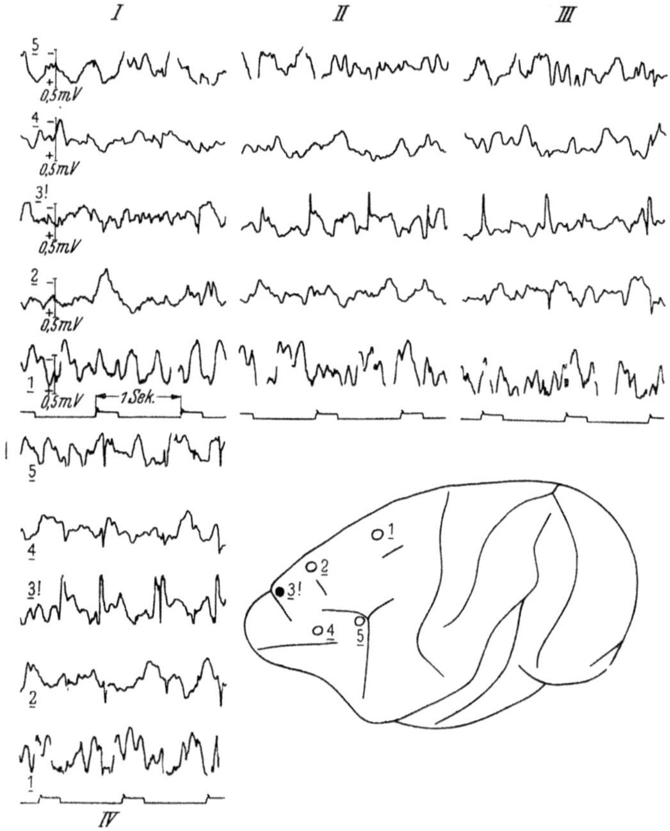

Abb. 3. Die bioelektrischen Potentialschwankungen von fünf gleichzeitig (mit Tönnies Polyneurographen) registrierten Stellen der Hirnrinde eines Affen. *I.* = Normal. *II.—IV.* = Während lokaler Strychnineinwirkung auf Stelle 3. Unten rechts Hirnoberflächenschema mit den Ableitepunkten.

wurde, nämlich daß Felder, die bei der normalen Tätigkeit keine Beziehung aufweisen, in eine solche bei Reizzuständen geraten. Gleichzeitig wurde von den eingezeichneten 5 Stellen des Stirnhirns abgeleitet. Diese liegen in folgenden architektonischen Feldern: 1 in 6aα, 2 in 6aβ, 3 in 9a, 4 in 9c und 5 in 8δ. Ihre Eigenströme sind weitgehend dyschron. Nach dieser Kontrollregistrierung (I) wurde der Wollfaden der Ableiteelektrode der Stelle 3 mit einer 2proz. Strychninlösung durchtränkt, so daß Strychnin in einem Umkreis von 1—2 mm Durchmesser auf die Hirnrinde zur Wirkung gelangte. Dies führte zum Auftreten explosionsartiger Spannungsentladungen, die durch besondere Steilheit und Amplitudengröße ausgezeichnet sind. Diese blieben vorerst auf Stelle 3 lokalisiert (II). In wenigen Sekunden aber sehen wir, daß auch die Stelle 2 derartige Schwankungen (mit umgekehrter Polarität) aufweist (III), und nach weiteren Sekunden zeigen alle 5 Stellen derartige Krampfstromentladungen (IV). Diese treten ungefähr gleichzeitig auf. Kleine Latenzzeiten werden allerdings bestehen, diese sind aber bei der geringen Registriergeschwindigkeit nicht auswertbar. Es zeigen sich also unter diesen abnormen Bedingungen Beziehungen zwischen Zentren, die bei der normalen Tätigkeit nicht in Erscheinung treten. Starke Erregungsstöße, wie sie durch die besagten Potentialschwankungen angezeigt werden, sind wohl hauptsächlich zufolge ihrer Größe imstande, Synapsen zu überschreiten, die von normalen Erregungen nicht passiert werden können.

In der vorangehenden Mitteilung (1935b) wurden, durch Befunde veranlaßt, folgende Fragestellungen aufgeworfen:

Wie hängt die bioelektrisch faßbare Reaktion eines von einem Reiz direkt getroffenen Zentrums ab: 1. von dessen Bau, 2. von der Intensität und 3. von der Qualität des Reizes? Diese Fragen sind sehr allgemeiner Natur und man wird darum erst nach vielen weiteren systematischen Untersuchungen abschließendes darüber sagen können. Wir müssen uns im Rahmen dieses Vortrages einstweilen auf die Mitteilung der Voraussetzungen und einiger Befunde zu diesen Fragen begnügen und endgültige Schlußfolgerungen einem späteren Zeitpunkt überlassen. Auf Grund unserer Befunde müssen für die Bearbeitung dieser Fragestellungen folgende Voraussetzungen erfüllt werden:

a) Weitgehendste Berücksichtigung der lokalisatorischen Tatsachen über das ZNS bzw. der bioelektrischen Gliederung des ZNS.

b) Die Vornahme von Dauerregistrierungen. Unter abnormen Bedingungen werden häufig schon in kurzer Zeit eine Reihe von verschiedenen Tätigkeitsstadien durchlaufen, deren lückenlose Kenntnis eine Voraussetzung zum Erkennen allgemeinerer Gesetzmäßigkeiten darstellt.

c) Beim Studium einer bestimmten Einwirkung müssen andere sorgfältig ausgeschaltet werden. Die Eigenströme sind schon gegen übliche, sonst nicht beachtete Versuchsbedingungen außerordentlich empfindlich. Siehe Kornmüller 1933c und 1935a! Nach Möglichkeit sind die Ableitungen durch die unverletzte Dura oder aus Bohrlöchern durch den Knochen vorzunehmen (1933b). Außerdem können sich auch Sinnesreize unter abnormen Bedingungen in unerwarteter Weise auswirken. Siehe dazu Gozzano[1] und R. W. Range[2].

d) Möglichste Unterscheidung zwischen direkter Reaktion auf einen Reiz und indirekter Beeinflussung auf nervösem Wege durch ein primär getroffenes Zentrum.

Die Frage nach der Abhängigkeit der Reaktion vom Bau eines zentralnervösen Zentrums konnte schon in der vorangehenden Mitteilung (1935b) durch Befunde bejaht werden.

Groß ist die Abhängigkeit der Reaktion von der Intensität einer Noxe. Bei deren Zunahme werden eine Reihe von Stadien durchlaufen, bis schließlich jegliche Spannungsproduktion aufhört. Diese Stadien sind nicht allein in quantitativer Hinsicht gekennzeichnet (durch Steigerung oder Verminderung des elektrischen Energiewechsels), sondern in hohem Maße durch qualitative Abänderungen der normalen Eigenströme (Frequenz-, Periodizitätsabänderungen u. a.). Durch die qualitativen Merkmale der bioelektrischen Kurven lassen sich die Modifikationen der Tätigkeit viel weitgehender erfassen als durch die quantitativen.

Bei geeigneten Registrierungen war häufig festzustellen, daß selbst krampfauslösende Mittel bei schwächster, eben wirksamer Dosierung zuerst eine, wenn auch meist nur kurzanhaltende, Verminderung der normalen Eigenstromproduktion hervorrufen. Dies wird deswegen betont, da allgemein angenommen wird, daß schwache Reize zuerst die Lebenstätigkeit steigern und stärkere diese aufheben. Wurde allerdings z. B. ein Krampfgift auf ein Zentrum zur Wirkung gebracht, dessen Tätigkeit abnorm reduziert war, dann stellte sich sofort eine Steigerung dieser ein. Für die Reaktion ist also sehr wesentlich, ob eine Schädlichkeit ein normaltätiges oder ein alteriertes Zentrum trifft. Bei zunehmender Wirkung von Schädlichkeiten stellen sich dann Abänderungen

[1] M. Gozzano, Riv. Neur. 8, 1 (1935).

[2] R. W. Range, J. Psychol. u. Neur. **46**, 364 (1934).

qualitativer Merkmale ein. Es können z. B. allmählich Abläufe bestimmter Frequenzen verschwinden. Bevorzugt sind dabei die raschen. Vielfach mußte auch eine Störung der Periodizität, also des Abwechselns der einzelnen Frequenzen festgestellt werden. Auf dieses Stadium folgt bei der großen Gruppe der krampfauslösenden Einwirkungen ein Stadium von Krampfstromanfällen. Eine eingehende Charakteristik dieser befindet sich bei Kornmüller 1935b. Dieses Stadium wird bei den krampfauslösenden Mitteln innerhalb eines großen Dosisbereiches bevorzugt. Ihm folgt in der Regel ein Stadium stark reduzierter oder aufgehobener elektrischer Spannungsproduktion. Wenn ein Reiz von vornherein sehr stark ist (z. B. entsprechende faradische Reizung), dann tritt sofort eines der späteren Stadien (z. B. das Krampfstadium) in Erscheinung. Bei manchen Einwirkungen z. B. Scopolamin, Pernocton, gelegentlich bei lokaler Kühlung mußte ein Krampfstadium vermißt werden. Möglicherweise ist dabei ein solches nicht zu erzielen oder aber hängt dieses auch von einer geeigneten Dosierung der Einwirkungen ab. Je nach der Art der Noxe werden bestimmte Stadien innerhalb eines größeren Dosisbereiches bevorzugt. Die hier angedeuteten Fragen finden eine eingehendere Behandlung in der nächsten Mitteilung, die die Reaktionen eines Hirnrindenfeldes auf die verschiedenartigsten Einwirkungen darstellt und bespricht.

Es ist für mich auf Grund meines bioelektrischen Materials sicher, daß der großen Mannigfaltigkeit von Einwirkungsmöglichkeiten auf die Tätigkeit des ZNS bei weitem keine so große Vielheit der bioelektrisch faßbaren Reaktionsarten des einzelnen Zentrums entspricht. Physikalische Einwirkungen führten ganz ähnliche bioelektrische Stadien herbei wie gewisse chemische, und das gleiche galt auch für Stoffe ganz differenter chemischer Struktur. Die Reaktionsmöglichkeiten ein und desselben Zentrums sind beschränkt. Die Bausteine der Pathophysiologie des ZNS sind relativ einfach, ihre Aneinanderfügung aber recht kompliziert, was in folgendem zu suchen ist:

1. Den komplizierten faseranatomischen Verbindungen und 2. der differenten Empfindlichkeit der Baueinheiten gegenüber Schädlichkeiten (Vogts[1] Pathoklise), auf die bereits in früheren Mitteilungen (1933c, 1935a und b) von mir hingewiesen wurde.

[1] C. Vogt u. O. Vogt, J. Psychol. u. Neur. 28, 1 (1922).

Aus der Psychiatrischen Universitätsklinik und dem Staatlichen Krankenhaus für Nerven- und Geisteskrankheiten Istanbul (Direktor: Prof. Mazhar Uzman).

Über zwei Friedreichsche Ataxiefälle.

Von

Fahreddin Kerim Gökay,

Professor der Psychiatrischen Universitätsklinik.

Mit 4 Textabbildungen.

Zunächst beehre ich mich dieser verehrlichen Versammlung und deren Reichsleiter und Präsidenten meinen Dank für die Gelegenheit hier das Wort zu übernehmen, auszusprechen.

Ich möchte Sie nicht lange aufhalten, wichtig erschien mir aber doch dieser seltene Fall, da ein gleicher in der Türkei während der letzten 15 Jahre nur zweimal zur Beobachtung kam. Er wurde von Prof. Hayrullah auf dem medizinischen Nationalkongroß der Türkei in Ankara 1931 neurologisch demonstriert. Nur war dieser Fall mütterlicherseits erblich belastet, dagegen traf das in meinem Fall nicht zu. Der 2. Fall wurde von Dr. Konos veröffentlicht. Gleichzeitig möchte ich darauf aufmerksam machen, daß man die erblichen Organnervenkrankheiten bei uns sehr selten sieht, deshalb bringe ich diese Beobachtung zur Kenntnis dieser Versammlung.

Einer der Kranken, 13 Jahre alt, gebürtig in Bodrum unweit von Smyrna. Die Familienvorgeschichte: Vater und Mutter gesund, aber die beiden sind Vettern. Der Vater des Kranken war vor Zeiten Alkoholiker. Der Kranke hat 3 Geschwister, wovon 2 Buben und 1 Mädchen. Einer von seinen Brüdern, 7 Jahre alt, ist ebenso krank wie er selbst. Im Bereiche der Familie ist sonst niemand krank, d. h. bezüglich dieser Krankheit.

Das Vorleben des Kranken: Geburt und Frühleben normal bis zum 7. Lebensjahre. Nur einmal, und zwar im Alter von 2 Jahren hat er Malariafieber gehabt. Also bis dahin körperlich und geistig gut entwickelt. Im 7. Jahresalter begann die Ataxie im Gehen, wobei er nach einigen Schritten umfiel, und nach und nach Störungen im Sprechen. Mit der Zeit ist die Ataxie vorgeschritten und selbst beim Sitzen zeigten Kopf und Arme choreatische Bewegungen. In diesem Zustande wurde der Kranke am 27. VII. 1935 in unsere Klinik aufgenommen.

Die Ergebnisse der Untersuchung: Die allgemeine Entwicklung des Kranken ist im Verhältnis zu seinem Alter gut. Am Rücken liegend bildet der Oberschenkel einen 180gradigen Winkel gegen den Bauch. Der rechte Fuß verbogen nach innen und die Spitze des Fußes nach abwärts. In beiden Seiten Babinskisches

Abb. 1.

Abb. 2.

Zeichen kontinuierlich positiv. Zuweilen athetotische Bewegungen an den Füßen; die Finger spreizen sich gleichsam fächerartig. Von Zeit zu Zeit zeigen die oberen Extremitäten choreatische Bewegungen, die Hände knäueln sich und nachher verdreht sich fortwährend der Daumen in der Handfläche und sämtliche Finger der beiden Hände nehmen die Form der Kratzpfoten an.

Beim Aufstehen muß er sich auf beide Hände stützen, läßt er die Hände los, so beugt sich der Kopf leicht nach vorn. Während er viel Schwierigkeiten hat, sich auf die linke Seite zu drehen, kann er sich nach der rechten Seite mit wenig Mühe drehen. Der Schädel zeigt keine besondere Abnormität. Der Schädelumfang

Abb. 3.

Abb. 4.

51 cm, Durchmesser von vorn nach hinten 15 cm, lateraler Durchmesser 11 cm. Beide Augenlider sind frei, im rechten Auge sieht man Nystagmus beim Blick nach links, während am linken Auge, da die okularen Muskeln dem Fingerzeig nicht folgen können, keine Beobachtung gemacht werden konnte. Pupillenreaktionen sind gut.

Die Reflexe: Cornealreflexe sind positiv, an beiden Oberarmen sind Triceps und Radiusperiostreflex abgeschwächt, der Bauchdecken- und Kremasternreflex an der rechten Seite sind abgeschwächt, an der linken Seite θ. Patellar- und Achillesreflexe an beiden Seiten sind θ. Bei offenen Augen kann er die Spitzen der beiden Zeigefinger nicht zueinander bringen und ebenfalls nicht die Fingerspitzen der beiden Zeigefinger zur Nase führen. Den Hinterteil des linken Fußes kann er nur mit Schwierigkeit auf das rechte Knie bringen. Kraftdynamometer an der rechten Hand 25, an der linken 21 cm.

Augenhintergrund beiderseits: Die Papillen sind schmutzigweiß, die Gefäße sind eng. Pharynxreflex und Kaubewegung sind frei. Urinieren und Stuhlgang ist gut. Geschlechtsorgane normal. Kein Kopfschwindel. Allgemeine körperliche Funktionen sind normal. Blut und Liquor sind normal. Weiße Blutkörperchen 7000, rote 4000000. Auch bei beiden Eltern war die Blutuntersuchung negativ. Muskelzustand: Scapularmuskel im Verhältnis zum linken rechtseitigen mehr abgeschwächt. Beide Glutaeen sind abgemagert.

Besonderes Merkmal dieses Falles: Will der Kranke, auf der Brust liegend, sich erheben, so tut er es gleich dem myopathischen Patienten. Es handelt sich bei ihm offenbar um eine Mischform der Friedreichschen Ataxie mit der Muskeldystrophie. Bei der Intelligenzprüfung zeigt er kaum die Intelligenz eine 4jährigen Kindes.

Sensibilität in jeder Beziehung ist normal. Rombergsche Zeichen konnte man nicht untersuchen. Die inneren Organe zeigten keine Besonderheiten.

Der zweite Fall: 7 Jahre alter Knabe. Bruder des vorigen. Auch in diesem Falle begann die Krankheit gleich der seines Bruders, im 7. Lebensalter. Kopf und Gürtelgegend stehen nicht fest und der Oberkörper ist stets in Schwankungen. Die allgemeinen willkürlichen Bewegungen sind möglich, und nur bei offenen Beinen kann er stehen und in dieser Lage Kopf und Oberkörper langsam bewegen, während beim Gehen Kopf und Oberkörper sich nach vorn beugen, ebenfalls der linke Fuß. Der Oberkörper neigt sich nach links und man sieht dazu Ataxie. Hier sieht man auch choreatische Bewegungen beim Holen eines Gegenstandes vom Boden, die Finger gehen auseinander und es zeigt sich eine Hypotonie in beiden Beinen.

Sensibilität normal. Atrophie in Muskeln von Scapula und Glutaeen sehr wenig.

Schädel normal. Die Augenbewegungen sind normal, kein Nystagmus. Pupillen regelmäßig; Reaktionen normal.

Bei der Augenhintergrunduntersuchung ist die Opticuspapille schmutzigweiß, die Arterien sind eng, beim Weinen hell und breit.

Eine neue, durch Auftreten eigenartiger großzelliger Infiltratzellen gekennzeichnete Erkrankung des Zentralnervensystems.

Von

F. Schob, Dresden.

(Nicht eingegangen.)

Das Lokalisationsprinzip im Lichte der Angioarchitektonik des Gehirns.

(Mit Demonstration vollkommener Gefäßinjektionspräparate.)

Von

R. A. Pfeifer, Leipzig.

Die Entwicklung einer Pathoangioarchitektonik der Hirntuberkulose (vgl. Kreislauf und Hirntuberkulose, Dresden 1935. Verlag Th. Steinkopff) mit Hilfe der vollkommenen Gefäßinjektionsmethode hatte die Herstellung völlig fehlerfreier Standardserien für die normale Angioarchitektonik des Gehirns zur Voraussetzung. Die Bemühungen darum schienen lange Zeit vergeblich durch ein fleckiges Aussehen der Präparate mit seltsamen Begrenzungslinien in der Hirnsubstanz, bis sich herausstellte, daß diese artifiziell erscheinenden Differenzen bei der gleichen Tierspezies an der gleichen Stelle und in der gleichen Form immer anzutreffen, kontralateral auch in der anderen Hemisphäre auffindbar und selbst bei den verschiedenen Tierspezies an homologer Stelle vorhanden waren. Es bestand nunmehr kein Zweifel, daß es sich hierbei um angioarchitektonische Feldergrenzen der Rinde handelte. Der Nutzen dieser Feststellung in der Richtung des Lokalisationsprinzips liegt auf der Hand. Bei Koinzidenz der angioarchitektonischen Feldergrenzen mit denen der Cytoarchitektonik und Myeloarchitektonik wird der Schluß von morphologischen Differenzen auf Funktionsunterschiede dem subjektiven Ermessen entrückt und objektiv gesichert erscheinen müssen. Es ergeben sich ferner eine Fülle von differenten morphologischen Eigenschaften der Gefäße in den einzelnen Hirnabschnitten, die erwarten lassen, daß mit der näheren Untersuchung dieser Verhältnisse auch der Begriff der Pathoklise eine schärfere Umreißung erhalten kann als bisher möglich war. Endlich erweist sich das Gefäßsystem immer mehr als ein Organ der psychischen Leistung, welches die im funktionstragenden Parenchym begründete Begabung aktiviert. Es kann kein Zweifel mehr bestehen, daß es in der Anlage des Gefäßsystems im Gehirn bei aller von Erbfaktoren abhängigen Gesetzmäßigkeit Variationen gibt, die bisher unberücksichtigt bleiben mußten, weil man sie nicht kannte, so daß z. B. bei fortschreitender Erkenntnis unsere Auffassung von Terminalgebieten einer einzelnen Hirnarterie noch einen wesentlichen Wandel erfahren wird. Dadurch steht nun zu erwarten, daß die bisherige Herdlehre erschüttert werden wird, aber in der Literatur sind bereits Beispiele vorhanden, daß mit der neuen Auffassung das Verständnis der pathologischen Vorgänge sogar erleichtert wird. Die Anschaulichkeit der darstellenden Anatomie läßt sich im Referat nicht fassen und wird aus der Monographie des Materials ersichtlich sein.

Wirbelbogenveränderungen bei Rückenmarkstumoren.

Von

H. Stefan, Köln.

Im Anschluß an die einschlägige Literatur von Dyes, Camp, Adson, Shugrue, Elsberg und Dyke und eine frühere Publikation des Referenten schildert Ref. seine Beobachtungen und Erfahrungen über 38 Fälle von raumbeengendem Prozeß im Rückenmarkskanal. Es kam dabei in 30 % der Fälle zu knöchernen Veränderungen, die im Röntgenbild ohne weiteres auch auf dem Leerbild sichtbar waren. Als Rückenmarkstumoren im klinischen Sinne kommen für diese Untersuchungen sowohl die in der Medulla spinalis sich entwickelnden Neubildungen als auch die extramedullären, aber das Rückenmark komprimierenden Geschwülste in Betracht. Grundsätzlich sei hierzu betont, daß diese Methode nicht die Kontrastfüllungsmethode mit Lipjodol und Jodipin ersetzen soll. Die Tumoren des Rückenmarks bewirken infolge ihres expansiven Wachstums eine örtliche Druckwirkung im Wirbelkanal und es kommt infolge dieser Drucksteigerung zur Erweiterung des Wirbelkanals. Ausgehend von der Tatsache, daß Tumoren des Rückenmarks infolge ihres expansiven Wachstums zu einer lokalen Drucksteigerung führen, wurden die Veränderungen der knöchernen Wand des Wirbelkanals im Röntgenbild eingehend studiert. Die Untersuchungen stützen sich sowohl auf extra- und intramedulläre Tumoren des Rückenmarks. Die Erfahrung hat gezeigt, daß die Anterior-Posterior-Aufnahmen sich am geeignetsten erwiesen haben. Es kommt bei Tumoren hierbei zu einer lokalen Druckwirkung auf die Wirbelbogen und dadurch zu einer Druckatrophie der Wirbelbogen. Die Ovale werden durch die Druckwirkung verschmälert, atrophisch und können selbst konkave Grenzlinien aufweisen. Genaue Messungen des interovalären Raumes geben uns einen deutlichen Beweis für den Umfang des Wirbelkanals; eine Vergrößerung desselben ist ein verläßlicher Beweis für eine lokale Drucksteigerung. Das Oval ist die Projektion des Arcus vertebrae auf der A. P. Aufnahme. Die normalen Messungen ergeben einen Mittelwert des interovalären Raumes im Bereiche von C 4 = 26 mm ansteigend bis C 6 = 28 mm, steigend bis zu T 6 = 17 mm, aufsteigend bis L 5 = 29 mm. An

Hand von reproduzierten Röntgenfilmen wird versucht, diese knöchernen Veränderungen und die Messungsmethode deutlich und verständlich zu machen. Die Messungen können — und dies ist wertvoll — auch bereits auf dem Leerbild gemacht werden. Diese Merkmale sind keine Frühsymptome, sondern ein Spätsymptom und sind nur im positiven Sinne zu verwerten. Das Fehlen einer Erweiterung des Wirbelkanals spricht jedoch nicht gegen das Vorhandensein eines raumbeengenden Prozesses. Wir können daher sagen, daß die Messungen des interovalären Raumes und die Form der Ovale danach ein wertvolles Hilfsdiagnosticum für die Diagnose und die Lokalisation für Rückenmarkstumoren sind. Die Messungen können mittels weniger Hilfsmittel und Zeitaufwand an den Filmen durchgeführt werden. Redner schließt mit dem Wunsche, bei der Begutachtung von Röntgenfilmen auch im Hinweis auf diese pathologischen Veränderungen zu achten.

Zur Physiologie des Baranyschen Zeigeversuches.

Nach Untersuchungen von H. Priebus.

Von

H. Altenburger, Breslau[1].

Das Vorbeizeigen, welches bei Reizung eines Vestibularis auftritt, wird im Anschluß an die Untersuchungen Baranys im allgemeinen als eine Richtungsabweichung aufgefaßt. Weshalb aber wird diese nicht in dem ursprünglichen Bewegungsentwurf liegende Abweichung von der Bewegungsrichtung nicht kompensiert? Wir wissen doch, daß auch bei Ausschaltung der optischen Kontrolle durch Augenschluß eine ständige außerordentlich feine Regulierung des Bewegungsablaufes durch afferente Erregungen aus den bewegten Gliedabschnitten erfolgt, auch ohne daß wir uns bewußt auf eine möglichst exakte Erreichung des Bewegungszieles einstellen. Weshalb versagt denn ein so hoch differenzierter Kontrollapparat, wie er in den propriozeptiven afferenten Erregungen gegeben ist? Es läßt dies Zweifel daran auftauchen, ob die

[1] Ausführliche Veröffentlichung erfolgt durch H. Priebus.

sensible Regulierung des Bewegungsablaufes während einer Vestibularisreizung überhaupt voll leistungsfähig bleibt.

Wir haben diese Frage in der Weise geprüft, daß wir das Lagegefühl vor und nach Vestibularisreizung untersucht haben, und zwar so, daß nicht einfach das Unterscheidungsvermögen für die Richtung, sondern vor allem für das Ausmaß passiver Bewegungen als Test diente.

Die Versuchsperson sitzt in der bei der Vestibularisprüfung üblichen Stellung auf einem Stuhl mit Kopfstütze. Der ausgestreckte entspannte Arm wird auf eine in einem Kugelgelenk laufende Drehschiene gelagert, deren Achse mit der des Schultergelenkes zusammenfällt. Ein Zeiger in der Verlängerung der Schiene gleitet über eine Skala und gibt so in Winkelgraden das Ausmaß der Bewegung an. Nun wird zunächst eine passive Bewegung von bestimmter Größe ausgeführt, zum Ausgangspunkt zurückgekehrt und dann mit gleicher Geschwindigkeit die Bewegung wiederholt, wobei die Versuchsperson anzugeben hat, wann nach ihrem Dafürhalten der Umfang der ersten Bewegung erreicht ist. Das wird mehrmals unter wechselnder Bewegungsexkursion wiederholt, und dann ein Vestibularis calorisch durch Kaltspülung nach der Kobrakschen Schwachreizmethode gereizt. Bei Eintritt von Nystagmus und Vorbeizeigen wird sofort die gleiche Prüfung wiederholt.

Im folgenden ist das Ergebnis eines solchen Versuches zusammengestellt:

Tabelle 1. Schultergelenk.

	Bewegungsumfang in Grad	Fehlergröße in Grad		
		vor Reizung	unmittelbar nach Reizung	einige Minuten später
Passive Abduktion	5	0	+ 2	0
	15	− 2	+ 4	0
	25	− 1	+ 2	0
	35	0	+ 3	0
Passive Adduktion	5	0	+ 5	0
	15	0	+ 2	0
	25	0	+ 3	0
	35	0	0	0
	45	0	− 3	0

Vor der Vestibularisreizung ist der Fehler der bei der Bewertung des Ausmaßes passiver Abduktionsbewegungen im Schultergelenk gemacht wird, gering, oder praktisch gleich 0. Nun wird eine Kaltspülung vorgenommen. Es tritt Nystagmus und Vorbeizeigen auf und gleichzeitig steigt die Fehlergröße bei der Bewertung der Bewegung deutlich an, um mit Abklingen der Vestibulariserregung wieder zu dem Ausgangswert zurückzukehren.

Das gleiche ist auch dann zu beobachten, wenn passive Adduktionsbewegungen ausgeführt werden. Zunächst ist die Fehlergröße gleich 0, im Anschluß an die Vestibularisreizung steigt sie wieder deutlich an, um dann zum Ausgangswert zurückzukehren.

Ein ganz entsprechendes Ergebnis wird auch bei passiven Bewegungen in anderen Gelenken erhalten, wie bei Extensionen und Flexionen im Ellenbogen-Hand- und Kniegelenk.

Es sind also die vestibulären Reaktionen — mögen sie durch Kalt- oder Warmspülung ausgelöst werden — begleitet von einer Verschlechterung bestimmter sensibler Leistungen, die darin zum Ausdruck kommt, daß die Fehlergröße bei der Beurteilung des Ausmaßes passiver Bewegungen zunimmt. Es läßt sich aber auf Grund der Versuchsergebnisse auch einiges über die Art dieser Leistungsverschlechterung aussagen:

Sie ist nicht nur an den der Seite der Vestibularisreizung entsprechenden Gliedmaßen vorhanden, sondern, wie die letzte Tabelle zeigt, auch kontralateral.

Die auftretende Leistungsverschlechterung weist fernerhin nicht eine bestimmte Richtungstendenz auf, d. h. es wird nicht nach einer bestimmten Bewegungsrichtung hin über-, nach der entgegengesetzten unterwertet. Es zeigt sich vielmehr ganz allgemein eine Vergrößerung der Fehler, wobei die eine Versuchsperson mehr über-, die andere mehr unterwertet, oder auch die Richtung der Fehler wechselt.

Was das Zustandekommen dieser Leistungsverschlechterung betrifft, so ist daran zu denken, daß sie sekundär bedingt sein könnte, durch eine mit der Vestibularisreizung verbundene Beeinträchtigung des subjektiven Allgemeinbefindens, infolge Schwindels und Nausea. Das ist aber sicher nicht der Fall, denn die Fehlergröße nimmt auch dann zu, wenn eine Beeinträchtigung des Allgemeinbefindens überhaupt nicht vorliegt, wie dies bei der Spülung nach der Schwachreizmethode meist der Fall ist. Es muß also unter dem Einfluß der vestibularen Erregungsvorgänge zu einer direkten Funktionsumstellung bestimmter, für die Bewegungskontrolle wichtiger Leistungen kommen. Bestimmter

Leistungen deshalb, weil im Bereiche der Oberflächenqualitäten analoge Funktionsänderungen bisher nicht nachgewiesen werden konnten. Die Schwelle an den Druck- und Schmerzpunkten nach v. Frey bestimmt, der Raumsinn der Haut, mit dem Weberschen Tasterzirkel, der Lokalisation punktförmiger Reize und dem Zahlenerkennen geprüft, bleiben unverändert. Daß es vorwiegend die Tiefenqualitäten sind, deren Funktion einer vestibulären Umstimmung unterliegt, ist sicher nicht zufällig. Sind sie es doch in erster Linie, denen die Regulierung des Bewegungsablaufes obliegt. Büßt dieser Kontrollmechanismus an Präzision ein, so wird verständlich, daß die bei der Vestibularisreizung auftretenden Richtungsabweichungen nicht kompensiert werden — sofern der Untersuchte nicht bewußt auf ihre Kompensation eingestellt ist. Ist dies jedoch der Fall, so kann eine solche Kompensation trotz der bestehenden Funktionsbeeinträchtigung der sensiblen Kontrolle gelingen. Es entspricht dies der allgemeinen Erfahrung, daß auch mit einem nicht voll leistungsfähigen afferenten System, beispielsweise infolge einer Hinterwurzelläsion, bei entsprechender Einstellung des Betroffenen weitgehende koordinatorische Leistungen möglich sind.

Über die Deutung der nach Kopfverletzungen nachweisbaren vestibulären Symptome.

Von

E. Stier, Berlin[1].

Vortragender hat seit 5—6 Jahren mit Prof. Beyer von der Berliner Universitäts-Ohrenpoliklinik mehrere hundert ihm zur Begutachtung überwiesene Patienten, die nach Schädelbruch oder Stößen gegen den Kopf über Schwindel, Kopfschmerzen usw. klagten, gemeinsam untersucht, und bei den Fällen, bei denen eine Schädigung des eigentlichen Labyrinths auszuschließen und eine umschriebene Läsion des Groß- oder Kleinhirns nicht anzunehmen war, eine bestimmte Gruppierung von pathologischen Symptomen im Regelfall feststellen können, die als charakteristisch für traumatische Schädigung angesprochen werden kann, und je nach der Intensität und Ausbreitung dieser Symptome

---

[1] Ausführliche Veröffentlichung folgt in der Dtsch. med. Wschr.

auch einen Rückschluß auf die Glaubwürdigkeit der geäußerten Klagen und auf die Prognose gestattet. So hat sich gezeigt, daß die Labyrinthtonusdifferenz — also das stärkere, meist auch längere Ausschlagen des Nystagmus immer nach einer Seite, ohne Rücksicht auf die Art der Reizung und die gereizte Seite — in ihrer Intensität mit den Klagen über Schwindel im weitesten Sinne des Wortes parallel geht, also den Klagen über Schwindelanfälle, allgemeine Taumeligkeit, Schwindelgefühl beim Bücken und Aufrichten sowie beim Blick nach oben oder beim Anblick rasch fahrender Autos oder Wagen. Es hat sich weiterhin gezeigt, daß, wenn neben dieser Tonusdifferenz, und meist auch halbseitig entsprechend dem stärker schlagenden Nystagmus, starke vasovegetative Symptome nach der experimentellen Reizung erkennbar waren — also Rötung oder Erblassen des Gesichts, Benommenheit bis zur Ohnmacht, Schweiß, Übelkeit, Erbrechen — die Intensität und Ausbreitung dieser Symptome der Intensität der Klagen über Kopfschmerzen, Schlafstörungen, ohnmachtsähnliche Anfälle oder Ermüdbarkeit und Verringerung der geistigen Leistungsfähigkeit gleichfalls weitgehend parallel geht. Als drittes, aber noch schwer deutbares Symptom findet sich in diesen traumatischen Fällen schließlich häufig eine offenbar auch charakteristische Störung des Zeigeversuchs, die darin besteht, daß nach allen, oder einem Teil der experimentellen Reizungen, die normalerweise zu erwartende Abweichung in der Hand der gereizten Seite ausbleibt.

Da alle postcommotionellen oder überhaupt posttraumatischen cerebralen Störungen allgemeiner Art als Folge und Ausdruck von Störungen des Blutumlaufs im Gehirn anzusehen sind, andererseits die Labyrinthtonusdifferenz und die vasovegetativen Störungen nach Reizung des Vestibularis grundsätzlich sich ausgleichen, also auf leichtere Störungen in der Durchblutung speziell des Hirnstamms, in der Gegend zwischen Augenmuskelkernen, Deitersschem und Vaguskern hindeuten, erscheint es berechtigt, beide Symptomgruppen als objektiven Ausdruck einer solchen traumatisch bedingten Störung in der Regulierung des Blutumlaufs in diesem Hirngebiet anzusehen und damit als Maßstab für die Intensität und Glaubwürdigkeit der geklagten Beschwerden.

In seltenen Ausnahmefällen wurden außerdem grobe und manchmal auch halbseitige Störungen in der Form des Nystagmus beobachtet, und zwar Ausbleiben des Nystagmus auf einem Auge nach vestibulärer Reizung, Richtungsveränderungen des Nystagmus, langsame, ganz unregelmäßige Augenbewegungen mit Verlust der schnellen Komponente, und auch Zurückweichen eines Auges oder beider Augen in die Mittellage, im Sinne einer Abducensschwäche, trotz intakter willkürlicher Augenbewegungen. Das aber sind die gleichen Störungen, wie sie bei Tumoren oder sonstigen umschriebenen Herden in den Vestibulariskernen und ihrer nächsten Umgebung gefunden sind, und dieser Erfahrung entspricht in den traumatischen Fällen die Tatsache, daß gerade diese an sich sehr seltenen traumatischen Fälle mit schwerer Formabweichung des Nystagmus, wie 7 Nachuntersuchungen gezeigt haben, im Gegensatz zu allen übrigen Fällen eine wenig gute Prognose aufweisen, d. h. zum mindesten für eine Reihe von Jahren eine Tendenz zu wirklichem Ausgleich vermissen lassen. Für diese Fälle anzunehmen, daß hier entsprechend den Anschauungen von Ricker über Prästase und Stase die Störung der Durchblutungsgeschwindigkeit der Gefäße auch zu kleinen Blutungen im Hirnstamm durch Diapedesis geführt hat, erscheint daher um so mehr berechtigt, als wir ja bei der zweifellos auch durch Dysfunktion des vasomotorischen Apparates bedingten Migräne Fälle kennen, in denen gleichfalls schwer ausgleichbare Augenmuskellähmungen, speziell im N. III, auftreten, die wir anders auch kaum erklären können. Zu den Symptomen der einfachen Migräne stehen aber in unseren traumatischen Fällen die leicht ausgleichbare Labyrinthtonusdifferenz mit den begleitenden vasovegetativen Störungen, zu der ophthalmoplegischen Migräne die schwer ausgleichbaren Formabweichungen des Nystagmus, die wir ja auch auf den Hirnstamm beziehen müssen, weitgehend in Parallele. — Auch bei sorgfältigster Durchsicht des großen Materials haben sich bisher bei der Prüfung des Gleichgewichtsapparates charakteristische symptomatologische Unterschiede zwischen den Fällen, bei denen das Kopftrauma zu einer Hirnerschütterung geführt hatte, und den anderen Fällen, die ohne Hirnerschütterung verlaufen sind, nicht finden lassen. Die Begriffe organisch und funktionell verlieren nach diesen Untersuchungen immer mehr an Bedeutung.

Aus der Psychiatrischen- und Nervenklinik der Universität Breslau.
(Direktor: Prof. Dr. Johannes Lange.)

Zwillingsschädel im Röntgenbild.

Von
W. Wagner, Breslau.

Die Art der Bildung des Schädels, seine erblichen Voraussetzungen, die Einflüsse der Umwelt, die auf seine Gestaltung wirken, haben mit den Fragen nach der Art der Menschwerdung von jeher in Zusammenhang gestanden, und die Zwillingsforschung haben Schädelmaße und Schädelmerkmale, Besonderheiten des Gesichtsschädels, Zahn- und Kieferbildung eingehend beschäftigt. Da das Röntgenbild des Schädels über zahlreiche Besonderheiten Aufschluß zu geben vermag, waren wir überrascht von der Feststellung, wie wenig über Schädelröntgenbilder bei Zwillingen vorliegt. Eingehende Untersuchungen an einem großen Material liegen von Schwarz vor, der sich mit der Bildung der Nasenscheidewand und mit den erbbedingten und äußeren Einflüssen auf die Pneumatisation des Schädels befaßt hat. Zu erwähnen ist weiter eine Arbeit von Schulte, der im Rahmen der Abgrenzung der genuinen Epilepsie Schädelröntgenbilder von Zwillingen in Vergleich zog.

So haben wir begonnen, systematische Untersuchungen am Zwillingsschädel anzustellen. Unser Material ist vorläufig noch klein und nicht geeignet, zahlenmäßig Aufschlüsse über Einzelfragen zu geben. Trotzdem glauben wir schon jetzt an Hand der Röntgenbilder von 12 EZ und 8 ZZ einige Ergebnisse mitteilen zu können, die zur Fortsetzung der Sammlung ermutigen.

Zur Technik sei vorausgeschickt, daß die Aufnahmen unter möglichst denselben Bedingungen und unter Berücksichtigung der besonderen Technik, die die Anfertigung eines Schädelröntgenbildes erfordert, gemacht wurden. Bei der Beurteilung der Bilder muß man sich darüber klar sein, was das Schädelröntgenbild zu leisten vermag und darf sich nicht dazu verleiten lassen, mit Zirkel und Lineal an Konturen Maße zu nehmen, die von ganz verschiedenem Abstand auf den Film projiziert worden sind. Meßbar sind nur solche Konturen, die durch unmittelbares Aufliegen auf die Platte entstanden sind, Augenhöhlenabstand,

Glabellamaße usw., Maße, die allerdings meist auch ohne Röntgenbild zu gewinnen sind.

Das Schädelröntgenbild zeigt Knochenformen und -strukturen, physiologische intrakranielle Verkalkungen und Gefäße. Die Knochen, welche die Schädelkapsel bilden und dem Film unmittelbar angelegt werden können, sind ihrer Form nach alle verhältnismäßig einfach, schalenartig. Mit einer Ausnahme, nämlich der Occipitalschuppe, die eine stark modellierte Ober- und Innenfläche zeigt. Sie wird aus 4 Knochenkernen gebildet und noch in den ersten Lebensjahren besteht oberhalb des Sulcus transversus ein querverlaufender Knochenspalt, der bei einer ganzen Anzahl von Menschen als Naht, der ehemaligen Sutura mendosa, röntgenologisch nachzuweisen ist. Weiter findet sich beim Menschen ein oft ziemlich erheblicher Höcker, der sogenannte Occipitalsporn und an der Innenfläche die sog. Protuberantia occipitalis interna, die ebenfalls nicht unerheblichen Varietäten ausgesetzt ist. Diese Besonderheiten ergeben auf dem Röntgenbild eine charakteristische kreuzförmige Verschattung in der sagittalen Aufnahme und auf der Seitenaufnahme die entsprechenden Schatten des inneren und äußeren Occipitalhöckers. Die zahlreichen möglichen Varietäten an diesem Knochen lassen ihn geeignet für die Zwillingsuntersuchung erscheinen und wir haben es uns in letzter Zeit zur Regel gemacht, vom Zwillingsschädel eine seitliche und eine Occipitalbeinaufnahme in sagittaler Richtung anzufertigen. Die Art des Sulcus transversus, die Nahtbildung der Occipitalschuppe zu den Parietalbeinen, das Persistieren der Mendosanaht, evtl. Schaltknochen, die hier besonders gerne auftreten, die Ausbildung des inneren und äußeren Occipitalhöckers zeigen nach unseren bisherigen Erfahrungen bei EZ vorwiegend konkordantes, bei ZZ diskordantes Verhalten.

Die Protuberantia occipitalis interna und externa ist selbstredend nur auf der seitlichen Schädelaufnahme zu sehen. Die seitliche Schädelaufnahme zeigt nun noch eine große Anzahl von Merkmalen, denen nachzugehen im Zusammenhang mit der Frage nach ihrer Erblichkeit sich lohnt. Wenn man seitliche Schädelröntgenbilder vergleicht, ist man geneigt, die Schädelkonturen auf ihre Ähnlichkeit zu vergleichen. Dabei sieht man auch bei eineiigen Zwillingen ganz erhebliche Differenzen. Es ist ja bekannt, daß die Schädelform durch äußere Einflüsse, besondere Raumverhältnisse im Uterus, durch die mechanische Beanspruchung beim Geburtsakt, durch die Ernährung, ja durch die Art der Lagerung des Kindes in den ersten Lebensmonaten ganz erheblich beeinflußbar ist. So muß man sich gewöhnen bei der Zwillingsforschung am Röntgenbild des Schädels auf andere Dinge zu achten, das Bild überhaupt anders anzusehen als man das von der Diagnostik her gewohnt ist. Die Betrachtung der Sellaform ist bei den Zwillingsröntgenbildern schon wesentlich lohnender insofern als sich hier bei EZ die Sellaformen vorwiegend konkordant finden, manchmal so sehr, daß ihre Konturen völlig zur Deckung gebracht werden können. Freilich kommen auch Sellaformen vor, die nicht völlig übereinstimmen, jedoch haben wir es bisher nicht erlebt, daß der eine Partner etwa eine weite große Sella und der andere eine kleine ganz anders aufgebaute Sella hat, wie man das durchaus nicht selten bei ZZ sehen kann. Schulte hat auf die Konkordanz des Sellawinkels hingewiesen, der durch die Kontur der Felsenbeine mit dem Clivus entsteht. Nach unseren Erfahrungen findet man hier aber auch bei ZZ oft deutliche Diskordanzen. Konkordant bei EZ erschien uns weiter die Schädeldicke und ihre Verteilung auf die einzelnen Knochen. Sie drückt sich am Röntgenbild in der Kontur und der Schattierung der Konvexität aus. Außerdem erschien es uns wichtig, auf die Art der Nahtbildung und die am Schädel ja so häufig persistierenden kindlichen Nähte zu achten. Ob auf dem seitlichen Schädelbild die Nähte exakt geschlossen erscheinen, ob hier Verschiebungen bestehen, hat für die Zwillingsdiagnostik nach dem, was wir bisher beurteilen können, sicher Bedeutung. Gerade die letzteren Merkmale sind ihrer ganzen Natur nach funktionell nur wenig beeinflußbar.

Wir haben bisher von den Knochenmerkmalen des Schädels berichtet. Abgesehen von diesen hat man aber auch noch häufig Gelegenheit, physiologische Verkalkungen im Schädel auf ihre Vererbbarkeit zu prüfen. An Verkalkungsschatten sieht man häufig den Epiphysenschatten, mehr oder weniger deutliche Plexusverkalkungen, Verkalkung des Ligamentum sellopetrosum und Falxverkalkungen. Unsere Erfahrungen sind hier noch klein, da ja nicht jeder Schädel die aufgeführten Verkalkungen zeigt. Wir können nur sagen, daß wir bisher bei EZ stets konkordantes, bei ZZ häufig diskordantes Verhalten gefunden haben. Gerade bei den Epiphysen- und Plexusverkalkungen ist uns aufgefallen, wie weitgehend auch der Grad der Verkalkung bei EZ übereinstimmt. So versprechen wir uns gerade vom Verfolg dieser Merkmale für die Zwillingsdiagnostik Wertvolles.

Was zum Schluß die Gefäße betrifft, so sieht man bei ZZ gefäßreiche Schädel mit breiten Gefäßbändern beim einen Partner neben einem gefäßarmen, fein vascularisierten Schädel beim anderen Partner, während beim EZ-Paar die Gefäßbildung oft in Einzelheiten übereinstimmt, so etwa in der Ausbildung eines Venensterns in Parietalgegend. Allerdings scheint uns die Ausbildung der Gefäße ein Merkmal zu sein, das auch bei ZZ Diskordanzen nicht so häufig zeigt, wie einige der anderen Merkmale, die wir aufgeführt haben.

Wir zeigten, daß die Röntgenuntersuchung am Zwillingsschädel zahlreiche Merkmale von ausgesprochen erblicher Spezifität und Expressivität aufdeckt, so daß eine Fortsetzung der Untersuchung an größerem Material sich lohnt. Wenn in der größeren Serie auch einiges von dem bisher Angenommenen auf Grund des Fehlers der kleinen Zahl vielleicht anders eingeteilt werden muß, so kann man bei der Vielzahl der Merkmale doch schon voraussagen, daß die Schädelröntgenaufnahme in der Zwillingsdiagnostik einen Schritt weiter bedeuten wird.

Haemangioma arteriale cerebri, Gefäßanomalie, Arteriogramm.

Von

E. Rehwald, Berlin.

Mit 1 Textabbildung.

Die besondere Eigenart eines Falles eines Angioms veranlaßt mich, Ihnen die folgenden Röntgenbilder zu zeigen.

Frau K., eine 42jährige bisher gesunde Frau, erkrankte nach einem starken Preßakt mit einer 2 Tage dauernden Bewußtlosigkeit, derentwegen sie in eine Heilanstalt aufgenommen wurde. Dort wurde wegen einer Protrusio bulbi beiderseits, wegen einer leichten rechtsseitigen Hemiparese und wegen aphatischer Zeichen ein Hirntumor angenommen und die Kranke zur Operation auf unsere Abteilung verlegt.

Bei der Untersuchung fanden wir ein Syndrom, das für einen ausgedehnten Herd der linken Temporo-parieto-occipital-Region sprach, und zwar in kurzer Zusammenfassung: Protrusio bulbi beiderseits, „Tumorgesicht" mit Verwaschenheit der Gesichtszüge, Schwellung der Haut, vorwiegend der Lider usf., die Papillen beiderseits leicht ödematös, doch ohne Verwaschenheit der Grenzen, sonst am Fundus nichts Auffälliges, leichte Störungen der Aufmerksamkeit in der rechten Gesichtsfeldhälfte, die sich nach einem Verlauf von 3 Monaten zu einer vollkommenen rechtsseitigen homonymen Hemianopsie ausbildeten, Abducensparese links ausgeprägter als rechts, leichte Ptosis rechts, sonst keine Motilitätsstörungen der Augenmuskeln, Geruch und Geschmack normal, Sensibilität im Gesicht normal, bis auf eine leichte beiderseitige Abschwächung des Cornealreflex, zentrale Facialisparese rechts, die bei affektiver Innervation deutlicher in Erscheinung tritt, Acusticus normal, über der ganzen linken Schädelhälfte war ein lautes, sausendes, systolisches Geräusch, und zwar am deutlichsten über dem Parietale zu hören, eine leichte spastische Hemiparese mit einer durchgehenden Hemihypästhesie rechts erlaubte der Kranken noch den rechten Arm z. B. zum Essen, zum Ankleiden zu gebrauchen, eine nicht unerhebliche ideatorische Apraxie schwand nach etwa 3 Wochen, stereognostische Störungen zeigten sich in der Unfähigkeit der Kranken etwa einfache Gegenstände nach der Form zu erkennen oder nach dem Material zu unterscheiden, wie diese Erscheinungen schwanden auch leichte

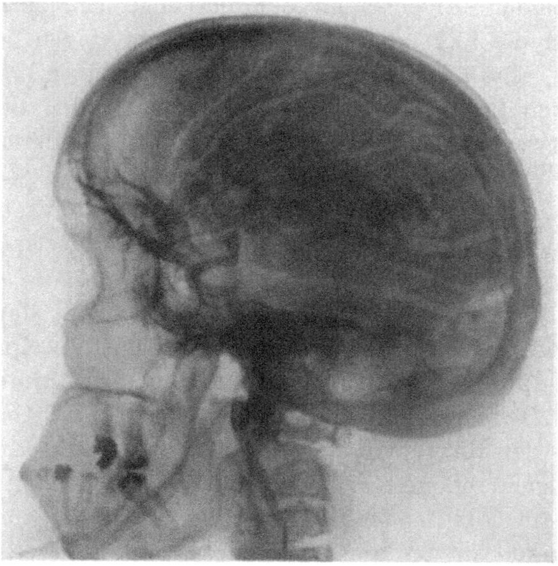

Abb. 1.

alektische und agraphische Störungen, während die Zeichen einer sensorischen Aphasie mittleren Grades mit Paraphasien, Wortfindungsschwierigkeiten, Iterationen, Vielgesprächigkeit, Erschwerung des Verständnisses in der Konservation ebenso wie eine ausgesprochene Akalkulie während der ganzen Dauer der Beobachtung nachweisbar blieben.

Über diese Symptome hinaus fanden sich erhebliche vegetative und Stoffwechselstörungen, so waren die Gefäße des Halses gestaut, erweitert, das Herz verbreitert, die Pulsfrequenz in erstaunlichem Maße von der Atmung abhängig, Salbigkeit des Gesichts, die Zuckerausscheidungskurve pathologisch, der Wasserhaushalt pathologisch usf.

Die Röntgenübersichtsaufnahmen des Schädels zeigten nun dies überraschende Bild (Demonstration!): Sie sehen hier als auffälligste Erscheinung diese breiten Aufhellungsbänder in gestrecktem Verlauf über das Schädeldach von temporal über das Parietale in die Occipitalregion ziehen, es sind Gefäße, die ganz auffallenderweise in ihrem ganzen Verlauf als tiefe Rinnen außen am Schädel palpabel sind. Es handelt sich um Venen, die prall gefüllt sind, doch ohne großen Druck auszupressen. Die stereoskopischen Aufnahmen zeigen, daß im Innern der Schädelkapsel keine derartigen abnormen Gefäße vorhanden sind. Des weiteren fällt die etwas tiefe, atrophische Sella auf, vor der frontalwärts, wie auch in der Occipitalregion links einige kalkdichte Herde bis zu Bohnengröße zu sehen sind.

Ich fand in der ganzen mir zugänglichen Literatur seit der monographischen Darstellung der Blutgefäßtumoren durch Bailey und Cushing nur einen einzigen Fall, der in etwa dem hier beschriebenen ähnlich sein könnte. Der Fall wurde von Geh. Rat Prof. Dr. Wessely im August 1934 in der Ophthalmologischen Gesellschaft in Heidelberg vorgestellt. Doch hat es sich aber nach einer Mitteilung von Prof. Wessely in diesem Fall um die „erweiterten Artt. et Venae meningeae mediae" gehandelt. Ob es sich in diesem Fall bei der 17jährigen Patientin, die seit dem 4. Lebensjahr an epileptischen Anfällen litt, um ein Angiom gehandelt hat, ließ sich durch die anderwärts durchgeführte nicht einwandfreie Sektion nicht klären. Auch alle Röntgenologen, die unsre bisher gezeigten Bilder zu Gesicht bekamen, hatten nie ähnliches gesehen.

Wir haben, wie Sie in diesem zweiten Bilde sehen (Demonstration!) eine Arteriographie von der linken Art. carotis int. aus vorgenommen. Bei der Freilegung der Car. int. fand sich um den Bulbus ein dichtes, etwa hühnereigroßes Convolut nahezu kleinfingerdicker Venen, das ohne ersichtlichen Grund ohne Verletzung nach dem Beiseiteziehen des Sternokleidomast. collabierte. Sie sehen hier im Bilde die Injektionskanüle in der Car. int. liegen, die selbst in gestrecktem Verlauf zur Sella ansteigt, dort aber eine weite U-förmige Schlinge konvex nach frontal bildet, um dann in nach hinten ansteigendem Verlauf sich in ein fast faustgroßes Convolut von Gefäßen von etwa Bleistiftdicke zu verlieren. Von den sonst bei der Arteriographie zu Gesicht kommenden Gefäßen ist hier nur die Arteria ophthalmica in normaler Stärke dargestellt. Es ist kein Zweifel, daß diese Aufnahme die Diagnose des Hämangioma arteriale in der bemerkenswertesten Weise bestätigt. Es scheint, daß die Beobachtung einer derartigen Gefäßanomalie einen entscheidenden Gesichtspunkt für die Diagnose des Angioma arteriale cerebri darstellt.

Dritter Tag.

Sitzung der neurologischen und psychiatrischen Abteilung

am Dienstag, dem 3. September 1935.

Vorsitzender: Vormittags Nonne-Hamburg,
nachmittags Kleist-Frankfurt a. M.
Schriftführer: Nitsche-Pirna.

Nachmittags Mitgliederversammlung: Niederschrift am Schluß des Berichts.

Fortsetzung der Vorträge.

Die Spätlues des Zentralnervensystems einschließlich der progressiven Paralyse.

Anatomischer und parasitologischer Teil.

Von

F. Jahnel, München.

Unsere Referate sollen sich mit der Spätsyphilis des Nervensystems befassen. Es erhebt sich zunächst die Frage, was unter Spätsyphilis zu verstehen ist. Die Antwort, daß der Spätsyphilis alle Nervenkrankheiten zuzuzählen seien, welche in längerem Abstande nach der Infektion auftreten, vermag nicht völlig zu befriedigen, denn die Hauptformen der Nervensyphilis im engeren Sinne: syphilitische Meningitiden, Gefäßerkrankungen und Gummen, können sowohl in einem sehr kurzen als auch sehr langen Abstand von der Infektion auftreten. Die alleinige Berücksichtigung des zeitlichen Gesichtspunktes würde zusammengehörige Krankheitszustände künstlich auseinanderreißen. Anders liegen die Dinge bei der Paralyse und Tabes, bei welchen Krankheiten die Inkubationszeit in der Regel eine sehr lange ist. Die durchschnittliche Inkubationszeit ist bei Paralyse und Tabes größer als bei den syphilitischen Erkrankungen des Zentralnervensystems im engeren Sinne, welche letztere doch die ersten Ansteckungsjahre zu bevorzugen pflegen. Man hat Paralyse und Tabes bekanntlich früher als post-, meta- oder parasyphilitische Erkrankungen bezeichnet. Diese Benennung entspricht nicht mehr unserer heutigen Auffassung vom Wesen dieser Erkrankungen, weil die Syphilis im Stadium der Paralyse und Tabes nicht erloschen ist, sondern auch hier die Spirochäten noch ihre Wirksamkeit entfalten. Man hat Paralyse und Tabes auch in ein sog. quartäres oder nachtertiäres Syphilisstadium einweisen wollen; auch diese Bezeichnung ist nicht sehr zweckmäßig, weil wegen des bekannten Antagonismus zwischen Tertiärsyphilis und Paralyse bzw. Tabes diese Kranken so gut wie niemals Erscheinungen des Tertiärstadiums dargeboten haben. Daß ein solches Ausschlußverhältnis bei endemischer Lues, wie dies Beringer in der Burjato-Mongolei festgestellt hat, fehlen kann, steht auf einem anderen Blatt. Alle an Stelle der Metasyphilis früher vorgeschlagenen Benennungen treffen das Wesen der Erkrankungen nicht. Wenn man die Ausdrücke Meta- und Parasyphilis vermeiden und Paralyse und Tabes unter einer gemeinsamen Benennung zusammenfassen will, dann könnte man höchstens, wie ich vorgeschlagen habe, von „etisyphilitischen“ Krankheiten sprechen (ἔτι = griechisch: noch); dadurch würde auch die Sonderstellung der Paralyse und Tabes im Rahmen der übrigen syphilitischen Prozesse zum Ausdruck gebracht. Ich erwähnte bereits, daß die drei Haupttypen der Nervensyphilis im engeren Sinne: Meningitiden, Gefäßerkrankungen und Gummen, sowohl relativ früh als auch recht spät nach der Ansteckung in Erscheinung treten können. Das gilt namentlich für syphilitische Hirnhautentzündungen, für welche sich bei den Klinikern vielfach die Benennung „frühsyphilitische Meningitis“ eingebürgert hat. Es können aber klinisch und anatomisch gleichartige Meningitiden auch sehr spät nach der Ansteckung vorkommen, ja sogar zuweilen den schleichenden Verlauf der Tabes stürmischer gestalten, indem sie die namentlich von französischen Autoren neuerdings studierte akute

Ataxie[1] hervorrufen können. Vom anatomischen Standpunkt aus sind die mit schweren klinischen Erscheinungen einhergehenden Meningitiden, die Gefäßerkrankungen und Gummen zumeist dem Tertiärstadium der Syphilis zuzurechnen, und nach meiner Ansicht wird man gut daran tun, die einzelnen Formen nach den ihnen zugrunde liegenden anatomischen Prozessen zu benennen, also von Meningitiden, Gummen, Gefäßerkrankungen und Hirnnervenneuritis oder ihren Mischformen zu reden. Im einzelnen möchte ich noch folgendes bemerken: durchaus nicht alle Meningitiden bei Syphilis sind gummöser Natur. Die Gefäßerkrankungen pflegen als Heubnersche Endarteriitis aufzutreten, ein Prozeß, der nach den neueren Auffassungen von der Adventitia der Gefäße ausgeht, in der auch Spirochäten nachgewiesen worden sind. Das ergibt sich auch aus den Spatzschen Feststellungen, nach welchen der Prozeß von den Hirnhäuten auf die eingelagerten Gefäße übergreift. Vielfach trifft man die obliterierende Endarteriitis auf dem Sektionstisch im abgelaufenen Zustand, also im Narbenstadium an, was meines Wissens zuerst Jürgens ausgesprochen hat. Natürlich können Gefäßverschlüsse auch ohne Endarteriitis zustande kommen, indem etwa das Gefäßlumen durch den Druck von Granulationsmassen der entzündeten Hirnhäute verlegt wird, die ebenso Ernährungsstörungen des Hirngewebes und Erweichungsherde verursachen können, wie Gefäßobliterationen es zu tun pflegen. Für das Verständnis der genannten syphilitischen Prozesse sind die Untersuchungen von Spatz von großer Bedeutung, die gelehrt haben, daß sowohl Gummen und Gefäßerkrankungen als auch die Hirnnervenneuritis aus dem Mutterboden der syphilitischen Meningitis hervorgehen. Diese Auffassung trägt auch der tatsächlichen Erfahrung insofern Rechnung, als man die erwähnten Prozesse nur selten isoliert, sondern meistens kombiniert antrifft. Sehr wichtig erscheint die Lokalisation dieser Prozesse, die namentlich von Spatz genauer studiert worden ist. Die ihnen zugrunde liegende Meningitis geht hauptsächlich von der äußeren Oberfläche des Gehirns aus mit besonderer Prädilektion der Hirnbasis; auch er-

[1] E. v. Leyden [Z. klin. Med. **18**, 576 (1891)] hatte allerdings unter akuter Ataxie ein Zustandsbild verstanden, das er nicht bei der Tabes, sondern bei verschiedenen anderen Leiden (Gehirnerkrankungen, polyneuritischer Pseudotabes u. a.) beobachtet hatte.

greift sie die innere Oberfläche des Gehirns (Ventrikel). Auf die Beteiligung der inneren Oberfläche des Gehirns bei der Hirnsyphilis hatte schon Pette hingewiesen. Leider muß ich es mir versagen, auf viele Einzelheiten dieser Prozesse einzugehen, denn dazu würde ich ein Mehrfaches der mir heute zur Verfügung stehenden Zeit benötigen; aus diesem Grunde habe ich es auch unterlassen, meine Ausführungen durch Lichtbilder zu erläutern. — Besonderes Interesse hat die seltene, von Nissl beschriebene Form der Endarteriitis der kleinen Rinden- und Piagefäße erweckt. Wenn es auch ähnliche Prozesse auf anderer Grundlage gibt, so ist doch nicht daran zu zweifeln, daß auch die Syphilis zu einer Endarteriitis der kleinen Hirngefäße führen kann, denn F. Sioli hat bei einem derartigen Falle Spirochäten nachweisen können. Auch das gelegentliche, allerdings nicht allzu häufige Vorkommen dieser Gefäßveränderungen im Paralytikergehirn spricht meines Erachtens in diesem Sinne[1]. Auf die Beziehungen der hier erörterten, mit ernsteren Erscheinungen einhergehenden syphilitischen Prozesse zu der bereits während der frühen Sekundärperiode einsetzenden leichten Entzündung der Meningen (dem sog. meningealen Katarrh, der sich fast nur in Liquorveränderungen äußert) kann hier nicht eingegangen werden. Es sei nur erwähnt, daß dieser Prozeß sich auch in spätere Syphilisstadien erstrecken kann; eine scharfe Abtrennung der einzelnen Syphilisstadien ist beim Zentralnervensystem ebensowenig möglich wie auf der Haut. Ob die Entzündungsvorgänge der Sekundärperiode die Grundlage für die spätere Entwicklung von Paralyse und Tabes abgeben, ist noch nicht geklärt. Ich könnte natürlich noch viel zu diesem Thema sagen, aber ich will auf die Gefahr hin, daß mir in der Diskussion unter die Nase gerieben wird, ich hätte dieses und jenes vergessen, Rücksichten auf die uns zugemessene Redezeit nicht ganz außer acht lassen. Im übrigen darf ich mir wohl eine eingehende Schilderung dieser Prozesse schon deswegen schenken, weil unsere Erfahrungen auf diesem Gebiete erfreulicherweise zu einem gewissen Abschluß

[1] Anmerkung bei der Korrektur: Nachträglich ist mir eine Veröffentlichung von Pentschew [Nervenarzt 8, 393—398 (1935)] zu Gesichte gekommen, welche an der syphilitischen Natur des Nisslschen Falles Zweifel äußert und auch die übrigen Fälle hinsichtlich ihres Zusammenhanges mit der Lues nicht für beweiskräftig hält.

gekommen sind, und die letzte Zeit uns nicht zuviele grundlegende Einzelarbeiten gebracht hat. Ich hoffe, daß Sie mir auch darin Glauben schenken, daß ich über diese Dinge etwas mehr weiß, als ich eben in Umrissen gesagt habe und sagen werde, wenn ich Sie darauf hinweise, daß ich die pathologische Anatomie der Syphilis des Zentralnervensystems mehrfach in Handbüchern dargestellt habe[1]. Die anatomischen Grundlagen der progressiven Paralyse, welche von Nissl und Alzheimer vor 30 Jahren geschaffen wurden, besitzen gegenwärtig noch nahezu uneingeschränkte Geltung. Auch heute bedienen wir uns zur Diagnose der Paralyse hauptsächlich des Nissl-Bildes, in welchem wir nicht nur die diffusen entzündlichen Veränderungen (Infiltrate der Pia und Gefäßlymphscheiden mit Plasmazellen und Lymphocyten) erkennen können, sondern auch viele Veränderungen des Parenchyms, Ganglienzellerkrankungen sowie Gliawucherungen usw. Noch eines möchte ich kurz erwähnen: ein charakteristisches Bild bei der paralytischen Gehirnerkrankung gewährt uns auch die Hortegasche Silbercarbonatmethode, bei der eigenartige Zellen mit verästelten Fortsätzen deutlich hervortreten. Die Kerne dieser Zellen sind schon viel früher von Nissl gesehen und als Stäbchenzellen bezeichnet worden. Diese Zellen haben bekanntlich die Fähigkeit, verschiedene Stoffe (Fett, und — wie Metz und Spatz speziell bei der Paralyse gezeigt haben — Eisen) zu speichern. Von dieser Tätigkeit der Mikroglia- oder Hortegaschen Zellen kann man sich erst ein richtiges Bild machen, wenn man nicht bloß die Zellen im mikroskopischen Präparat sieht, sondern sie einmal im Leben betrachten kann. Als ich vor einigen Wochen an der internationalen Sommeruniversität in Santander Vorträge hielt, demonstrierte mir Herr Prof. Hortega einen Film einer Gewebskultur von Mikrogliazellen, in dem man sehr schön sehen konnte, wie diese Zellen sich in ständiger Bewegung befinden und auch eine phagocytäre Tätigkeit entfalten. Für die Diagnose der menschlichen

[1] Allgemeine Pathologie und pathologische Anatomie der Syphilis des Nervensystems. In: Handbuch der Haut- und Geschlechtskrankheiten. Hrsg. von Jadassohn, Bd. 17, Tl. 1. — Pathologische Anatomie der progressiven Paralyse. In: Handbuch der Geisteskrankheiten. Hrsg. von Bumke. Bd. 11. — Die progressive Paralyse. Mit einem Anhang: Die afrikanische und amerikanische Trypanosomiasis. In: Handbuch der Neurologie. 2. Aufl. Hrsg. von Bumke u. Foerster. Bd. 12.

Paralyse hat namentlich die Eisenreaktion große Bedeutung erlangt, die sich mit der Spatzschen Methode auch am frischen Gehirn in kürzester Zeit ausführen läßt. Ein Wort über den Unterschied zwischen Paralyse und Hirnsyphilis: die vielfach beliebte Definition der ersteren als parenchymatöse Syphilis und der letzteren als interstitielle oder mesodermale Syphilis trifft nicht den Kern der Sache. Wir haben in der Hirnsyphilis im engeren Sinne eine Meningoencephalitis, in der Paralyse eine zentrale Encephalitis zu erblicken. Betrachtet man das anatomische Bild der Paralyse von einer höheren Warte aus, so kann beim Menschen nur die afrikanische, durch Trypanosomen verursachte Schlafkrankheit ähnliche Bilder hervorrufen, die aber doch Unterschiede gegenüber der Paralyse zeigen. Im Experiment hat die Einimpfung von Syphilisspirochäten bekanntlich noch niemals einen paralytischen Prozeß bei Versuchstieren zu erzeugen vermocht, ebensowenig, wie die anderen zentralen Erkrankungen der Syphilis sich im Tierversuch reproduzieren lassen. Aber Bilder, die der menschlichen Paralyse weitgehend ähneln, jedoch auf andere Ursachen zurückzuführen sind, hat man bei Tieren schon öfters angetroffen. Ich erinnere zunächst an die Spontanencephalitis der Kaninchen, welche Nissl als einer der ersten beobachtet und von ihr den Ausspruch getan hat: „Ich bin nicht imstande, diese Bilder von der menschlichen Paralyse abzugrenzen". Diese Spontanencephalitis der Kaninchen hat leider sowohl in den Bemühungen, die Ätiologie der epidemischen Encephalitis aufzuklären, als auch in der Syphilisforschung zu verhängnisvollen Täuschungen geführt. Beim Affen steht es nicht anders: bei einem Macacus rhesus hat Bodechtel ein paralyseähnliches Bild gesehen. Auf andere zentralnervöse Erkrankungen, die bei verschiedenen Affenarten festgestellt worden sind, kommen wir noch zurück. Eine sehr merkwürdige Erfahrung machten wir vor einigen Jahren in unserem Laboratorium. Ein bei mir arbeitender, vorwiegend neurohistologisch interessierter und vorgebildeter Amerikaner namens Wertham bat mich um ein Thema. Ich ließ ihn die Gehirne von Hühnern untersuchen, die mit Geflügelspirochäten infiziert worden waren. Er fand hier Veränderungen, die denen bei der menschlichen Paralyse sehr ähnelten, sogar positive Spatzsche Eisenreaktion. Als Herr Wertham zur Kontrolle die Gehirne einiger anscheinend gesunder Hühner, die niemals zu Experimenten gedient hatten, untersuchte, fand er zu unserer großen Überraschung die gleichen Veränderungen. Es kommt also auch bei Hühnern eine Form von spontanencephalitischer Erkrankung des Zentralnervensystems vor, die mit der menschlichen Paralyse (welche auch zu den Encephalitiden gehört) viele Berührungspunkte hat. Es ist bisher noch nicht gelungen, die Ätiologie dieser merkwürdigen Hühnerkrankheit, bei der klinische Symptome zu fehlen pflegen, völlig aufzuklären, aber die vergleichende Krankheitsforschung führt uns an diesem Beispiel wieder die altbekannte Tatsache eindringlich vor Augen, daß histologische Befunde an sich nicht spezifisch sind.

Die Haupttatbestände der pathologischen Anatomie der Tabes darf ich wohl als bekannt voraussetzen und noch hinzufügen, daß die Pathogenese des tabischen Prozesses noch nicht völlig klargestellt ist. So verführerisch es ist, die Hinterstrangsdegenerationen der Tabes auf einen an den Hinterwurzeln angreifenden Prozeß zurückzuführen, so läßt sich eben doch eine derartige Annahme vorerst nicht mit allen Tatsachen in Einklang bringen. Hoffentlich gelingt es weiterer Forschung bald, dieses Gebiet restlos aufzuklären.

Treten wir nun in den zweiten Teil des Referates, in die Parasitologie ein. Bekanntlich unterliegt es seit der Entdeckung von Noguchi keinem Zweifel mehr, daß Paralyse und Tabes nur mit der Syphilis in Zusammenhang stehen. Trotzdem hat man die Tatsache, daß nicht alle Syphilitiker paralytisch oder tabisch werden, auch dadurch zu erklären versucht, daß zur Syphilis noch eine zweite Infektion hinzutreten müsse. So hat Marchand bei der Paralyse die Mitwirkung eines invisiblen Virus angenommen, und ganz neuerdings ist diese Frage in einer etwas anderen Form auch bei der Tabes wieder erörtert worden, und zwar durch die rumänischen Autoren Jonesco-Mihaesti, Tupa, Badenski und Wisner. Es ist Ihnen vielleicht bekannt, daß es außer Gonorrhoe, Lues und Ulcus molle noch eine weitere, verhältnismäßig seltene Geschlechtskrankheit gibt, die sich in einer schleichenden, zur Erweichung führenden Entzündung der Lymphdrüsen äußert: das sogenannte Lymphogranuloma inguinale, in der ausländischen Literatur auch als Krankheit von Nicolas und Favre bezeichnet. Diese Krankheit wird durch ein invisibles Virus hervorgerufen, das bei intracerebraler Einverleibung eine Encephalitis bei Versuchstieren, namentlich auch Affen, zu erzeugen vermag. Die rumänischen Forscher, welche Affen intraperitoneal mit dem Virus der Lymphogranulomatose infiziert hatten, wollen bei diesen Tieren tabesähnliche Veränderungen in den Hintersträngen des Rückenmarks beobachtet haben. Constantin und Jean Levaditi hat die Wiederholung dieser Versuche ein negatives Ergebnis geliefert, und diese Autoren sind der Meinung, daß die Rückenmarksveränderungen auf eine der nervösen Spontanerkrankungen der Affen zurückzuführen sind, Krankheiten, welche schon Rothmann sowie Schröder beobachtet hatten und um deren Studium sich namentlich Bodechtel, Schob, Scherer, Perdrau, Levaditi sowie van Bogaert und Scherer u. a. verdient gemacht haben. Sie sehen also: auch hier können Spontanerkrankungen der Versuchstiere eine verhängnisvolle Rolle spielen. Im übrigen war es schon Schroeder aufgefallen, daß die Rückenmarkserkrankung des von ihm untersuchten Affen sich in vielen Punkten von der menschlichen Tabes unterschied und mehr Ähnlichkeit mit den Rückenmarksbefunden bei perniziöser Anämie zeigte, ein Verhalten, das besonders Scherer bei seinen Pavianen festgestellt hat. Die Tabes hat mit dem Lymphogranuloma inguinale gar nichts zu tun. Es könnte sich höchstens einmal der Fall ereignen, daß ein Tabiker neben der Lues auch an Lymphogranulomatose gelitten hat, eine zufällige Kombination, die für die spätere Entstehung von Paralyse oder Tabes ebenso bedeutungslos ist wie das gelegentliche Vorhandensein von Lues und Gonorrhoe in der Vorgeschichte von Tabikern und Paralytikern.

Die ätiologische Bedeutung der Syphilisspirochäten für die Entstehung der Paralyse, Tabes und der anderen Formen der Nervensyphilis kann nicht mehr zweifelhaft sein, seitdem man Syphiliserreger im erkrankten Gewebe nachgewiesen hat. Mir selbst ist der Spirochätennachweis bei Paralyse in 50% der Fälle geglückt, wenn ich frische Gehirne systematisch untersuchte, in Schnittpräparaten zu 25%; und ich konnte unter Hinweis auf die zeitlichen und örtlichen Differenzen der Parasitenausbreitung in den einzelnen Fällen wahrscheinlich machen, daß auch in den sogenannten negativen Fällen Spirochäten vorhanden sind, nur infolge der Beschränkung der menschlichen Arbeitskraft nicht gefunden wurden. Es klingt paradox, wenn ich Ihnen erkläre, daß dies heute anders ist und daß der Parasitennachweis im Gehirn der jetzt verstorbenen Paralytiker kaum mehr gelingt. Das liegt nicht an den Mängeln der Methodik, die heute ganz exakt funktioniert, es hat einen anderen Grund. Gegenwärtig werden alle Paralytiker mit Malaria behandelt, und die Infektionstherapie hat die Lebensbedingungen der Spirochäten im Paralytikergehirn sehr verschlechtert. Alle Feststellungen, die ich und andere Autoren über die Spirochäten bei Paralyse und Tabes gemacht haben, beziehen sich auf Fälle aus der Zeit, wo es noch keine Malariabehandlung gab. Nehmen wir an, es wäre erst in jüngster Zeit Noguchi gekommen, der in altem Formolmaterial von Paralyse Spirochäten gefunden hätte, dann wäre es heute, in der Ära der Infektionsbehandlung, unmöglich, Untersuchungen über die Anwesenheit der Spirochäten im Paralytikergehirn anzustellen, und wir würden wahrscheinlich zu einer ganz anderen Schlußfolgerung gelangen: daß die unmittelbare Anwesenheit der Spirochäten im erkrankten Gewebe von keiner Bedeutung für den Prozeß sei. Wir würden uns also eine ganz falsche Vorstellung vom Wesen der Paralyse und Tabes bilden. Aber im Gegenteil: die Tatsache, daß die Malariabehandlung nicht nur die Krankheit der lebenden Paralytiker günstig zu beeinflussen, sondern auch die Spirochäten zu vertreiben vermag, ist ein weiterer Beweis der großen Bedeutung der Spirochäten im Paralytikergehirn für das Wesen der paralytischen Erkrankung.

Ich habe bereits vor längeren Jahren Gelegenheit gehabt, in einem Referat auf einer Jahresversammlung des „Deutschen Vereins für Psychiatrie" (April 1921) in Dresden Sie bekannt zu machen mit der Lage und Verteilung der Spirochäten bei Paralyse, Tabes und Hirnlues, ihren Beziehungen zu den einzelnen Gewebselementen und zu den Krankheitsprozessen. Zu meiner Freude kann ich feststellen, daß meine damaligen Untersuchungsergebnisse ihre volle Geltung behalten haben und nicht durch neuere Arbeiten über den Haufen geworfen worden sind. Doch einen Punkt muß ich kurz erörtern: Steiner hat angegeben, daß er mit Hilfe einer Modifikation der Silberimprägnationstechnik außer den Spirochäten auch eigentümliche Einlagerungen in manchen Zellen (Lymphocyten und Gliazellen) vorgefunden hat. Er nannte diese Zellen Silberzellen oder Argyrocyten. In den Einschlüssen dieser

Zellen erblickte er Degenerationsformen der Erreger und deutete sie als intracellulären Spirochätenabbau. In den Silberzellen, die Steiner auch als Leichensteine oder Friedhöfe von Spirochäten bezeichnet hat, sah er Merkmale einer früheren Anwesenheit von Spirochäten. Als ich Kenntnis von diesen Mitteilungen erhielt, kamen mir auf Grund meiner intensiven Beschäftigung mit der Technik der Silbermethoden gleich große Bedenken. Zudem braucht man nur einen Blick in die Arbeiten der berühmten spanischen Neurohistologen, wie Ramon y Cajal, del Rio-Hortega, zu werfen, um festzustellen, wie durch eine geringe Änderung der Methodik die Silberaffinität zu den einzelnen Gewebsbestandteilen eine ganz andere wird. Ich habe daher Kontrolluntersuchungen angestellt und fand Silberzellen auch bei anderen, nicht durch Spirochäten verursachten Krankheiten, wo lymphocytäre Infiltrate vorkommen, insbesondere bei der Bornaschen Krankheit der Pferde. Wenn auch nicht alle Lymphocyten bei Anwendung der Steinerschen Methodik zu Silberzellen werden, so lehrt doch das Vorkommen von Silberzellen unter ganz anderen Bedingungen, daß diese Zellen mit den Spirochäten in keinerlei unmittelbarem Zusammenhange stehen. Alle auf Grund des Vorkommens von sogenannten „Silberzellen" gezogenen Schlüsse auf die frühere Anwesenheit von Spirochäten sind falsch, und es gilt nach wie vor der Satz, daß Silbermethoden kein qualitatives Reagens auf die Spirochätensubstanz darstellen, sondern unter bestimmten Bedingungen die silberaffinen Spirochäten in ihrer charakteristischen Gestalt imprägnieren. Nur diejenigen Angaben über Spirochäten sind zutreffend, bei denen die tatsächliche Anwesenheit der Parasiten in ihrer charakteristischen Morphologie nachgewiesen wurde.

Nun möchte ich, um mein früheres Referat nicht zu wiederholen, nicht mehr reden von den toten Spirochäten, sondern von den lebendigen Parasiten, ihren biologischen Eigenschaften, insbesondere von denen, die uns Fingerzeige geben können für die Bekämpfung der Nervensyphilis.

In neuerer Zeit machte viel eine Hypothese von sich reden, daß es außer den Spirochäten noch andere Formen des Syphiliserregers gebe, die nicht ohne weiteres erkennbar oder gar so klein sind, daß sie unter der Grenze der mikroskopischen Sichtbarkeit liegen: sogenannte invisible Formen. Diese Hypothese wurde von Levaditi, Schoen und Sanchis-Bayarri, sowie von Levaditi mit verschiedenen anderen Mitarbeitern in vielen Einzelveröffentlichungen vertreten. An sich ist eine solche Hypothese sehr bestechend: wo man keine Spirochäten findet, nimmt man andere Formen an, und weil man diese auch nicht findet, erklärt man sie für unsichtbar. Wenn man in manchen syphilitischen Geweben keine Spirochäten nachweisen kann, obzwar die Gewebe infektiös sind, so beruht das nach unserer Auffassung einfach darauf, daß die Zahl der darin enthaltenen Spirochäten zu gering ist. Man kann in einer Spirochätenaufschwemmung durch Zählung die ungefähre Parasitenmenge ermitteln, und wenn man diese Aufschwemmung stark verdünnt, dann gelangt man bald zu einer Grenze, wo die Aufschwemmung zwar noch infektiös ist, Spirochäten sich aber mikroskopisch nicht mehr nachweisen lassen. Da man aber die Verdünnung kennt, kann man ausrechnen, wieviele Spirochäten in einem bestimmten Flüssigkeitsvolumen vorhanden sein müssen (Jahnel, Prigge und Rothermundt, Bessemans und Van Haelst). Im übrigen bedient man sich ja auch in der Bakteriologie des Kulturverfahrens oder der Verimpfung auf empfängliche Tiere, um in diesen vereinzelte Keime sich vermehren und dadurch sichtbar werden zu lassen. Die Annahme, daß andere Formen oder Entwicklungsstadien des Syphiliserregers existieren, erscheint daher überflüssig und durch keinerlei Tatsachen begründet. Ich selbst habe auch in Paralytikergehirnen an Stellen, wo Spirochäten fehlten, niemals Gebilde gefunden, die ich dem Formenkreise des Syphiliserregers hätte zuzählen können, denn darauf habe ich auch früher schon besonders geachtet, weil schon damals diese bereits von Schaudinn erörterte Möglichkeit zur Diskussion stand.

Kann man nun nicht auch die Spirochaeta pallida im Reagensglas zur Vermehrung bringen und sie durch das Kulturverfahren dort nachweisen, wo sie sich infolge ihrer zu geringen Zahl dem mikroskopischen Nachweis entzieht? Über die Kultur der Spirochaeta pallida existiert eine sehr große Literatur. Die meisten Forscher hatten Mißerfolge; nur einzelne schienen Glück zu haben, und diese Pallidakulturen sind in manchen Laboratorien schon in vielen Generationen fortgezüchtet worden. Mir selbst ist niemals die Kultur der einwandfreien Pallida gelungen. Ich habe mir daher sämtliche erreichbaren Pallidakulturen aus der ganzen Welt, im ganzen 18, kommen lassen und diese auf das gründlichste untersucht und mit anderen Spirochäten verglichen. Ich bin zu dem Ergebnis gekommen, daß alle diese von auswärts bezogenen Pallidakulturen keine Syphiliserreger enthalten, sondern saprophytische Spirochäten, wie sie bei Gesunden in der Genitalregion und Mundhöhle vorhanden sind, und durch die die betreffenden Forscher getäuscht worden sind. Während die Kultur der Rückfallfieberspirochäten und anderer krankheitserregender Spirochäten bei genügender Erfahrung keine unüberwindlichen Schwierigkeiten bereitet, ist die Frage der Kultivierbarkeit des Syphiliserregers ein noch ungelöstes Problem. Es erscheint mir doch nützlich, auch in Ihrem Kreise einmal darauf hinzuweisen, daß die sogenannten Pallidakulturen die Merkmale des Syphiliserregers nicht besitzen, weil man wiederholt den Versuch gemacht hat, durch Einspritzung solcher Spirochätenkulturen Paralyse und Tabes therapeutisch zu beeinflussen. Eine Hebung der Immunkräfte kann durch diese Methode nicht erreicht werden, und wenn hier und da auch einmal damit ein günstiger Erfolg erzielt worden sein mag, so ist dieser auf eine unspezifische Wirkung zurückzuführen, wie etwa die der Typhusvaccine und anderer, auf dem gleichen Prinzip beruhender Verfahren. Auch die Angaben von Georgi und seinen Mitarbeitern, daß es gelingt, im Reagensglas Spirochäten, die in Nährböden mit Nierengewebe gezüchtet waren, an Kulturflüssigkeiten mit Gehirnzusatz anzupassen, aus denen weittragende Schlüsse für die Pathogenese der Paralyse gezogen wurden, besagen im Lichte dieser Erkenntnis für das Verhalten des wirklichen Syphiliserregers nicht das geringste. Wenn man Versuche macht, den Syphiliserreger im Reagensglas zu kultivieren, dann ist man erstaunt, wie rasch die Syphilisspirochäten selbst unter anscheinend günstigen Bedingungen, also beispielsweise in Nährflüssigkeiten, in denen von uns Rückfallfieberspirochäten jahrelang hindurch fortgezüchtet werden konnten, zugrundegehen. Die Pallida ist außerordentlich hinfällig. Das ist ein Glück, denn sonst wären Syphilisinfektionen, namentlich extragenitale Ansteckungen, viel häufiger, ja wir würden vielleicht alle, ebenso wie saprophytische Mundspirochäten, auch den Syphiliserreger in uns tragen. Nun müßte es ein Leichtes sein, Syphilisansteckungen durch Desinfektionsmaßnahmen zu verhindern, aber dem steht unter anderem der Umstand entgegen, daß die Spirochäten sehr schnell in den Körper eindringen, daß also in der Regel jede nach dem Verkehr vorgenommene Desinfektion zu spät kommt. Es vermögen daher nur jene Schutzmittel eine ausreichende Sicherheit zu gewähren, die vor der Gefährdung in richtiger Weise angewandt werden; diese Ansicht hat neuerdings Schlossberger auch experimentell erhärtet. Natürlich ist die rechtzeitige Behandlung der Syphilis und Beseitigung ihrer Ansteckungsgefahr von großer Bedeutung für die Volksgesundheit, ebenso die Ermittlung der Infektionsquellen und Unschädlichmachung derselben. Erfreulicherweise befindet sich in allen Ländern, auch in Deutschland, die Lues im Rückgang, und daß man durch zielbewußte Bekämpfungsmaßnahmen eine enorme Abnahme der Seuche erzielen kann, lehren die Erfahrungen in Dänemark, wo es z. B. in Kopenhagen gelungen ist, innerhalb von 14 Jahren die Zahl der jährlichen Neuansteckungen von 3000 auf 200 zu reduzieren (Lomholt). Obzwar diese Dinge nicht eigentlich in unser Fach gehören, so halte ich doch einen Hinweis darauf für geboten, weil in früherer Zeit auch aus unseren Kreisen Stimmen laut geworden sind, man solle die Lues erst einmal auf der Haut sich austoben lassen, um die Immunkörperbildung zu fördern und damit die spätere Entstehung von Paralyse und Tabes zu verhindern, ja man hat sogar fälschlicherweise die Syphilisbehandlung für die Entstehung von Paralyse und Tabes verantwortlich gemacht. Derartigen Anschauungen muß mit aller Schärfe entgegengetreten werden; würden sie an Boden gewinnen, müßte eine Zunahme der Lues mit allen ihren traurigen Konsequenzen, also auch gehäufte Paralyse- und Tabeserkrankungen, die Folge sein. Wie die Dinge in Wirklichkeit liegen, lehren die Erhebungen von Spiethoff in Thüringen; hier hatte bei 74% aller Paralytiker überhaupt keine Luesbehandlung stattgefunden. So erfreulich es ist, wenn wir durch die Großtat Wagner-Jaureggs heute viele Paralytiker an Heilung grenzenden Besserungen zuführen können, so hat doch auch diese Behandlungsmethode ihre Schranken, und auch die auf einer so hohen Stufe stehende Luesbehandlung vermag nicht in allen Fällen und allen Stadien der Infektion die Syphiliserreger im Organismus mit 100proz. Sicherheit abzutöten. Es gibt nur einen absolut sicheren Schutz vor Paralyse, Tabes und Hirnsyphilis: die Vermeidung der syphilitischen Infektion. Gelingt es, die

Syphilis allmählich auszurotten oder wenigstens stärker zu vermindern, dann müssen Paralyse und Tabes aufhören oder große Seltenheiten werden. Ich halte es für nötig, daß wir auch hinsichtlich der Bekämpfung der Paralyse und Tabes die Bestrebungen von Rüdin und seinen Schülern zur Verhütung erbkranken Nachwuchses uns zum Muster nehmen und das Übel wirklich an der Wurzel gefaßt wird. Bei der großen sozialen Bedeutung der Paralyse und Tabes kann eine ideale Bekämpfung dieser Krankheiten nur durch Ausrottung der Syphilis erreicht werden. Wir Neurologen und Psychiater müssen schon aus diesem Grunde die Bestrebungen der „Deutschen Gesellschaft zur Bekämpfung der Geschlechtskrankheiten", die jetzt Herrn Professor Spiethoff als Reichskommissar untersteht, auf das nachdrücklichste unterstützen. Selbstverständlich bin ich nicht so naiv, zu glauben, daß man von heute auf morgen Luesübertragungen einfach verbieten könnte, aber wenn man alle schon heute vorhandenen Möglichkeiten der Lueseindämmung gänzlich ausschöpft, dann muß die Zahl der Luesansteckungen von Jahr zu Jahr immer geringer werden und schließlich so klein sein, daß diese Infektion praktisch bedeutungslos wird.

Ich erwähnte bereits, daß die Einwirkung der Malaria auf die Paralyse über die Spirochäten geht. So haben schon im Jahre 1919 Weichbrodt und ich Versuche an syphilitischen Kaninchen angestellt, die wir damals in einem Brutschrank erhitzten und so die Körpertemperatur stark in die Höhe trieben. Es zeigte sich dabei, daß nach genügend langer Ausdehnung dieser Prozedur die Schanker zurückgingen und die Spirochäten daraus verschwanden. Diese unsere Versuche sind wiederholt nachgeprüft und in ihren Einzelheiten ausgestaltet worden, namentlich von Bessemans in Gent, aber das Hauptergebnis ist immer bestätigt worden. Neuerdings ist man ja in Amerika auch darangegangen, Paralytiker durch Temperatursteigerungen zu behandeln, die auf rein physikalischem Wege, z. B. durch Diathermie, erzeugt wurden. Daß die Wirkung der Malaria diesem Verfahren doch überlegen zu sein scheint, kann hier nicht erörtert werden. Kürzlich haben auch Levaditi und Rothschild mit verschiedenen Mitarbeitern berichtet, daß sich eine der Kurzwellen bedienende Thermotherapie gegenüber der syphilitischen Infektion oft wirksam zeigte. Auffallenderweise war die Wirkung gegenüber den Spirochäten in den Lymphdrüsen keine konstante. Als ich die Versuchsprotokolle dieser Arbeit gründlich studierte, fand ich ein Ergebnis, das die französischen Forscher nicht weiter erörtert haben. Bekanntlich dringen nach den Feststellungen Schlossbergers bei der weißen Maus Syphilisspirochäten regelmäßig in das Gehirn ein, und bei 7 von Levaditi und seinen Mitarbeitern einer Pyretotherapie unterworfenen syphilitischen Mäusen wurden wohl einige Male Spirochäten in den Lymphdrüsen gefunden, aber niemals im Gehirn nachgewiesen. Hingegen waren Syphiliserreger im Gehirn der unbehandelten drei Kontrollmäuse dieser Serie vorhanden. Ich möchte daraus einen von den französischen Forschern aus ihren Versuchen nicht abgeleiteten Schluß ziehen: daß möglicherweise die Thermotherapie auf die in den verschiedenen Organen enthaltenen Spirochäten verschieden wirkt, beispielsweise die im Gehirn vorhandenen Spirochäten besser zu beeinflussen vermag als die in den Lymphdrüsen[1]. Es wäre von großem Interesse, dieser Frage weiter nachzugehen.

Der Organismus kann sich aber der sehr empfindlichen und auf bestimmte Lebensbedingungen eingestellten Spirochäten zuweilen auch auf andere Weise entledigen. Mir ist es gelungen, vor einiger Zeit ein solches Mittel zu finden, das die Syphilisspirochäten sogar mit absoluter Sicherheit im Gehirn zu vernichten vermag und das sich ausschließlich natürlicher Heilkräfte bedient; dieses Mittel ist aber leider beim Menschen nicht anwendbar. Ein Geschenk von Herrn Kollegen Schottky in Gestalt eines in seiner Wohnung gefangenen Siebenschläfers führte in unserem Laboratorium zunächst zu der Feststellung, daß der Siebenschläfer in ähnlicher Weise für Syphilis empfänglich ist wie die weiße Maus und daß bei diesen Tieren die Syphilisspirochäten regelmäßig in das Gehirn eindringen. Nun halten die

[1] In Versuchsanordnungen, in denen die Mäuse gleich nach der Syphilisimpfung der Kurzwellenbehandlung unterworfen worden waren, war die Wirkung keine so gute als bei Tieren, deren Infektion schon längere Zeit zurücklag. Die Pariser Forscher nehmen daher an, daß der Effekt der Thermotherapie kein direkter sei, sondern eine Mitwirkung des Organismus dabei eine Rolle spiele.

Bei der Beurteilung aller dieser Versuche ist übrigens zu berücksichtigen, daß nach den Feststellungen von Bessemans Spirochäten in den Lymphdrüsen eine größere Thermoresistenz zeigen als die Parasiten der Hodensyphilome.

Siebenschläfer einen Winterschlaf, der keinen gewöhnlichen Schlaf darstellt, sondern einen Zustand von Lethargie mit stark herabgesetztem Stoffwechsel. Die Körpertemperatur dieser Tiere paßt sich dann der Umgebung an, sie sinkt auf + 4°, selbst auf + 1°, nur niemals unter Null, sonst müßte das Blut gefrieren. Wir haben nun Siebenschläfer mit Syphilis infiziert und einen Teil davon ihren Winterschlaf halten lassen, einen anderen Teil durch Aufenthalt in einem geheizten Raum am Winterschlaf verhindert. Es zeigte sich nun, daß die warm und wach gehaltenen Siebenschläfer sämtliche noch Syphilisspirochäten in ihren Organen und im Gehirn beherbergten, daß aber bei denjenigen Tieren, die ihren Winterschlaf gehalten hatten, die Syphilisspirochäten sowohl aus den Organen als auch aus dem Gehirn völlig verschwunden waren. Nun möchte ich Ihnen eines dieser glücklichen Tiere, die ihre Syphilis verschlafen können, zeigen (Demonstration eines lebenden Siebenschläfers). Diese Tiere sind auch in anderer Hinsicht zu beneiden, sie können nämlich keine Blinddarmentzündung bekommen, weil sie keinen Blinddarm haben. Es ist sehr bedauerlich, werden Sie denken, daß wir Menschen keinen Winterschlaf halten können, denn dann brauchten wir uns heute nicht über Spätsyphilis des Nervensystems zu unterhalten. Leider ist beim Menschen eine solche Reduktion des Stoffwechsels und eine stärkere künstliche Herabsetzung der Körpertemperatur ohne Gefährdung des Lebens nicht möglich. Übrigens hat schon der Altmeister der Medizin, Rudolf Virchow, in den 60er Jahren des vergangenen Jahrhunderts an sich die Wirkung kühler Seebäder studiert. Die Temperatur wurde dabei im Munde gemessen, und Virchow schildert drastisch, wie sich bei ihm ein solches Zähneklappern einstellte, daß er in steter Angst schwebte, das Thermometer in seinem Munde könnte zerbrechen. Es gelang ihm dabei, seine Körpertemperatur nur um 1—2° herabzusetzen. Damit wäre nicht viel geholfen. Nach unseren Feststellungen ist schon ein Winterschlaf nötig, in welchem die Körpertemperatur längere Zeit hindurch wenigstens unter 20° sinkt, falls überhaupt die Temperaturherabsetzung dabei die ausschlaggebende Rolle spielen sollte. Wir stellen zur Zeit noch weitere Untersuchungen darüber an, ob sich die Heilwirkung des Winterschlafes auf Spirochäten auf einen bestimmten Faktor dieses Vorganges zurückführen läßt. Sollte dieser nicht in dem reduzierten Stoffwechsel oder der erniedrigten Körpertemperatur gelegen sein, sondern in einem anderen, etwa innersekretorischen Phänomen, dann erscheint es nicht so ganz ausgeschlossen, daß vielleicht einmal die Therapie der menschlichen Lues aus diesen Feststellungen etwas zu profitieren vermag. Aber zur Zeit ist die Angelegenheit für die menschliche Lues noch rein platonisch. Ich habe diese Beobachtung vor allem deshalb mitgeteilt, um Ihnen zu zeigen, daß es außer der Chemotherapie und der Infektionsbehandlung der Syphilis auch noch andere Faktoren gibt, die den Verlauf und Ausgang der Syphilis zu beeinflussen vermögen. So hat E. Hoffmann neuerdings darauf hingewiesen, daß die Knochenerkrankungen bei der kongenitalen Lues offenbar unter dem Einfluß des Körperwachstums spontan ausheilen. Es erscheint demnach nicht zwecklos, die Biologie der Syphilisspirochäten nach allen Richtungen zu studieren, denn es ist nicht ausgeschlossen, daß einmal späteren Forschungen auf diesem Gebiete ein für den Menschen verwertbarer Erfolg beschieden ist. Es braucht natürlich dabei nicht immer die ideale Forderung in Erfüllung zu gehen, die Syphilisspirochäten im Körper gänzlich zu vernichten; wir könnten uns zunächst auch damit zufrieden geben, wenn es z. B. durch irgendwelche Eingriffe gelänge, die Inkubationszeit der Paralyse und Tabes nach Belieben bzw. stärker zu verlängern.

Dafür, daß besondere neurotrope Syphilisstämme existieren, haben uns die neueren Ergebnisse der experimentellen Syphilisforschung keine Anhaltspunkte geliefert. So z. B. pflegen Syphilisspirochäten beim Kaninchen nicht in das Gehirn einzudringen, hingegen, wie bereits erwähnt, bei weißen Mäusen und Siebenschläfern. Nach umfassenden Erfahrungen an weißen Mäusen ist die Fähigkeit, bei diesen Tieren ins Gehirn einzudringen, ohne Unterschied allen bisher untersuchten Syphilisstämmen eigen. Daß die Fälle von gehäuften Paralyse- und Tabeserkrankungen aus einer Luesinfektionsquelle nicht beweisend sind, weil es sich um Zufälligkeiten handeln kann, bedarf keiner Diskussion. Recht eigenartig aber sind die neuerdings mitgeteilten Beobachtungen, welche Hoverson und Morrow in einer amerikanischen Anstalt gemacht haben. Diese Autoren haben die Zahl der Paralytiker nach ihren Aufnahmebezirken gruppiert und gefunden, daß diese Zahlen in allen Aufnahmebezirken keine großen Schwankungen zeigten. Nur ein einziger Bezirk verhielt sich ganz anders; in diesem war die Zahl der Paralytiker von 2 im Jahre 1910 auf 85 im Jahre 1925, bis 93 im Jahre 1927 angewachsen, um später wieder abzunehmen. Die Autoren glauben, daß in dem genannten Aufnahmebezirk eine Zeitlang ein besonders neurotroper Syphilisstamm vorhanden gewesen sei. Die amerikanischen Forscher haben sich selbst den Einwand gemacht, daß äußere Einflüsse, wie etwa zeitweilige andere Verteilung der Paralytikeraufnahmen vorliegen könnten, glauben aber, diese Möglichkeit ausschließen zu können. Doch scheint mir dieses Material nicht völlig ausgeschöpft zu sein; man hätte auch nachforschen sollen, ob unter den zweifellos vielfach aus der gleichen Quelle infizierten Ehegatten dieser Paralytiker die Paralysequote eine wesentlich höhere war als sonst, also 10% überstiegen hätte, wie dies O. Fischer für die Männer paralytischer Frauen ausgerechnet hatte. Diese Ziffer stimmt bekanntlich mit der von Mattauschek und Pilcz ermittelten Zahl der Paralyseerkrankungen bei Syphilitikern überein, falls man die Aeblysche Korrektur anbringt, welche die zu kurze Beobachtungszeit der letzten Jahrgänge ausgleicht. Wohl hat man geringe Schwankungen der Paralysehäufigkeit auch anderweitig beobachtet, und mit Recht hat es Bumke abgelehnt, daraus irgendeinen Schluß im Sinne des Wirkens besonderer neurotroper Syphilisstämme zu ziehen. Aber über so auffallende Schwankungen der Paralysehäufigkeit, wie sie Hoverson und Morrow in ihrem Aufnahmebezirk Cook County festgestellt haben wollen, ist noch niemals berichtet worden. Natürlich wäre es nicht nur für die Syphilisforschung, sondern auch für die Praxis von großer Wichtigkeit, wenn man besondere neurotrope Syphilisstämme aufspüren und ausrotten könnte. Aber bis heute ist die Existenz neurotroper Syphilisstämme unbewiesen, und selbst wenn das Gegenteil der Fall wäre, so würden wir kaum je dazu gelangen, den Spirochäten des Primäraffektes ihre Neurotropie anzusehen. Und so werden wir am besten fahren, wenn wir den Kampf gegen alle Syphilisstämme mit größter Energie führen.

Verzeihen Sie, wenn ich zum Schluß noch einmal auf einen Ihnen selbstverständlich erscheinenden Punkt zurückkomme. Man hat sich bisher immer damit abgefunden, daß so und soviele Menschen jährlich eine Lues bekommen und ein Teil von ihnen später an Paralyse oder Tabes erkrankt, und man hat in diesen Tatsachen unabänderliche Ereignisse gesehen. Seit den Veröffentlichungen von Esmarch und Jessen (1857) bzw. E. Schultze (1867) und den Arbeiten von Fournier, Erb u. a. wissen wir, daß die Syphilis die Ursache von Paralyse und Tabes ist. Wenn wir also künftig nicht bloß der Behandlung der Syphilis unser Augenmerk schenken, sondern mit allen Mitteln die Infektion zu verhüten und so die Lues allmählich auszurotten trachten, werden auch Paralyse, Tabes und Hirnsyphilis zu immer größeren Seltenheiten zählen, so daß hoffentlich in nicht allzu ferner Zeit Referate wie die heutigen nicht mehr nötig sein werden.

Serologie der Lues des Nervensystems.

Von

H. Demme, Hamburg-Barmbeck.

Mit 11 Textabbildungen.

Wir können es uns heute kaum vorstellen, daß es erst genau 30 Jahre her ist, seit das von Bordet und Gengou angegebene Phänomen der Komplementbindung von Wassermann und seinen Mitarbeitern der Klinik, speziell der Syphilisdiagnose dienstbar gemacht worden ist. Schon ein Jahr später — 1906 — fanden Wassermann und Plaut, daß auch mit der Cerebrospinalflüssigkeit die Komplementbindungsreaktion ausgeführt werden kann. Da die WaR. im Liquor sich als weitgehend spezifisch erwies, bedeutete diese Entdeckung den größten Fortschritt auf dem Gebiete der Serologie der Lues des Nervensystems.

Die Frage nach der Spezifität der WaR. kann in zweierlei Sinn gestellt werden: 1. kann die WaR., speziell auch die WaR. im Liquor, als unspezifische Reaktion bei nichtsyphilitischen Krankheitsprozessen auftreten? 2. Deutet eine positive WaR. im Liquor mit Sicherheit auf eine Syphilis des Nervensystems oder können Wassermann-Reagine aus dem Blut in den Liquor übertreten, ohne daß das Zentralnervensystem oder seine Hüllen syphilitisch erkrankt sind?

Was die unspezifischen positiven Ergebnisse der WaR. im Blut bei nichtsyphilitischen Krankheitsprozessen betrifft, so hat Schulten auf der vorjährigen Tagung der Deutschen Gesellschaft für Innere Medizin in Wiesbaden bereits darauf hingewiesen, daß derartige unspezifische positive Reaktionen sehr selten sind. Sie haben praktische Bedeutung in der Hauptsache bei gewissen Tropenkrankheiten: Framboesie, Lepra, Recurrens, Malaria, von denen für unsere Breiten praktisch nur die Malaria in Frage kommt. Die Häufigkeit unspezifischer positiver Ergebnisse der WaR. bei Scharlach ist nach Schulten stark überschätzt worden.

Im Liquor ist eine unspezifische positive WaR., abgesehen von den Befunden bei Framboesie, Lepra und Recurrens, eine ganz extreme Seltenheit. Allenfalls zeigen Fälle von bakterieller Meningitis und Tumoren mit sehr starker Eiweißvermehrung im Liquor ganz ausnahmsweise eine positive Komplementablenkung.

Schwieriger ist die Frage zu beantworten, ob auch, ohne daß das Zentralnervensystem oder seine Häute syphilitisch erkrankt sind, Wassermann-Reagine aus dem Blut in den Liquor übertreten können. Erschwert wird die Beantwortung dieser Frage insbesondere noch dadurch, daß wir das Wesen der Wassermann-Reagine noch immer nicht sicher kennen. Wassermann selbst nahm zunächst an, daß es sich bei seiner Reaktion um eine spezifische Antigen-Antikörperbindung zwischen syphilitischem Serum und Spirochätenbestandteilen handele. Als es sich aber zeigte, daß nicht nur Spirochätenextrakte, sondern auch Extrakte aus nicht spirochätenhaltigen Organen als Antigen benutzt werden konnten, wurde dieser Anschauung der Boden entzogen. (In der Komplementbindungsreaktion mit Pallidaantigen nach Gaethgens haben wir allerdings heute wieder eine Reaktion mit spezifischen Spirochätenbestandteilen, die sich auch praktisch durchaus bewährt hat.) Fußend auf den Untersuchungen von Braun und Weil, Wassermann, Forssmann, Landsteiner u. a. gelang es dann Sachs, Klopstock und Weil, durch Injektion alkoholischer Extrakte von Kaninchennieren zusammen mit Schweineserum bei Kaninchen eine positive WaR. zu erzeugen. Diese Versuche führten zu der Annahme, daß es sich bei den Wassermann-Reaginen um lipoidartige Auto-Antikörper handelt, die an artfremdes Eiweiß, bei der Lues an Spirochäteneiweiß, gekoppelt sind. Hieraus ergibt sich, daß die Wassermann-Reagine im Serum Kolloide etwa vom Dispersitätsgrade des Eiweißes sind (F. K. Walter). Da das Eiweiß nach Walter die Blutliquorschranke normalerweise nicht passiert, kommt demnach auch für die Wassermann-Reagine unter normalen Schrankenverhältnissen, d. h. bei gesundem Zentralnervensystem und gesunden Meningen ein Übertritt von Wassermann-Reaginen aus dem Blut in den Liquor nicht in Frage. Dieser Annahme entspricht vollauf die Tatsache, daß bei Lues latens und gesundem Zentralnervensystem das Blut stark positiv sein kann, während der Liquor dauernd negativ bleibt.

Wenn somit die gesunde Blutliquorschranke für Wassermann-Reagine nicht durchlässig ist, so bleibt noch die Frage offen, ob es bei einer nichtsyphilitischen Erkrankung des Nervensystems oder seiner Häute, die zu einer Störung der Funktion der Blutliquorschranke im Sinne einer vermehrten Durchlässigkeit führt, zu einem Übertritt von Wassermann-Reaginen aus dem Serum in den Liquor kommen kann. Am weitesten in dieser Richtung gehen wohl Dujardin und Dumont, die im Verhältnis Blut-WaR. zu Liquor-WaR. direkt einen Index der Permeabilitätsverhältnisse der Blutliquorschranke sehen. Sie stützen sich dabei auf experimentelle Untersuchungen: sie injizierten syphilitischen Kranken intralumbal Aqua destillata und erzeugten so eine aseptische Meningitis und damit eine Steigerung der Permeabilität der Blutliquorschranke. Im entzündlich veränderten Liquor fanden sie eine Verstärkung der WaR. Mader konnte allerdings diese Beobachtungen bei seinen Nachuntersuchungen an syphilitischen Säuglingen nicht bestätigen.

Auch klinische Beobachtungen bei stark permeabilitätssteigernden Krankheitsprozessen sind zur Klärung dieser Frage herangezogen worden. Es kommen hierbei vor allem Beobachtungen bei Meningitiden und komprimierenden Rückenmarksprozessen in Frage. Entsprechende Beobachtungen bei einem Fall von Rückenmarkskompression liegen meines Wissens nur in einem Fall von Nonne vor:

Komprimierender Prozeß im Halsmark; die Operation zeigte entzündliche Verwachsungen der Meningen, deren Natur nicht geklärt werden konnte. Kein Sektionsbefund. Die WaR. im Blut war in diesem Falle stark positiv.

		Lumbal	Cysternal
Liquorbefund:	Phase I	+	θ
	Pandy	++	Spur
	Weichbrodt . . .	++	+
	Zellen	36/3	8/3
	WaR.	stark positiv	θ

Wenn dieser Fall auch in dem Sinne zu sprechen scheint, daß Wassermann-Reagine aus dem stark positiven Blut bei den unterhalb der Kompression stark veränderten Permeabilitätsverhältnissen in den Sperrliquor übergetreten sind, während oberhalb der Kompression, wo die Permeabilitätsverhältnisse annähernd normal gewesen sein dürften, die WaR. im Liquor negativ blieb, so ist diese Annahme doch keineswegs einwandfrei bewiesen, da sich mit Walter dagegen einwenden läßt, daß immerhin die Möglichkeit besteht, daß unterhalb des komprimierenden Prozesses (der möglicherweise sogar selbst syphilitischer Natur war) syphilitische Veränderungen am Rückenmark oder seinen Häuten vorlagen, die ihrerseits die Ursache der positiven WaR. im Sperrliquor gewesen sein können.

Nicht viel anders liegen die Dinge bei den in der Literatur mitgeteilten Fällen von bakterieller Meningitis bei Menschen mit positiver WaR. im Blut. Es handelt sich dabei um Fälle, bei denen die WaR. im Blut positiv war und bei denen während einer akuten bakteriellen nichtsyphilitischen Cerebrospinalmeningitis auch die WaR. im Liquor positiv wurde. Die meisten dieser Fälle halten einer strengen Kritik im einzelnen nicht stand, weil die anatomische Untersuchung aussteht und damit der Nachweis fehlt, daß neben der interkurrenten akuten Meningitis nicht doch auch eine syphilitische Erkrankung des Zentralnervensystems vorlag. Daß es sich in diesen Fällen um eine unspezifische WaR. im Liquor, bedingt durch die hochgradigen meningitischen Liquorveränderungen, handelt, halte ich für wenig wahrscheinlich, da wir sonst doch öfter eine solche unspezifische Reaktion bei Meningitiden sehen müßten (allerdings sind solche Beobachtungen in der Literatur mitgeteilt). Mit Kafka und Plaut glauben wir sagen zu können, „daß wohl Cerebrospinalflüssigkeiten mit erhöhtem Eiweißgehalt eine Tendenz zu unspezifischen Ausfällen der Komplementbindung haben", daß sie aber bei exakter Technik und Wiederholung der Untersuchung extrem selten sind. Auch die Tatsache, daß nicht stets bei positiver WaR. im Verlaufe einer Meningitis auch die WaR. im Liquor positiv wird (Zaloziecki, Kafka, Zange) spricht nicht gegen die Möglichkeit eines Übertritts von Wassermann-Reaginen aus dem Blut in den Liquor, da man ja nicht anzunehmen braucht, daß in jedem solchen Fall die Wassermann-Reagine aus dem Blut in den Liquor übertreten müssen. Bei den anatomisch durchuntersuchten Fällen (Kafka und Kirschbaum, Jahnel), bei denen sich keine auf Lues deutende Veränderungen fanden, fehlt der Nachweis, daß die WaR. vor der meningitischen Erkrankung im Liquor negativ war.

Steht somit ein einwandfreier Beweis, daß unter Umständen ein Übertritt von Wassermann-Reaginen aus dem Blut in den Liquor möglich ist, auch noch aus, so sprechen die erwähnten Beobachtungen in ihrer Gesamtheit meines Erachtens doch sehr im Sinne einer solchen Annahme.

Wir kommen damit zu der Frage der Entstehung der WaR. des Liquors bei der Lues und Metalues des Nervensystems, d. h. zu der Frage, ob die Wassermann-Reagine bei den syphilitischen Erkrankungen des Nervensystems aus dem Blut stammen,

d. h. hämatogen sind oder ob sie lokal innerhalb der Blutliquorschranke „intramural" entstehen. Für eine lokale Entstehung spricht vor allem die Tatsache, daß bei allen Formen der Lues des Nervensystems bei negativer Blut-WaR. die WaR. im Liquor stark positiv sein kann. Bei stark erhöhter Permeabilität können, wie wir gesehen haben, aber wahrscheinlich auch Wassermann-Reagine aus dem Blut in den Liquor übertreten. Wieweit neben der lokalen Entstehung ein solcher hämatogener Übertritt bei den einzelnen Formen der Lues des Nervensystems eine Rolle spielt, läßt sich zur Zeit noch nicht sicher sagen. Die Mehrzahl der Autoren (Kafka, Plaut, Walter u. a.) nimmt heute an, daß die Wassermann-Reagine zum größten Teil lokal im Zentralnervensystem entstehen, daß daneben aber auch noch andere Quellen eine Rolle spielen.

Wenn somit die WaR. ihren positiven Ausfall offenbar intramural entstandenen Reaginen verdankt, verhält es sich mit der Hämolysinreaktion grundsätzlich anders. Durch die Hämolysinreaktion wird der hämolytische Normalamboceptor im Liquor nachgewiesen. Wie Brinkmann zeigen konnte, enthält das Serum stets Normalamboceptor, so daß immer die Möglichkeit besteht, daß unter pathologisch veränderten Permeabilitätsverhältnissen dieser Normalamboceptor aus dem Blut in den Liquor übertritt, in dem er unter normalen Bedingungen nicht oder nur in verschwindend geringer Menge gefunden wird. Kafka sieht daher die Hämolysinreaktion direkt als Permeabilitätsreaktion an.

Wenn die Theorie der WaR. auch noch keineswegs geklärt ist, so ist ihre außerordentlich große Bedeutung für die Diagnose und damit für die Behandlung der Lues des Nervensystems über jeden Zweifel erhaben. Zunächst sahen Wassermann und Plaut im Liquor von Paralytikern in einem hohen Prozentsatz der Fälle eine positive WaR. Morgenroth und Stertz fanden sogar bei allen Fällen von progressiver Paralyse, die sie untersuchten, die WaR. im Liquor positiv, während bei Fällen von Lues cerebri die WaR. im Liquor negativ war. Schütze hatte inzwischen auch bei Tabes dorsalis in $^2/_3$ seiner Fälle eine positive WaR. im Liquor gefunden. Einen großen Fortschritt der Serodiagnostik der Lues des Nervensystems bedeutete es, als Hauptmann und Hoessli zeigen konnten, daß es auch bei einem nicht geringen Teil der

Fälle von Lues cerebri gelingt, komplementbindende Antikörper (Wassermann-Reagine) im Liquor nachzuweisen, wenn man mit größeren Liquormengen arbeitet, als sie für das Serum üblich waren. Seitdem gehört es zur Wassermann-Untersuchung der Cerebrospinalflüssigkeit, diese in Form einer „Auswertung" mit steigenden Liquormengen (0,1—1,0 ccm) anzusetzen.

Wenn auch Ravaut, der als der eigentliche Begründer der Liquordiagnostik der syphilitischen Erkrankungen bezeichnet werden muß, bereits 1903 seine ersten Arbeiten über die Zellvermehrung im Liquor von Syphilitikern geschrieben hat, so erhielt doch die Serodiagnostik der Lues des Nervensystems ihren Hauptaufschwung erst nach der Entdeckung der WaR. Es ist das große Verdienst von Nonne und seinen damaligen Schülern Apelt, Hauptmann, Holzmann u. a., an einem großen Material gezeigt zu haben, welche Liquorveränderungen bei den verschiedenen Formen der Lues des Nervensystems auftreten und wie sich die einzelnen Reaktionen zueinander verhalten. Beherrscht wurde das Feld damals von den „4 Reaktionen": Zellzählung, Globulinreaktion, WaR. im Liquor und WaR. im Blut. Durch die Lehre von den „4 Reaktionen" war zunächst ein Schema der serologischen Veränderungen bei den verschiedenen Formen der Neurolues geschaffen. Nonne selbst hat aber niemals einen Zweifel darüber gelassen, daß es sich nur um ein Schema handelt, das keine Allgemeingültigkeit beansprucht, insbesondere hat er stets auf die zahlreichen negativen serologischen Befunde bei fast allen Formen der Lues des Nervensystems, mit Ausnahme der Paralyse, hingewiesen.

Zu den „4 Reaktionen" kamen dann die Kolloidreaktionen hinzu, die auf die Einführung des Goldsols in die Liquordiagnostik durch Carl Lange 1912 zurückgehen. In den letzten Jahren hat auch die von Nissl in die Klinik eingeführte, dann aber lange in Mißkredit geratene quantitative Eiweißbestimmung immer größere Bedeutung erlangt. Welche der zahlreichen angegebenen Methoden zur quantitativen Eiweißbestimmung man benutzt, wird Ansichtssache des einzelnen Untersuchers bleiben und auch von äußeren Umständen abhängig sein.

Unter der unübersehbar großen Zahl von „Liquorreaktionen" aller Art müssen wir für die laufende klinische Laboratoriumsdiagnostik die herausgreifen, die, ohne eine zu große Belastung für das entsprechende Laboratorium zu bedeuten, doch ein hinreichendes Bild von den Liquorveränderungen vermitteln. Hierzu gehören meines Erachtens:

1. Die Zellzählung. Mit Bannwarth sind wir der Ansicht, daß eine regelmäßige qualitative Untersuchung der Liquorzellen durch Färbeverfahren für die klinische Diagnostik nicht von nennenswerter Bedeutung ist. Eine für praktische Zwecke ausreichende Differenzierung der Zellen ist meist schon in der Zählkammer möglich.

2. Die Eiweißbestimmung. Wenn die „Globulinreaktionen" (Phase I der Ammonsulfatreaktion nach Nonne-Apelt-Schumm, Pandys Carbolsäurereaktion und Weichbrodts Sublimatreaktion) als qualitative Reaktionen heute auch vielfach durch die quantitative Eiweißbestimmung ersetzt werden, so geben sie doch als Schnellreaktionen schon gleich nach der Liquorentnahme einen gewissen Überblick über eine etwa vorhandene Eiweißvermehrung. Die ideale Eiweißbestimmung wäre natürlich ein chemisch-quantitatives Verfahren nach Art der Kjeldahl-Methode. Im praktischen Laboratoriumsbetrieb sind aber die im chemischen Sinne exakten quantitativen Methoden zu zeitraubend, als daß sie für Liquoruntersuchungen in die laufende Laboratoriumstechnik Eingang finden könnten. Die für laufende Liquoruntersuchungen gebräuchlichsten Methoden sind als Reihenmethode die von Roberts-Stolnikow-Brandberg-Bisgaard, und als Zentrifugiermethode die Bestimmung der Eiweißrelation nach Kafka und Samson. Die noch exakter arbeitenden Farbmethoden von Hewitt und von Kral, Stary und Winternitz sind für größere Reihenuntersuchungen leider noch reichlich kompliziert. Wir bevorzugen an unserem Laboratorium aus hier nicht näher zu erörternden Gründen die Bestimmung der Eiweißrelation nach Kafka und Samson, die es gestattet, auf verhältnismäßig einfache Weise nicht nur das Gesamteiweiß, sondern auch getrennt die Globuline und Albumine zu bestimmen. Ob die von Kafka schon angedeuteten und jetzt von Zimmermann ausgebauten biologischen, auf der Präcipitation mit immunisierten Kaninchenseren beruhenden Methoden eine praktische Bedeutung erlangen werden, bleibt noch abzuwarten.

3. Die Kolloidreaktionen. Unter der sehr großen Zahl der in der Literatur angegebenen Kolloidreaktionen haben sich

vor allem die Goldsolreaktion und die Mastixreaktion durchgesetzt. Dazu kommt die in den romanischen Ländern gebräuchlichere Benzoereaktion. Wenn die Laboratoriumsverhältnisse es irgend zulassen, sollten stets 2 Kolloidreaktionen nebeneinander angesetzt werden. Die Goldsolreaktion ist im allgemeinen empfindlicher als die Mastixreaktion, während die Mastixreaktion (wir wenden sie in Form der Normomastixreaktion nach Kafka an) bei starken Ausfällen unseres Erachtens eine feinere Differenzierung gestattet als die Goldsolreaktion. Hieraus geht aber schon hervor, daß beide Reaktionen sich besonders gut gegenseitig ergänzen. Die Ein- und Zweiglasmethoden bleiben gegenüber diesen in Reihen angesetzten Kolloidreaktionen nur ein Notbehelf.

4. Die WaR., die immer mit steigenden Liquormengen (0,1 bis 1,0) ausgewertet werden sollte. Sehr gut bewährt hat sich uns als Ergänzung zur WaR. auch die Meinicke-Klärungsreaktion, die nicht selten noch Veränderungen anzeigt und damit wichtige diagnostische und wohl auch therapeutische Hinweise gibt, wenn die WaR. bereits negativ ist. Auch die Müllersche Ballungsreaktion verdient zweifellos als Ergänzung zur WaR. erwähnt zu werden. Sowohl die MKR. wie die MBR. zeigen neben der starken Empfindlichkeit einen hohen Grad von Spezifität.

Daß die WaR. im Serum nebst ein oder zwei weiteren Luesreaktionen einen unbedingt notwendigen Bestandteil einer jeglichen serologischen Untersuchung bei der Lues des Nervensystems bildet, ist selbstverständlich.

Weitere Liquoruntersuchungen als die genannten haben gewiß großes Interesse vom theoretischen Standpunkt der Liquorforschung aus, für die praktische Diagnose der Lues des Nervensystems spielen sie noch keine Rolle. So habe ich mich insbesondere von dem Wert laufender Zucker- und Chloridbestimmungen für die Diagnose der Neurosyphilis im Liquor nicht überzeugen können. Die Hämolysinreaktion und die anderen Methoden der Permeabilitätsprüfungen spielen bei praktisch-klinischen Fragestellungen kaum eine Rolle.

Schönfeld und Krey, Armuzzi u. a. berichten über Befunde von Spirochaeta pallida im Liquor bei Lues des Nervensystems. Unseres Erachtens liegen noch nicht genügend Nachprüfungen vor, um diese Befunde kritisch beurteilen zu können.

Gehen wir nunmehr zu praktisch klinischen Fragestellungen über, so steht im Vordergrund die Frage, wie weit wir berechtigt sind, aus serologischen Veränderungen diagnostische Schlüsse zu ziehen. Zunächst hat die serologische Untersuchung zur Klärung der Frage beizutragen, ob überhaupt eine Lues des Nervensystems vorliegt und ob die subjektiven und objektiven klinischen Krankheitserscheinungen mit der Lues in ursächlichem Zusammenhang stehen. Nach Möglichkeit soll uns die serologische Untersuchung aber auch einen Hinweis auf die Art des vorliegenden Krankheitsprozesses und auf das Stadium desselben, d. h. auf den jeweiligen pathologisch-anatomischen Zustand geben. Das Bild, das die serologischen Befunde von dem pathophysiologischen Geschehen vermitteln, stellt gleichzeitig einen wichtigen Beitrag für den Weg der einzuschlagenden Therapie und für die Kontrolle des therapeutischen Erfolges sowie für die Prognose dar.

Es braucht heute kaum mehr betont zu werden, daß die Blutuntersuchung allein für die Diagnose einer Lues des Nervensystems einen nur sehr beschränkten Wert hat. Erstens besagt ein positiver Blutbefund (WaR., MKR. u. a.) nur, daß der Kranke syphilitisch infiziert gewesen ist; er besagt aber nichts darüber, ob die zur Zeit vorhandenen Krankheitserscheinungen mit dieser syphilitischen Infektion in ursächlichem Zusammenhang stehen und ob überhaupt eine Lues des Nervensystems vorliegt. Andererseits gibt es sehr zahlreiche Fälle von Lues des Nervensystems, bei welchen die WaR. im Blut negativ ist. Bei jedem auch noch so geringen Verdacht auf eine Lues des Nervensystems ist daher eine Liquoruntersuchung dringend zu fordern. Aber auch die Bewertung der Liquoruntersuchung darf keineswegs schematisch erfolgen. Wenn man zeitweilig glaubte, aus einer „Lueszacke“ oder „Tabeszacke“ der Kolloidkurve schon die entsprechende Diagnose ableiten zu dürfen, so ist ein solcher Optimismus heute nicht mehr berechtigt. Andererseits haben wir es aber gelernt, den Liquorbefund in jedem einzelnen Falle viel weitgehender „funktionell-genetisch“ (Kafka) zu deuten.

Das am meisten charakteristische serologische Bild gibt immer noch die progressive Paralyse: Zellvermehrung, Eiweißvermehrung mit relativem und absolutem Überwiegen der Globuline (Eiweißquotient über 1,0), tiefer Ausfall der Kolloidreaktionen im Anfangsteil der Kurve („Paralysekurve“), stark positive WaR. im Blut und im Liquor (schon bei geringen Liquormengen).

Typischer Liquorbefund bei progressiver Paralyse:

Aussehen	klar
Druck	normal
Zellen	vermehrt (15/3—300/3)
Globulinreaktionen . . .	opal bis +

Eiweißrelation: Gesamteiweiß mäßig vermehrt
Globulin relativ stark vermehrt
Albumin wenig oder gar nicht vermehrt
Eiweißquotient über 1,0

Kolloidreaktionen . . .	„Paralysekurve“
WaR. 0,2—1,0	stark positiv
Hämolysinreaktion . . .	stark positiv

Beispiel:

Globulin-reakt.	Eiweißrelation				Zellen	Kolloid-kurven	WaR. im Liquor		WaR. im Blut
	Ges.-Eiw.	Glo-bulin	Albu-min	Eiw.-Quot.			0,2	1,0	
Opal/+ .	2,8	1,8	1,0	1,8	35/3	Abb. 1 u. 2	stark pos.	stark pos.	stark pos.

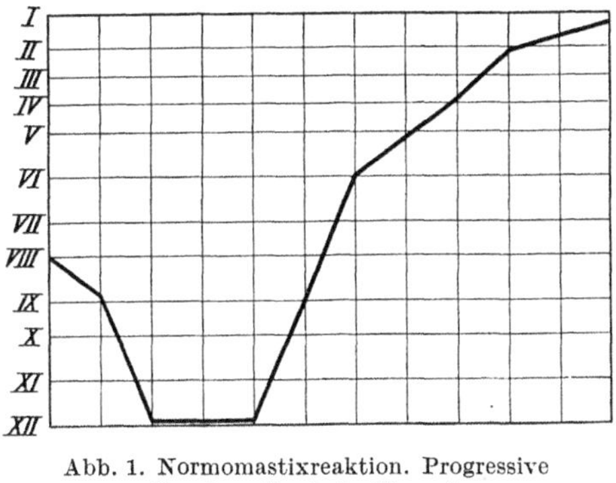

Abb. 1. Normomastixreaktion. Progressive Paralyse (typische Kurve).

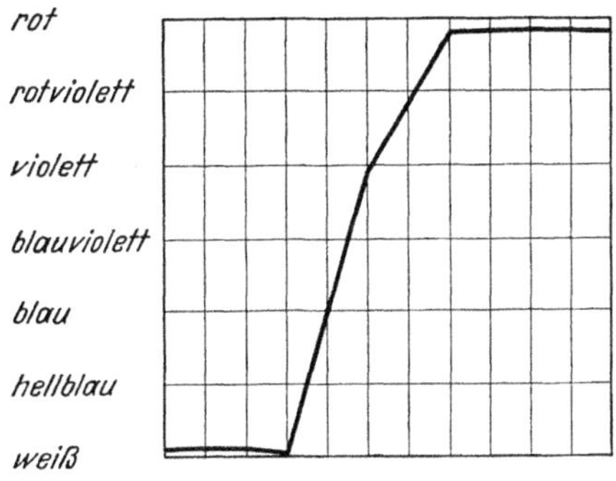

Abb. 2. Goldsolreaktion. Progressive Paralyse (typische Kurve).

Sehr hohe Zellzahlen (über 300/3 Zellen) sowie normale Zellwerte kommen auch bei unbehandelten Paralysen vor, sind jedoch selten. Eine negative WaR. im Blut ist bei der progressiven Paralyse nicht ganz selten, besonders wenn die Kranken intensiv spezifisch behandelt worden sind. Dagegen ist eine negative WaR. im Liquor außerordentlich selten. Daß aber auch solche Fälle vorkommen, hat Saethre kürzlich an einem Fall gezeigt, bei welchem die Diagnose Paralyse auch anatomisch bestätigt werden konnte. Am meisten charakteristisch für das Liquorsyndrom der Paralyse ist der hohe Eiweißquotient und die typische Kolloidkurve. Die

Eiweißvermehrung bei der Paralyse beruht vorwiegend auf einer Vermehrung der Globuline. Die Albumine sind nur wenig oder gar nicht vermehrt. Sie können sogar vermindert sein oder ganz fehlen (Albumindefizit nach Riebeling). Das Fehlen der Albuminvermehrung zeigt, daß die Erhöhung der Permabilität der Blutliquorschranke sich kaum (Kafka) oder jedenfalls nicht in gleicher Weise wie auf die Krystalloide auch auf die Eiweißkörper beziehen kann, da sonst auch die Albumine stärker vermehrt sein müßten. Offenbar handelt es sich bei den Globulinen des Paralyseliquors um Eiweißkörper, die direkt aus dem Zentralnervensystem stammen. Wir wissen nach Kafka, daß das Paralyseglobulin einen besonders hohen Euglobulingehalt zeigt, doch bleibt es weiteren Untersuchungen vorbehalten, die in vieler Beziehung außerordentlich interessante Natur der Paralyseglobuline weiter zu klären. Welche große praktische Bedeutung diese Fragen haben, zeigen bereits die Beziehungen der Eiweißrelation zu den Kolloidreaktionen. Samson konnte zeigen, daß das Paralyseglobulin ganz besonders stark kolloidfällende Eigenschaften hat und daß es sich in dieser Beziehung von den bei anderen Krankheiten im Liquor auftretenden Globulinen unterscheidet. Es ist nicht nur das Fehlen genügender schützender Albumine, das die typische Paralysekurve bedingt, sondern vor allem die stark fällende Eigenschaft des Paralyseglobulins, welche die tiefen Ausfälle im Anfangsteil der Kurve verursacht.

Aber beides — sowohl der hohe Eiweißquotient wie die „Paralysekurve“ — sind nicht unbedingt pathognomonisch für eine progressive Paralyse. Es gibt auch Paralysen mit einem nichtmaximalen Ausfall der Kolloidkurven. Vor allem aber können auch bei anderen, auch nichtluischen Krankheiten des Nervensystems „Paralysekurven“ vorkommen, so insbesondere bei der multiplen Sklerose, bei der Pachymeningitis haemorrhagica, bei gewissen Tumoren, in bestimmten Stadien von Meningitiden u. a. Dabei neigt nach unseren Erfahrungen die Goldsolreaktion viel mehr zu derartigen unspezifischen Paralysekurven als die Mastixreaktion. Von Krankheiten, bei denen sich besonders häufig ein hoher Eiweißquotient findet, seien vor allem die Pachymeningitis haemorrhagica und die Meningitis sympathica genannt. Erst die positive WaR. im Liquor vervollständigt, im Verein mit dem klinischen Befund, das Bild der Paralyse.

Eine andere Frage ist die, wie man sich zu Krankheitsbildern luischer Genese (Tabes, Lues cerebri) stellen soll, die klinisch keine Anzeichen einer Paralyse bieten, im Liquor aber das vollausgeprägte Syndrom der Paralyse zeigen. Daß eine Lues cerebri gelegentlich ein paralytisches Liquorsyndrom zeigen kann, ohne daß eine Paralyse vorliegt, ist sicher, und unsere Indikationsstellung zur Therapie bei einer vasculären, meningitischen oder gummösen Form der Lues cerebri braucht sich durch eine Paralysekurve im Liquor oder einen hohen Eiweißquotienten nicht beeinflussen zu lassen. Anders verhält es sich bei der Tabes. Zeigt ein Tabiker ein für Paralyse charakteristisches Liquorsyndrom, so besteht meines Erachtens in jedem Falle wenigstens der dringende Verdacht, daß neben der Tabes eine Paralyse in Entwicklung begriffen ist und die Indikation zur Fieberbehandlung ist damit gegeben. Dasselbe gilt für Kranke mit einer Lues latens oder einer Lues der inneren Organe (Aortitis) und paralytischem Liquorbefund. Auch hier muß mit der Wahrscheinlichkeit gerechnet werden, daß ein beginnender paralytischer Prozeß vorliegt. Gerade diese Fälle bilden meines Erachtens die allerwichtigste Indikation zur Malariakur (insofern der Befund an den inneren Organen eine solche zuläßt), denn die Prognose der beginnenden („latenten") Paralyse, bei der klinische Erscheinungen noch nicht aufgetreten sind, ist naturgemäß weit besser, als wenn auch klinisch schon das ausgeprägte Bild einer Paralyse besteht.

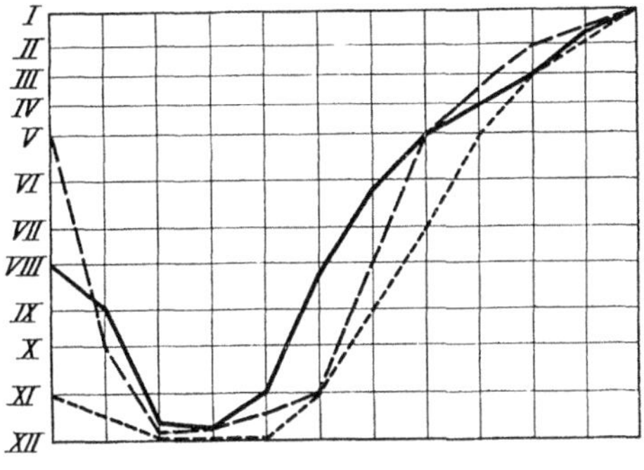

Abb. 3. Normomastixreaktion. Serologisches Syndrom der Paralyse ohne entsprechende klinische Erscheinungen.

Nr.	Globulin-reakt.	Eiweißrelation				Zellen	WaR. im Liquor		WaR. im Blut	Normo-mastix-kurve Abb. 3
		Gesamt-Eiweiß	Globulin	Albumin	Eiweiß-quotient		0,2	1,0		
1	+	2,4	1,2	1,2	1,00	120/3	++	+++	+++	———
2	+	2,1	1,5	0,6	2,50	240/3	++	+++	+++	— — - -
3	+/++	3,0	1,6	1,4	1,14	195/3	+++	+++	θ	- - - - -

1. Lues cerebri. Endarteriitis syphilitica mit Erweichung im Pons (autoptisch bestätigt; auch anatomisch keine Paralyse). — 2. Tabes dorsalis ohne klinische Erscheinungen einer Paralyse. Malariakur, danach wesentliche Besserung des

Liquorbildes. — 3. Aortitis luica ohne klinische Erscheinungen einer progressiven Paralyse.

Die spezifische Behandlung übt auf den Liquorbefund bei der Paralyse in der Regel keinen nennenswerten Einfluß aus. Nur die WaR. im Blut wird unter dem Einfluß der spezifischen Therapie nicht selten negativ.

Dagegen hat bekanntlich die unspezifische Therapie in der Mehrzahl der Fälle einen weitgehenden Einfluß auf das humorale Bild der Paralyse. Da seit der Einführung der Malariatherapie durch Wagner von Jauregg bereits mehr als 15 Jahre verflossen sind, liegt bereits eine Reihe wertvoller Untersuchungen vor, die das humorale Bild der Paralyse systematisch über viele Jahre verfolgen. Unsere eigenen Erfahrungen decken sich im wesentlichen mit denen anderer Autoren: Dattner, Kafka und Kirschbaum, Plaut u. a. Die Rückbildung des humoralen Bildes der Paralyse erfolgt nicht in gesetzmäßig bestimmter Reihenfolge.

Die erste Veränderung im Liquorbild nach Abschluß einer Malariakur bildet in der Regel ein starker Rückgang der Pleocytose. Auch qualitativ ändert sich das Zellbild: die Plasmazellen schwinden, man findet nur noch kleine Lymphocyten. Auch die Kolloidreaktionen können schon bald nach Abschluß der Fieberkur einen Rückgang zeigen. Ein völliger Rückgang zur Norm braucht allerdings meist mehrere Jahre, nicht ganz selten bleibt eine kleine Zacke trotz guter klinischer Remission als „Narbensymptom" (d. h. als Ausdruck der auch anatomisch verbleibenden Veränderungen) dauernd bestehen.

Die WaR. kann im Liquor rascher negativ werden als im Blut. Der Rückgang vollzieht sich allmählich in dem Sinne, daß die WaR. bei den höheren Liquorkonzentrationen noch positiv sein kann, während sie bei geringen Liquormengen (0,2) schon negativ ist. Die Müllersche Ballungsreaktion soll sich länger positiv halten als die WaR.

Am längsten hält sich in der Regel die Eiweißvermehrung im Liquor. Es können sowohl die Globuline als auch die Albumine isoliert oder gemeinsam noch vermehrt sein, wenn bereits alle anderen Reaktionen zur Norm zurückgekehrt sind.

Auch die Durchlässigkeit der Blutliquorschranke wird durch die Fieberbehandlung stark beeinflußt. Sie ist bei der unbehandelten Paralyse fast stets erhöht, steigt während des Fiebers noch weiter an, um nach Abschluß der Fieberkur recht rasch zur Norm abzusinken.

Beispiel:

Datum	Globulin-reakt.	Eiweißrelation				Zellen	WaR. im Liquor			WaR. im Blut	Normo-mastix-kurve Abb. 4
		Gesamt-Eiweiß (1,0)	Globulin (0,2)	Albumin (0,8)	Eiweiß-quotient (0,25)		0,2	0,5	1,0		
I. 1930	+	2,1	1,3	0,8	1,62	29/3	+++	+++	+++	+++	———
IV. 1930	(+)	1,8	0,8	1,0	0,8	7/3	θ	+++	++	+++	- - - - -
III. 1931	opal	2,2	0,8	1,4	0,57	5/3	θ	θ	+++	+++	- - - - - - -
XII. 1931	(opal)	1,2	0,5	0,7	0,71	1/3	θ	θ	+++	+++	-·-·-·-
V. 1932	Spur	1,0	0,4	0,6	0,67	1/3	θ	θ	+++	+++	·········
II. 1933	θ	1,0	0,3	0,7	0,43	1/3	θ	θ	θ	(+)	———

20. I. 1930. Vor der Kur: Somatisch o. B. Silbenstolpern. Psychisch: Kritikschwach, reizbar, uneinsichtig. Merkfähigkeit schlecht. Malariakur im Februar 1930. Nach der Kur langsame Besserung. Seit Ende 1931 wieder sozial brauchbar, etwas affektlabil.

Die prognostische Bedeutung des humoralen Syndroms der Paralyse nach einer Fieberkur schien zunächst nicht allzu groß zu sein: neben guten klinischen Besserungen, die mit einer weitgehenden Remission des Liquorbildes einhergingen, sah man Fälle, bei denen trotz guter klinischer Remission das Liquorsyndrom der Paralyse nahezu unverändert blieb, und auf der anderen Seite wiederum Fälle, bei denen trotz Sanierung von Blut und Liquor das klinische Bild durch die Therapie unbeeinflußt schien.

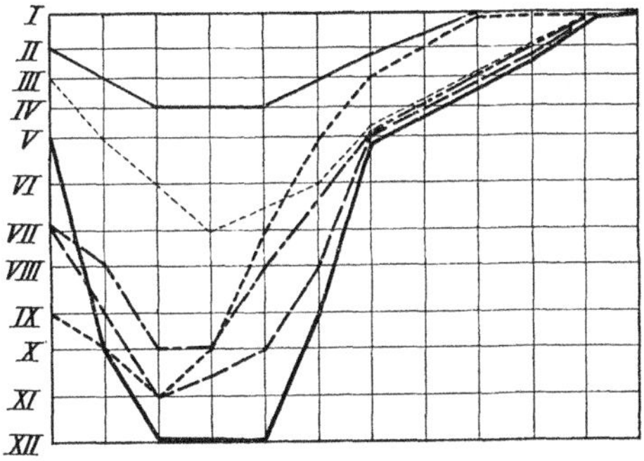

Abb. 4. Normomastixreaktion. Progressive Paralyse nach Malariabehandlung (klinisch gute Remission).

Diese scheinbaren Gegensätze zwischen klinischer und humoraler Besserung haben sich inzwischen weitgehend aufgeklärt. Wenn man in bezug auf den „Erfolg der Therapie“ unterscheidet zwischen dem Stationärwerden des an sich progredienten paralytischen Prozesses im Gehirn und dem Erfolg im praktisch-klinischen Sinne, d. h. einer merklichen Besserung der Krankheitssymptome, so findet sich ein weitgehender Parallelismus zwischen dem „Erfolg“ in ersterem Sinne und der humoralen Besserung. Da die klinische Besserung meist rascher eintritt als die humorale

Sanierung, hat Dattner sehr treffend statt von Parallelismus besser von einer „Konvergenz“ der Befunde gesprochen. Eine völlige Rückkehr des Liquorbildes zur Norm ist überhaupt selten, geringe Verschiebungen der Eiweißrelation und eine kleine Kolloidzacke bleiben oft dauernd bestehen. Die Rückbildung des humoralen Syndroms bedeutet aber jedenfalls, daß der paralytische Krankheitsprozeß im Gehirn zum Stillstand gekommen ist.

Bleibt aber (auch bei weitgehender klinischer Besserung) das humorale Bild durch die Fieberkur unbeeinflußt oder geht es nur unbedeutend zurück, so ist die Gefahr eines Rezidivs sehr groß. Wir haben unter unseren Kranken keinen Fall gesehen, der bei unverändertem serologischen Befund dauernd gut blieb. Auch das Wiederpositivwerden negativ gewordener Befunde, insbesondere ein Wiederanstieg der Zellzahl, ist stets als ernstes Warnungszeichen zu werten (Dattner). Hieraus ergibt sich die praktische Konsequenz, daß Kranke, bei denen der humorale Befund nach einer Fieberkur innerhalb eines halben bis eines Jahres sich nicht wesentlich bessert oder bei denen es zu einer erneuten Verschlechterung eines bereits gebesserten humoralen Befundes kommt, einer sehr genauen Beaufsichtigung bedürfen, zumal wenn sie in einem verantwortungsreichen Beruf stehen. Auch ergibt sich aus diesen Beobachtungen die dringende Notwendigkeit von Nachkontrollen des Liquors nach einer Malariakur. Die Nachuntersuchungen werden zweckmäßigerweise nach Abschluß der der Fieberkur folgenden spezifischen Behandlung und dann zunächst in halbjährlichen und später in jährlichen Abständen vorgenommen.

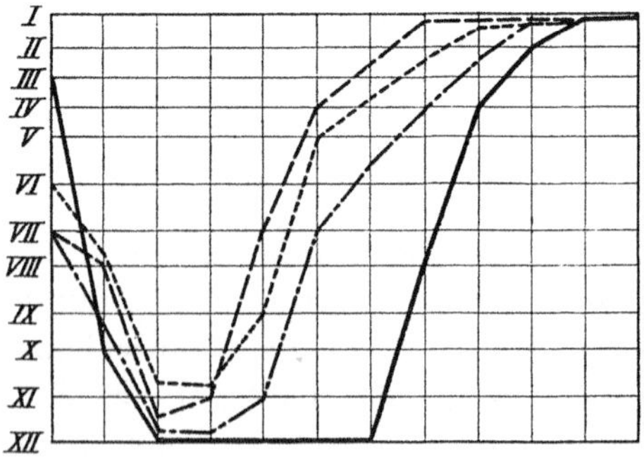

Abb. 5. Normomastixreaktion. Progressive Paralyse nach Malariabehandlung (klinisch: anfangs Besserung: Rezidiv).

Beispiel: Kaufmann, 43 Jahre alt, kritiklos, euphorisch, leichte Größenideen. Körperlich: Pupillenstörungen, verwaschene Sprache. Im Januar 1930 Malariakur. Rückgang der Zellzahl. Klinisch wesentliche Besserung, der Kranke geht seinem kaufmännischen Geschäft wieder nach. Im Juni 1931 bei guter klinischer Remission Wiederanstieg der Zellzahl, noch typisch paralytischer Liquorbefund. Im November 1931 klinisch Rezidiv mit Größenideen. Zweite Malariakur erfolglos. Dauernd anstaltsbedürftig.

Liquor- und Blutbefunde.

Datum	Globulinreakt.	Eiweißrelation				Zellen	WaR. im Liquor		WaR. im Blut	Normomastixkurve Abb. 5
		Gesamt-Eiweiß (1,0)	Globulin (0,2)	Albumin (0,8)	Eiweißquotient (0,25)		0,2	1,0		
5. I. 1929	+	2,2	1,2	1,0	1,20	77/3	+++	+++	+++	———
5. II. 1930	(+)	2,0	0,4	0,6	2,33	3/3	+++	+++	+++	-·-·-·
16. VI. 1931	(+)	1,4	0,8	0,6	1,33	28/3	θ	+++	+++	— — —
9. II. 1931	(+)	1,2	0,8	0,4	2,00	12/3	θ	+++	+++	} - - - - -
26. I. 1932	(+)	1,2	0,7	0,5	1,40	2/3	θ	θ	+++	

Neben der praktischen Bedeutung, welche die Liquoruntersuchung nach einer Fieberbehandlung der Paralyse hat und die vorwiegend prognostischer Natur ist, sind fortlaufende Untersuchungen des Liquors auch geeignet, unsere Vorstellungen von der Wirkungsweise der Malariakur zu vertiefen. Hier sei vor allem der Untersuchungen von Jacobowsky gedacht, der fortlaufende Kontrollen, auch während der Malariakur, gemacht hat. Er fand vor allem eine Herabsetzung des Refraktometerindexes; ferner im Rahmen einer Verminderung der Gesamtelektrolyte eine Verminderung der Chloride im Liquor, die anscheinend mit einer Verminderung der Serumchloride parallel ging; schließlich eine leichte Vermehrung des Liquorzuckers und des Reststickstoffes, während das Gesamteiweiß vermindert war. Am stärksten waren die genannten Erscheinungen 2—8 Stunden nach dem Fiebermaximum ausgeprägt. Die Befunde von Jacobowsky sprechen im Verein mit den Ergebnissen von Donath und Heilig und von Wiechmann (Vermehrung des Aminostickstoffes), von Hoff und Silberstein (Anstieg des opsonischen Index), von Pfeiffer (Auftreten von Fermenten), von Kafka (qualitative Veränderung der Globuline) gegen die Wirkung einer besonderen Malariameningitis, sowie gegen die Annahme, daß eine Permeabilitätserhöhung das wirksame Prinzip der Malariakur sei (Kral und Vonkennel). Wie weit die Annahme von Wiechmann, daß es sich bei der Malariawirkung um eine Herdreaktion im Zentralnervensystem handelt, zutrifft, mag dahingestellt bleiben. Nach Wiechmann ist die Vermehrung des Aminostickstoffes im Liquor durch Abbau von Zellsubstanz bedingt und die von ihm gefundene Zuckerverminderung führt er auf den erhöhten Zuckerverbrauch des aktivierten entzündlichen Gewebes zurück. Jacobowsky und Kafka konnten allerdings die Verminderung des Liquorzuckers im Malariafieber nicht bestätigen, sondern fanden eher eine leichte Zuckervermehrung. Zusammenfassend müssen wir auch heute noch mit Kafka sagen, das „durch das Malariafieber intensive Kraftäußerungen in der Cerebrospinalflüssigkeit ausgelöst werden, die wir bei anderen Fieberzuständen nicht beobachten können“ (Wiechmann). Das wirksame Prinzip der Recurrenstherapie ist offenbar ein ganz anderes: wie aus den Untersuchungen von Plaut und Steiner, von Jahnel und von Weichbrodt hervorgeht, löst die Infektion mit Recurrensspirochäten eine Recurrensmeningitis aus, wobei Recurrensspirochäten in den Liquor und in das Zentralnervensystem eindringen und im Liquor Antikörper erscheinen.

Die Wirkungsweise der Malaria auf das humorale Bild der Paralyse ist jedenfalls ein ganz anderes als bei anderen Fieberarten. Auch hierin müssen wir einen Hinweis auf die besonders gute klinische Wirkung gerade der Malaria sehen.

Für die Tabes dorsalis als solche gibt es kein „typisches“ humorales Syndrom wie bei der Paralyse. Entsprechend der Verschiedenartigkeit des klinischen Verlaufes und des anatomischen Geschehens ist auch das humorale Bild in den verschiedenen Phasen der Krankheit sehr wechselnd. Von akut entzündlichen Bildern mit stärkerer Pleocytose über das früher als typisch für die Tabes angesprochene Bild einer mehr chronisch-syphilitischen Liquorveränderung finden sich alle Übergänge zu völlig normalen Befunden einerseits und zu dem Liquorsyndrom der Paralyse andererseits. Wir können nicht erwarten, daß ein bestimmtes Liquorsyndrom einem bestimmten klinisch-symptomatischen Bild der Tabes entspricht. Wohl aber vermittelt uns der Liquorbefund Aufschlüsse über das jeweilige anatomische Zustandsbild und gibt uns damit wichtige Hinweise für die einzuschlagende Therapie.

Bei völlig negativem Liquorbefund kann in den meisten Fällen damit gerechnet werden, daß der Krankheitsprozeß zum Stillstand gekommen ist. Daraus ergibt sich die Zwecklosigkeit einer eingreifenden spezifischen Therapie in solchen Fällen. Dagegen wird unter Umständen auch bei negativem Liquorbefund eine Fieberbehandlung angezeigt sein können, wenn die subjektiven Symptome es erfordern (starke lanzinierende Schmerzen, bei denen der Liquorbefund sehr oft negativ ist, u. a.).

Am häufigsten findet sich bei der Tabes folgendes Liquorsyndrom:

Zellen	mäßig vermehrt (15/3—200/3), meist kleine Lymphocyten	
Globulinreaktionen	opal bis +	
Eiweißrelation	Gesamteiweiß . . .	mäßig vermehrt
	Globulin	mäßig vermehrt
	Albumin	wenig vermehrt
	Eiweißquotient . .	0,5—1,0
Kolloidreaktionen	unvollständiger Ausfall im Anfangsteil der Kurve	
WaR. im Liquor: 0,2 . .	θ bis stark positiv	
1,0 . .	stark positiv	
WaR. im Blut	negativ bis stark positiv	

Bei einem solchen Befund sollte nach unseren Erfahrungen stets der Versuch einer spezifischen Therapie gemacht werden. Geht der Liquorbefund zurück, so sollten in gewissen Abständen spezifische Kuren wiederholt werden, bis wenigstens die Zellzahl zur Norm zurückgekehrt und möglichst auch die WaR. negativ geworden ist. Nehmen dagegen die Liquorveränderungen trotz spezifischer Behandlung weiter zu, so ist stets eine Fieberbehandlung in Erwägung zu ziehen, wenn auch die Indikation zur Fieberbehandlung bei diesen Fällen nicht so absolut besteht wie bei der Paralyse, insbesondere kommen bei der Tabes auch die milderen Formen der Fieberbehandlung in Betracht.

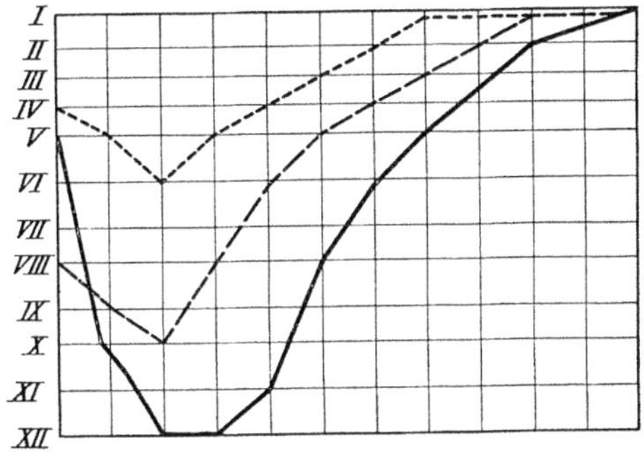

Abb. 6. Normomastixreaktion. Tabes dorsalis mit „paralytischem" Liquorsyndrom. Malariakur.

Eine nahezu absolute Indikation zur Fieberbehandlung bilden unseres Erachtens aber die Fälle von Tabes mit „paralytischem" Liquorsyndrom. Hier muß stets mit der Möglichkeit gerechnet werden, daß eine schleichende Paralyse in Entwicklung begriffen ist.

Datum	Globulin-reakt.	Eiweißrelation				Zellen	WaR. im Liquor		WaR. im Blut	Normo-mastix-kurve Abb. 6
		Gesamt-Eiweiß (1,0)	Globulin (0,2)	Albumin (0,8)	Eiweiß-quotient (0,25)		0,2	1,0		
6. VI. 1933	+	2,1	1,5	0,6	2,50	240/3	+++	+++	+++	———
5. X. 1933	opal	1,8	0,8	1,0	0,8	4/3	+	+++	+++	- - - - -
5. I. 1935	Spur opal	1,2	0,4	0,8	0,5	2/3	θ	θ	θ	·········

Wie günstig diese Fälle auf die Malariakur ansprechen können, zeigt folgendes Beispiel (Liquorbefund S. 147).

Typische Tabes dorsalis mit „paralytischem" Liquor ohne klinische Erscheinungen einer Paralyse. Malariakur. Die Symptome der Tabes unverändert. Im Liquor weitgehende Besserung bis zu fast normalen Werten.

Den wichtigsten Hinweis auf das jeweilige anatomische Geschehen, d. h. auf den Krankheits*prozeß* bildet die Zellzahl und in zweiter Linie wohl auch die WaR. So sehen wir bei allen stationären Fällen meist normale Zellwerte und negative WaR. Dagegen können eine Eiweißvermehrung und ein sogar recht tiefer Ausfall der Kolloidkurve auch bei völlig stationären Fällen als „Narbensymptom" auf lange Zeit, vielleicht auf die Dauer bestehen bleiben. Wie weit auch eine positive MKR. als ein solches „Narbensymptom" bestehen bleiben kann, müssen weitere Beobachtungen lehren.

Zeigen somit schon die Liquorbefunde bei der Tabes den praktischen Wert einer funktionell-genetischen Betrachtungsweise, so gilt dieses in noch viel stärkerem Maße für die verschiedenen Formen der *Lues cerebrospinalis*. Sowohl die jeweilige Form der Lues, die Akuität des Prozesses, wie auch seine Lokalisation wirken sich auf das Liquorbild aus.

So zeigen die Fälle von *akuter syphilitischer Cerebrospinalmeningitis* die charakteristischen Liquorveränderungen der akuten Meningitis in Kombination mit den typischen syphilitischen Veränderungen. Differentialdiagnostisch kommen eigentlich nur jene seltenen Fälle von Lues latens in Frage, die ich am Anfang meines Referates erwähnt habe, bei denen anläßlich einer akuten Meningitis Luesreagine in das Liquorsystem übertreten. Es gibt aber auch vereinzelte Fälle von akuter syphilitischer Meningitis, bei denen die WaR. im Liquor (jedenfalls bei einmaliger Untersuchung) negativ ist. Es sollte daher bei jedem ätiologisch (bakteriologisch) nicht

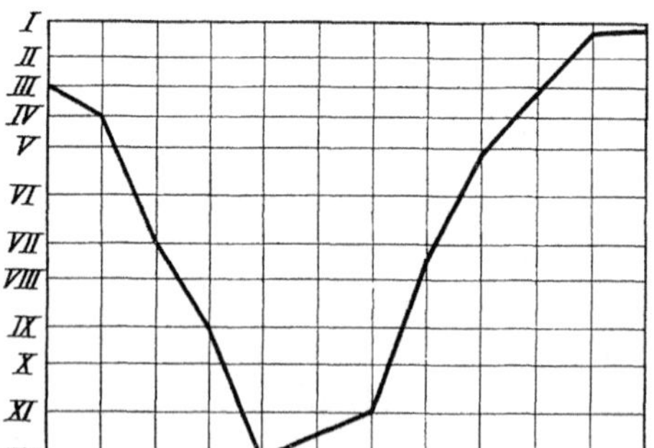

Abb. 7. Normomastixreaktion. Meningitis syphilitica acuta.

ganz geklärten Fall von akuter Meningitis bei jeder Punktion auch die WaR. im Liquor angestellt werden.

Meningitis syphilitica acuta.

Aussehen	Globulinreakt.	Eiweißrelation				Zellen	WaR. im Liquor		WaR. im Blut	Normomastixkurve
		Gesamt-Eiweiß (1,0)	Globulin (0,21)	Albumin (0,8)	Eiweißquotient (0,25)		0,2	1,0		
Trübe	++	3,0	1,1	1,9	0,58	1300/3	+++	++	+++	Abb. 7

Die Endarteriitis syphilitica führt zu sehr ähnlichen Liquorveränderungen wie die Tabes, so daß auf das dort Gesagte verwiesen werden kann. Nur pflegt bei den frischen Fällen die meningitische Beteiligung oft stärker und damit auch die Pleocytose höher zu sein als bei der Tabes. Die Kolloidkurve zeigt in der Regel, ebenso wie bei der Tabes, einen unvollkommenen Ausfall im Anfangsteil der Kurve („Lueszacke", die jedoch keineswegs pathognomonisch für eine Lues ist!!).

Frische Endarteriitis syphilitica.

Globulinreakt.	Eiweißrelation				Zellen	WaR. im Liquor		WaR. im Blut	Normomastixkurve
	Gesamt-Eiweiß (1,0)	Globulin (0,2)	Albumin (0,8)	Eiweißquotient (0,25)		0,2	1,0		
Opal/+	2,5	1,0	1,5	0,67	278/3	θ	+++	+++	Abb. 8

Auch bei der Endarteriitis syphilitica finden sich alle Übergänge zu normalen und zu „paralytischen" Liquorbefunden. Während die spezifischen Luesreaktionen vor allem zur differential-diagnostischen Klärung der Frage beitragen, ob es sich überhaupt um einen syphilitischen zentralnervösen Prozeß handelt, bildet auch bei der Gefäßlues des Zentralnervensystems die Zellzahl den wichtigsten Hinweis auf die Akuität des Prozesses. Die einzuschlagende Therapie wird von der Zellzahl, der Eiweißrelation und Kolloidkurve in ihrer Gesamtheit bestimmt. Je mehr sich das Liquorsyndrom dem Syndrom der Paralyse nähert, um so mehr ist eine Fieberbehandlung in Erwägung zu ziehen. Bei völlig

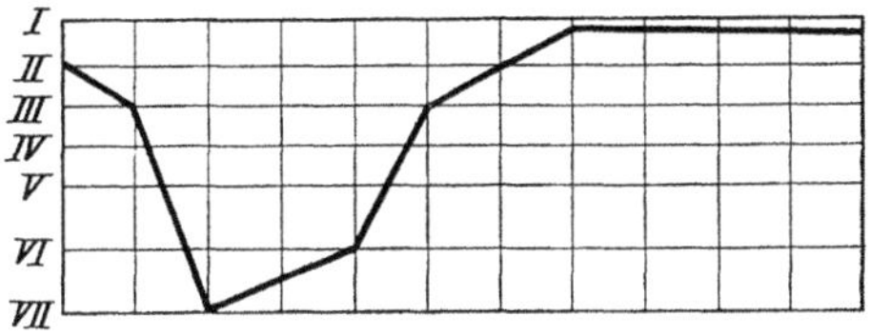

Abb. 8. Normomastixreaktion. Endarteriitis syphilitica.

normalen Liquorbefunden handelt es sich um alte abgelaufene Prozesse, die keine Behandlung mehr erfordern.

Bei cerebralen und spinalen Gummen sind die Liquorveränderungen erstens durch den luischen Prozeß als solchen und zweitens durch die raumbeschränkende Wirkung desselben bedingt. Wir finden also neben positiver WaR. und Zellvermehrung eine Eiweißvermehrung und Kolloidkurve, die je nach dem Sitz und der Größe der Gummen sehr verschiedenes Gepräge tragen können. Mit gewissen Einschränkungen gilt für diese Veränderungen dasselbe, was ich auf der letzten Versammlung unserer Gesellschaft in München über die Liquorveränderungen bei Hirntumoren ausführen konnte: die Veränderungen sind um so stärker, je mehr Beziehungen der Tumor zum Liquorsystem hat. Ein intracerebrales Gumma bedingt wie ein Tumor gleichen Sitzes in der Regel nur eine mäßige Eiweißvermehrung und einen geringen Ausfall der Mastixkurve, während ein Gumma, das den Liquorabschluß behindert, das Kompressionssyndrom in mehr oder weniger starker Ausprägung zeigen wird.

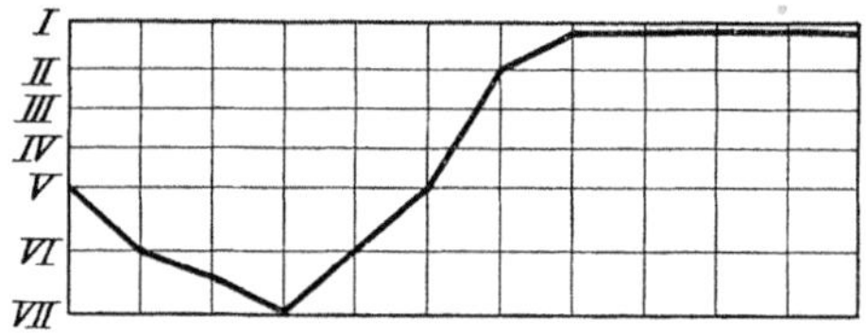

Abb. 9. Normomastixreaktion. Gummi im Schläfenhirn.

Liquorbefund bei einem alten Gumma im Schläfenhirn.

Globulinreakt.	Eiweißrelation				Zellen	WaR. im Liquor		WaR. im Blut	Normomastixkurve
	Gesamt-Eiweiß (1,0)	Globulin (0,2)	Albumin (0,8)	Eiweißquotient (0,25)		0,2	1,0		
opal	2,0	0,8	1,2	0,67	35/3	θ	θ	+++	Abb. 9

Dasselbe gilt auch für gummöse Prozesse am Rückenmark, nur daß hier bei Gummen, die die Liquorpassage verlegen, das Kompressionssyndrom noch stärker ausgeprägt ist und durch den Vergleich zwischen Cysternen- und Lumballiquor besonders deutlich in Erscheinung tritt.

Gummöse Pachymeningitis cervicalis.

	Globulinreakt.	Eiweißrelation				Zellen	WaR. im Liquor		WaR. im Blut	Normomastixkurve Abb. 10
		Gesamt-Eiweiß (1,0)	Globulin (0,2)	Albumin (0,8)	Eiweißquotient (0,25)		0,2	1,0		
Cysternal	θ	1,0	0,2	0,8	0,25	2/3	θ	+++	θ	———
Lumbal	+	2,1	0,9	1,2	0,75	10/3	θ	+++	θ	- - - - -

Von größter Bedeutung für die Klinik und Pathologie der Lues des Nervensystems sind naturgemäß die serologischen, speziell die Liquorbefunde zu einer Zeit, in der noch keine Erscheinungen von seiten des Nervensystems bestehen, d. h. bei der Frühsyphilis und in der sogenannten Spätlatenz. Schon Ravaut, Widal und Sicard konnten zeigen, daß bereits bald nach der Infektion Liquorveränderungen auftreten können. Mills fand bei primärer Lues in 8,83% seiner Fälle eine positive WaR. im Liquor. Zu ähnlichen Resultaten kamen Fleischmann, Zurhelle und Krechel. Brandweiner, Müller und Schacherl sahen bereits in der 4. Woche nach der Infektion eine Zellvermehrung. Der Pleocytose folgt meist eine Eiweißvermehrung mit entsprechendem Ausfall der Kolloidkurve. Erheblich häufiger finden sich Liquorveränderungen bei sekundärer Lues. Die Prozentzahlen der einzelnen Untersucher schwanken sehr stark (Schönfeld 28%, Fleischmann 85%). Dieses mag mit der Auswahl der Kranken und wohl auch mit der vorhergegangenen Therapie zusammenhängen. Die umfangreichen Untersuchungen, die die Wiener Kliniker (Finger, Kyrle, Wagner-Jauregg) gesammelt haben und die sich auf ein sehr großes Liquormaterial stützen, hat Dattner vom Standpunkt des Neurologen und Psychiaters eingehend bearbeitet.

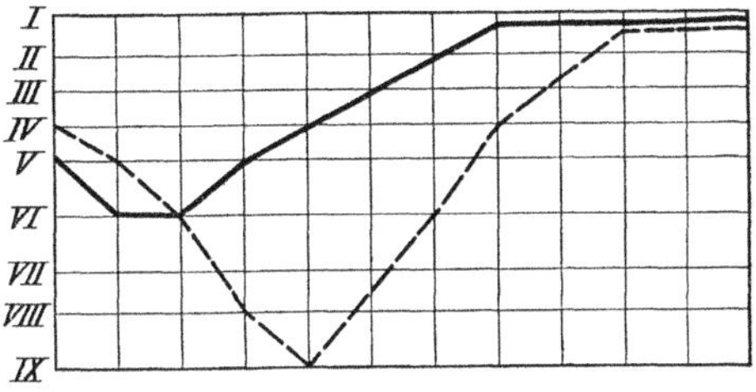

Abb. 10. Normomastixreaktion. Gummöse Pachymeningitis cervicalis.

Zusammenfassend läßt sich sagen, daß die positiven Liquorbefunde im Frühstadium der Krankheit an Zahl und Stärke zunehmen, 8—10 Monate nach der Infektion ihr Maximum erreichen um dann wieder abzusinken. Abgesehen von gelegentlich auftretenden Kopfschmerzen gehen diese Liquorveränderungen in dem Frühstadium der Syphilis in der Regel nicht mit klinischen Erscheinungen einher. (Auf das Vorkommen akuter syphilitischer Meningitiden im Sekundärstadium sei nur kurz hingewiesen.) Finger und Kyrle sahen an ihrem sehr großen Material nach Ablauf des 3. Jahres nach der Infektion keine Liquorveränderungen mehr neu auftreten, wenn der Liquor bis dahin negativ geblieben war. Die Beobachtung von Mras — 10 Jahre nach der Infektion aufgetretene Liquorveränderungen — bildet eine extreme Seltenheit. Wir stimmen jedenfalls mit Dattner darin überein, daß ein 3—5 Jahre nach der Infektion erhobener negativer Liquorbefund mit allergrößter Wahrscheinlichkeit negativ bleiben wird. Diese Feststellung hat insofern eine sehr große praktische Bedeutung, als sie besagt, daß die entscheidende Punktion, die über die Notwendigkeit einer weiteren Behandlung einer „Liquorlues" zu entscheiden hat, im 4. bis 5. Jahre nach der Infektion vorgenommen werden soll.

Daß im Frühstadium der Lues aufgetretene Liquorveränderungen von selbst oder unter dem Einfluß der angewandten Therapie jederzeit wieder schwinden können („sekundär negativer Liquor" nach Dreyfus), hat schon Ravaut nachgewiesen. Je länger der Liquor aber positiv bleibt, um so geringer werden die Aussichten auf ein Negativwerden desselben. Wie die Untersuchungen von Finger, Kyrle, Mras, Mucha und Satke u. a. zeigen, nimmt die Sanierbarkeit des Liquors durch eine spezifische Therapie von Jahr zu Jahr ab, und 10—20 Jahre nach der Infektion gelingt sie nur noch ausnahmsweise. Nach Fuchs, Moore und Hopkins, Wittgenstein, Dattner u. a. neigen Kranke mit positivem Liquor in der Spätlatenz aber in besonderem Maße auch zu einer syphilitischen oder „metasyphilitischen" Erkrankung des Nervensystems. Solche Kranke bedürfen daher einer ständigen Kontrolle, zumal wenn sie in verantwortungsreichen Berufen arbeiten. In jedem Einzelfall ist auch die Frage einer eventuell vorzunehmenden Fieberbehandlung genauestens zu prüfen.

Unter „positivem Liquor in der Spätlatenz" verstehen wir hierbei einen Liquorbefund mit Pleocytose, Eiweißvermehrung, Kolloidzacke und positiver WaR. Eine geringe Eiweißvermehrung mit mäßigem Kolloidausfall, auch eine positive MKR. sind nicht als „positiv" in diesem Sinne zu werten. Geringe Veränderungen dieser Art finden sich sehr häufig bei Kranken, die früher eine Lues durchgemacht haben, als „Narbensymptom", ohne daß irgendwelche krankhafte Erscheinungen von seiten des Zentralnervensystems bestehen. Auch eine isolierte positive WaR. im Blut ist nur in diesem Sinne zu werten. Ob in solchen Fällen eine Salvarsanbehandlung eine Lues des Nervensystems provozieren kann, läßt sich nicht sicher sagen. Nonne hat immer wieder vor einer eingreifenden spezifischen Behandlung bei solchen Kranken gewarnt.

Geringfügige Veränderungen in der Spätlatenz.

Nr.	Globulin-reakt.	Eiweißrelation				Zellen	WaR. im Liquor		WaR. im Blut	Normo-mastix-kurve Abb. 11
		Gesamt-Eiweiß (1,0)	Globulin (0,2)	Albumin (0,8)	Eiweiß-quotient (0,25)		0,2	1,0		
1	θ	1,5	0,5	1,0	0,50	6/3	θ	θ	θ	———
2	θ	1,2	0,4	0,8	0,50	0/3	θ	θ	θ	— — —
3	Spur	1,4	0,2	1,2	0,17	0/3	θ	θ	θ	- - - - -
4	θ	1,0	0,2	0,8	0,25	1/3	θ	θ	θ	-·-·-·
							(MKR. +)		MKR.+	

Der Zweck meiner Ausführungen war, Ihnen ein Bild von dem gegenwärtigen Stand unseres Wissens von der Serologie der Lues des Nervensystems in seinen Beziehungen zur Klinik zu vermitteln. Dabei kam es mir weniger darauf an, Ihnen die für einzelne klinische Krankheitsbilder mehr oder weniger typischen Liquorbefunde darzustellen. Wir dürfen uns heute nicht mehr damit begnügen, in der Liquoruntersuchung in Zweifelsfällen eine Stütze unserer klinischen Diagnostik zu sehen, sondern müssen versuchen, aus dem Liquorbefund im Verein mit der klinischen Symptomatologie Schlüsse auf den jeweiligen anatomischen Befund, d. h. auf das prozeßhafte Geschehen zu ziehen. Zu jedem Einzelfall muß die Frage aufgeworfen werden, wie jede einzelne Liquorveränderung — Zellzahl, Eiweißbefund, Kolloidkurve und spezifische Reaktionen — zu erklären ist und was sie im vorliegenden Falle bedeutet. Nur wenn wir in diesem Sinne auch im Einzelfall eine „funktionell-genetische Liquoranalyse“ (Kafka) treiben, wird die serologische Untersuchung uns für die Klinik das geben, was sie uns heute schon zu bieten vermag. Nur dann wird sie insbesondere auch die nötigen Richtlinien für die jeweils einzuschlagende Therapie geben. Genau wie der Dermatologe aber den Erfolg seiner Therapie durch laufende Blutuntersuchungen dauernd kontrolliert, müssen auch wir durch wiederholte Liquorkontrollen den Krankheitsverlauf überwachen. Nicht der durch eine einmalige Untersuchung

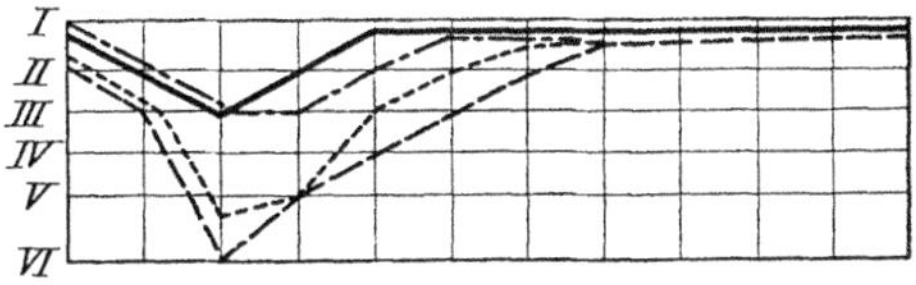

Abb. 11. Normomastixreaktion. Spätlatenz.

gewonnene „Liquorquerschnitt“, sondern der nur durch mehrfache Untersuchungen zu gewinnende „Liquorlängsschnitt“ vermittelt uns die richtige Vorstellung von dem Verlauf der Krankheit. Wenn wir von vornherein in diesem Sinne auf unsere Kranken einwirken, wird es dem wahren Arzt, der das Vertrauen seiner Kranken zu gewinnen versteht, auch in der Mehrzahl der Fälle gelingen, die im Publikum noch vielfach vorhandene Punktionsscheu zu überwinden, ohne dafür aus dem Kranken einen „Liquorneurastheniker“ zu machen.

Wenn auch heute noch das Wort von Nonne, „daß die Untersuchung des Liquors Dienerin, nicht Führerin der Differentialdiagnose der Neurolues sein soll“ zu Recht besteht, so können wir uns doch heute die Klinik der Syphilis des Nervensystems ohne serologische Kontrolle nicht mehr vorstellen, und in unzähligen Fällen wird die serologische Untersuchung den Ausschlag für unser ärztliches Handeln geben.

Über die praktischen Fragestellungen hinaus birgt die Serologie der Neurolues aber eine unübersehbare Anzahl von Problemen, die von größter Bedeutung für die Pathogenese der Lues des Nervensystems sind. Indirekt berühren sie damit auch wiederum Fragen der Therapie.

So steht die Frage nach der Bedeutung der hirnspezifischen Antikörper (Sachs, Klopstock und Weil, Müller, Steinfeld, Georgi und Fischer u. a.) noch in den Anfängen. Nach Förster kommen bei der Lues des Nervensystems nur im Liquor, nicht dagegen im Blut gehirnspezifische Antikörper vor. Eine praktische Bedeutung würde die Frage der Gehirnantikörper gewinnen, wenn sich die Ergebnisse von Marchionini bestätigen sollten, daß die metasyphilitischen Erkrankungen des Zentralnervensystems, also die Paralyse und Tabes im Liquor mit cholesterinierten Gehirnextrakten positiv, die Lues cerebrospinalis und Lues latens dagegen negativ reagieren. Vohwinkel lehnt im Gegensatz zu Marchionini zunächst die Möglichkeit einer Differenzierung der genannten Krankheitsgruppen durch die Gehirnantikörperreaktion im Liquor ab. Abgesehen von der noch fraglichen praktischen Bedeutung sind die Arbeiten über die Gehirnantikörper jedoch insofern von Bedeutung, als wir es hier sicher mit Antikörpern zu tun haben, die gegen körpereigene Antigene gerichtet sind. Die Bedeutung dieser Untersuchungen für die

Frage nach der Natur der Wassermann-Reagine liegt auf der Hand.

Von neueren Arbeiten, die sich von serologischer bzw. chemisch-biologischer Seite mit den Wechselbeziehungen zwischen Haut und Zentralnervensystem bei der Lues befassen, seien vor allem die Mitteilungen von Marchionini und Ottenstein erwähnt. Marchionini fand in systematischen Untersuchungen über den Fermentgehalt des Liquors und der Haut, daß bei der Syphilis überhaupt, ganz besonders jedoch bei der Neurosyphilis, eine intensive Diastasevermehrung in der Haut statthat, während gleichzeitig die Diastase im Liquor stark vermindert oder sogar ganz aus dem Liquor geschwunden ist. Die Diastaseverminderung im Liquor ist nach Marchionini (mit wenigen Ausnahmen) so weitgehend spezifisch, daß sie ein wertvolles differentialdiagnostisches Merkmal darstellen kann. Die Diastasevermehrung in der Haut beginnt schon bald nach der Infektion und findet sich in sämtlichen späteren Perioden der Syphilis, auch in der symptomarmen Spätlatenz. Der Diastaseschwund im Liquor wird auf spezifische Spirochätenwirkung im Zentralnervensystem zurückgeführt. Die Vermehrung der Diastase im Hautdialysat deutet nach Marchionini darauf, daß es sich bei der Lues des Zentralnervensystems nicht um eine isolierte Organerkrankung, sondern um eine allgemeine Erkrankung des ganzen Organismus handelt.

Marchionini und Ottenstein haben dann ihre fermentbiologischen Untersuchungen auch auf die Katalase (das in allen Geweben vorkommende, Wasserstoffsuperoxyd zersetzende Ferment) und auf die Arginase (die Arginin in Ornithin und Harnstoff spaltet) ausgedehnt. Bei der Syphilis fand sich ein auffallender Mangel an Katalase in der Haut. Bei der Neurosyphilis, besonders bei der Paralyse sogar ein völliger Katalaseschwund. Im Liquor, fand sich dagegen in den entsprechenden Fällen eine deutliche Katalasevermehrung, die als Ausdruck einer Steigerung der Reduktions-Oxydationsprozesse im Zellstoffwechsel des Nervensystems gedeutet wird. Die Arginase war in der Haut bei Syphilis und besonders wiederum bei der Neurosyphilis vermehrt, im Liquor wurden keine Abweichungen von der Norm gefunden. Die Annahme, daß die Arginasevermehrung in der Haut die Folge einer hepatogenen Störung des Eiweißstoffwechsels der Haut sei, fand ihre Bestätigung darin, daß durch die Bauersche Galaktoseprobe in der Mehrzahl der untersuchten Fälle eine Störung der Leberfunktion nachgewiesen werden konnte.

Der von Marchionini ausgesprochene Wunsch, daß diese Untersuchungen bald auch an einem größeren Material, das insbesondere auch nichtsyphilitische Nervenkrankheiten umfassen sollte, nachgeprüft werde, kann nur dringend unterstützt werden. Nicht nur, weil insbesondere die Diastaseuntersuchungen auch eine praktisch klinische Bedeutung erlangen können, sondern weil hier ein Problem angeschnitten ist, das an die Grundfragen der Pathogenese der Metalues rührt und auf das engste mit allgemeinpathologischen, konstitutionspathologischen und auch mikrobiologischen Fragestellungen verknüpft ist.

Das Schrankenproblem als solches in diesem Referat aufzurollen, war nicht möglich. Es wäre auch unnötig gewesen, da es im Rahmen der Referate über den Stoffaustausch zwischen dem Zentralnervensystem und dem übrigen Körper auf der Tagung der Deutschen Gesellschaft für Psychiatrie in Bonn 1932 von den 4 Referenten Walter, Kafka, Spatz und Steiner eingehend behandelt worden ist. Die für unser heutiges Thema wichtigsten Schlußfolgerungen aus diesen Referaten lassen sich dahin zusammenfassen, daß die Bluthirnschranke streng von der Blutliquorschranke zu trennen ist, während die Existenz einer Liquorhirnschranke noch umstritten bleibt. Es braucht ein Stoff, der aus dem Blut in den Liquor übertritt, von hieraus noch keineswegs in das Gehirn zu gelangen. Jedenfalls ist der Weg aus dem Blut in das Gehirn nach Walter meist der viel näherliegende. Daß viele Stoffe zu dem Parenchym des Zentralnervensystems eine viel geringere Affinität haben, als zu dem Parenchym aller anderen Organe des Körpers, ist wahrscheinlich gar kein „Schrankenproblem", sondern eine viel allgemeinere Frage der chemischen Affinität bzw. Adsorption. Für die Lues des Nervensystems hat dieses Problem zweierlei Bedeutung: 1. Für die Pathogenese der syphilitischen Krankheiten des Nervensystems, indem der „Weg über den Liquor" (L. Stern, Hauptmann), den das schädigende Agens nehmen sollte, um zu einer tabischen bzw. paralytischen Erkrankung des Zentralnervensystems zu führen, erneut stark in Frage gestellt, wenn nicht unwahrscheinlich gemacht worden ist. 2. Für die Therapie der Neurolues, indem diese Feststellung die relative Unwirksamkeit der Chemotherapie auf die Tabes und Paralyse erklärt. Wir kommen aber damit an Fragen, die auf die Vehikelfunktion (Bennhold) und auf das Problem der Zellmembranfunktion (Schade) in der allgemeinen Physiologie bzw. Pathologie zurückgehen. Auf diese Fragen im Rahmen dieses Referates einzugehen, ist nicht möglich. Sie zeigen uns aber, wie eng die uns in bezug auf die Lues des Nervensystems interessierenden Probleme mit allgemeinmedizinischen und naturwissenschaftlichen Problemen verknüpft sind.

Die Rolle der Konstitution bei der Spätlues des Nervensystems.

Von

Friedrich Meggendorfer, Erlangen.

Die Tatsache, daß nur 10—15% aller Syphilitiker an Tabes oder Paralyse erkranken, legt die Vermutung nahe, daß beim Zustandekommen dieser Erkrankungen außer der syphilitischen Infektion noch mindestens ein Faktor wirksam ist. Dieser Faktor könnte in der Eigenart des Syphilisvirus oder in der Verfassung des erkrankten Menschen oder auch in äußeren Umständen, die auf das Wechselspiel zwischen Erreger und Organismus einwirken, liegen.

Wenden wir uns den Tatsachen zu, die für die Bedeutung der Konstitution in dieser Hinsicht zu sprechen scheinen!

Zunächst gibt es Familien, in denen die Paralyse gehäuft vorkommt, in denen sie, wie Spielmeyer sagte, „zu Hause“ ist. Ich habe (vor 15 Jahren) die Familie eines Paralytikers veröffentlicht, in der dies der Fall war:

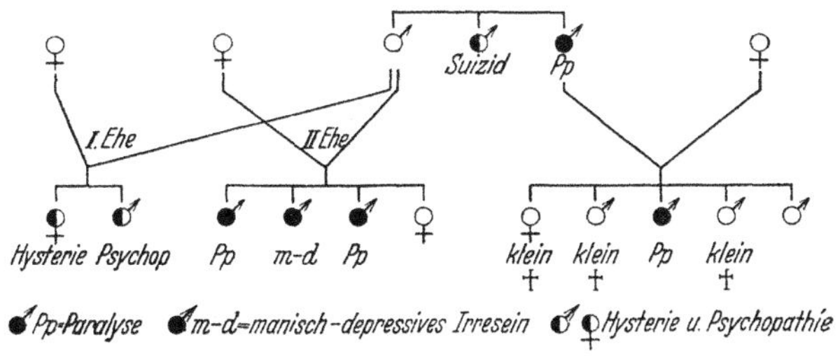

Unter 9 Männern der Familie, die überhaupt in das paralysefähige Alter gekommen sind, sind 4 an Paralye erkrankt. Bei einem Mann dieser Familie wurde anläßlich einer manischen Erkrankung festgestellt, daß er keine Lues hatte. Nimmt man an, alle 8 anderen Männer dieser Familie hätten sich angesteckt, also den ungünstigsten Fall, der nicht gerade wahrscheinlich ist, so wären 50% der syphilitischen Männer dieser Familie an Paralyse erkrankt, während doch sonst nur 5—10% aller Syphilitiker Paralyse bekommen. Das spricht entschieden für eine familiäre Disposition.

An sich ist familiäres Vorkommen von Paralyse, Tabes und sonstiger Syphilis des Nervensystems schon vielfach beschrieben worden. A. Marc beschrieb 1904 aus der Riegerschen Klinik eine Familie mit Paralyse in 4 aufeinanderfolgenden Generationen. Er und Rieger zitierten auch noch mehrere andere Fälle, in denen Paralyse in 3 aufeinanderfolgenden Generationen vorkam. Aber bei diesen wie überhaupt bei den älteren Fällen mag die Diagnose der Paralyse zweifelhaft sein[1]. Übrigens beschrieb auch Kraepelin eine Familie mit Paralyse in drei aufeinanderfolgenden Generationen. Weiterhin fand Kraepelin unter 316 Paralytikern 9mal Paralyse oder Tabes eines Elters. Kalb fand unter 205 Familien mit Paralytikern 8mal familiäre Paralyse. Ich konnte unter den Nachkommen von 60 Paralytikern, die in der Richtung ausgelesen waren, daß ihr jüngstes Kind mindestens 30 Jahre alt war, 4 Fälle von Paralyse feststellen, und zwar 2mal auf Grund einer erworbenen, 2mal auf Grund einer angeborenen Syphilis.

Diese Zahlen sind gewiß nur klein. Aber man muß bedenken, daß sie bei der Art, wie sie gewonnen wurden, nämlich lediglich durch Nachfrage oder durch zufällige Feststellung und nicht durch Durchuntersuchung der ganzen Familie, nur einen Bruchteil der wirklich vorhandenen sekundären Fälle angeben.

Dieser Fehler wird vermieden in einer Untersuchung von Curtius und Schlotter über juvenile Tabes, bei der alle Familienmitglieder untersucht wurden. Curtius und Schlotter stellten in den Familien von 10 Ausgangsfällen von juveniler Tabes 5mal auch Tabes in der Elterngeneration fest.

---

[1] Wie mir Herr Prof. Reichardt mitteilt, handelte es sich bei der von A. Marc veröffentlichten Familie um Huntingtonsche Chorea.

Baumgart berechnete für die 130 bis zum Jahre 1921 publizierten Fälle von juveniler Tabes direkte Erblichkeit auf fast 38%.

Weiter fanden Curtius und Schlotter in 4 ihrer 10 beforschten Familien unter 21 nicht klein verstorbenen Geschwistern der jeweiligen Probanden 6 weitere Fälle von juveniler Tabes und einen fraglichen Fall.

Diese Zahlen gewinnen an überzeugender Kraft, wenn man bedenkt, daß die juvenile Tabes ein im ganzen recht seltenes Leiden ist.

Recht bemerkenswert sind in dieser Hinsicht auch die kürzlich von Kaplun und Morejnis in Leningrad mitgeteilten Beobachtungen. Die Autoren teilten ihr Material in 2 Gruppen ein: in der ersten Gruppe mit 84 Familien litten die primär infizierten Personen an irgendeiner Form von Neurolues, in der zweiten Gruppe von 101 Familien war bei den primär Infizierten das Nervensystem nicht befallen. Beide Gruppen waren bezüglich der Beobachtungsdauer und der Behandlung ziemlich einheitlich. Der Vergleich ergab nun einen annähernd gleichen Erkrankungssatz an Neurolues in beiden Gruppen. Dagegen fanden sich gleiche Erscheinungsformen der Lues bei Vater und Kind in 24%, bei Mutter und Kind in 32%, Übereinstimmung bei Vater, Mutter und Kind in 44% der Fälle. Die Autoren schließen daraus, daß diese Beobachtungen gegen die Annahme einer Lues nervosa im Sinne eines neurotropen Virus und für die Bedeutung einer erblichen Disposition sprechen.

Nun könnte man gegenüber all den Fällen, in denen sich eine Paralyse oder eine Tabes oder eine andere Form von Neurolues in zwei aufeinanderfolgenden Generationen feststellen ließ, einwenden, daß hier die Syphilis aus der gleichen Quelle kam, daß diese Fälle also ebensogut für eine Lues nervosa sprechen.

Curtius und Schlotter fanden aber in 3 ihrer Familien auch noch Fälle von Tabes, bei denen die Lues aus anderen Quellen gekommen war. Hier wirkte also eine Lues verschiedener Herkunft auf das gleiche familiäre Substrat ein. Die Autoren kommen meines Erachtens mit Recht zu dem Schluß: „In diesen 3 Familien muß also eine erblich übertragene Metaluesdisposition angenommen werden. Das Prinzip der Lues nervosa ist hier völlig außerstande, weiterzuhelfen.“

Es finden sich übrigens in der Literatur nicht so selten Beobachtungen über Spätlues des Nervensystems bei Blutsverwandten mit verschiedenen Infektionsquellen. Nonne beobachtete zwei Brüder, die sich an verschiedenen Quellen infiziert hatten. Der eine wurde tabisch, der andere paralytisch.

Die bereits erwähnten russischen Autoren Kaplun und Morejnis führen 5 Familien an, in denen Geschwister gleichartige neuroluische Erscheinungen boten, obwohl die Infektionsquelle sehr verschieden war.

Zwillingsuntersuchungen liegen meines Wissens bei Syphilis noch nicht vor. Es gibt nur vereinzelte Beobachtungen in dieser Richtung. So beobachtete Nonne nicht nur die beiden vorhin erwähnten Brüder, sondern auch 2 Zwillingsbrüder, die sich an verschiedenen Stellen eine Syphilis geholt hatten. Beide wurden paralytisch, der eine nach 5, der andere nach 6 Jahren.

Alle diese und ähnliche Beobachtungen lassen es kaum zweifelhaft erscheinen, daß es eine konstitutionell, d. h. vorwiegend erblich bedingte Veranlagung zu Tabes und Paralyse gibt. In dieser Hinsicht verhält sich die Spätsyphilis des Nervensystems nicht anders als andere exogen bedingte Geistes- und Nervenkrankheiten. Sie alle zeigen nicht nur pathoplastisch, sondern auch pathogenetisch einen Aufbau aus exogenen und endogenen konstitutionell verankerten Elementen.

Aber mit dieser Erkenntnis können wir uns nicht zufrieden geben. Die weitere Fragestellung ist darauf gerichtet, auch die Art der konstitutionellen Beteiligung zu erfassen.

Schon früh hat man versucht, die erblich bedingte Veranlagung zur Paralyse genauer durch eine Feststellung der dabei vorliegenden Belastung zu erfassen. Die älteren dieser Untersuchungen stammen aus einer Zeit, in der die syphilitische Natur der Paralyse noch unbekannt oder hypothetisch war. Man betrachtete damals die Paralyse als eine Geisteskrankheit wie jede andere auch und suchte für sie den Grad der Belastung festzustellen, wobei man die verschiedenen Geistes- und Nervenkrankheiten in den verschiedenen Verwandtschaftsgraden zählte. Da die verschiedenen Untersucher in dieser Hinsicht verschieden verfuhren, kam es, daß beispielsweise Westphal eine Gesamtbelastung von $5^1/_2$%, Gannouchkine aber eine solche von 75% berechnete.

Diese Feststellungen sind heute wertlos, weil sie die verschiedensten psychischen und nervösen Abwegigkeiten als belastende Momente zählten, sowie vor allem deshalb, weil sie keine Vergleiche mit der entsprechenden Belastung bei Gesunden gaben. Erst während des Krieges gelangten Kalb und Pernet unabhängig von einander zu Feststellungen, die einen Vergleich mit Gesunden und Geisteskranken ermöglichten. Darnach sind die Paralytiker etwas mehr als die Geistesgesunden, aber erheblich weniger als die Geisteskranken im engeren Sinne belastet. Die geringe Mehrbelastung der Paralytiker gegenüber den Geistesgesunden läßt sich nach Kehrer dadurch erklären, daß bei den Feststellungen auch Fälle von Paralyse und Idiotie mitgezählt wurden, bei denen ja die gleichen exogenen Grundursachen mitwirken oder doch mitwirken können wie bei der Paralyse. Übrigens brauchte auch eine wirkliche Mehrbelastung der Paralytiker mit Geisteskrankheiten noch nicht zu beweisen, daß die Disposition zur Paralyse auf diesem Gebiete liege, da die psychopathische Verfassung lediglich den Erwerb der Lues begünstigen könne. Kalb und Pernet kamen unabhängig voneinander zu dem Ergebnis, daß weder die Anlage zum manisch-depressiven Irresein, noch die zur Schizophrenie an sich etwas mit der Disposition zur Paralyse zu tun habe. Auf Grund eingehender eigener Untersuchungen kam ich zu dem gleichen Ergebnis und konnte es auch auf die entsprechenden Psychopathien ausdehnen. Weiter stellte später Glans fest, daß der schizophrene Luiker etwa in der gleichen Häufigkeit an Paralyse erkrankt wie der nichtschizophrene Luiker. Auch hieraus kann man schließen, daß schizophrene Erbanlagen nicht zum Erwerb einer Paralyse disponieren. Von der Epilepsie wurde behauptet, daß sie sogar vor der Erkrankung an Paralyse schütze, da bei Epileptikern, obwohl sie nicht so selten Syphilis erwürben, noch nie eine Paralyse beobachtet worden sei. Kürzlich hat nun freilich Matzdorff einen Fall von Paralyse bei einem Epileptiker mitgeteilt, aber auf eine besondere Neigung der Epileptiker zur Paralyse wird man wohl daraus auch nicht schließen dürfen. Nichts spricht also für die Annahme einer manisch-depressiven, schizophrenen, epileptischen, psychopathischen Anlage als Disposition zur Paralyse. In meinen Untersuchungen stieß ich auf Familien von Paralytikern, in denen ich nicht das geringste von psychotischer und psychopathischer Belastung feststellen konnte; und ergänzend dazu erklärte Kehrer, er habe die allerschwerste allseitige Belastung mit allen möglichen psychischen Anomalien nicht bei der Paralyse gefunden, sondern in einem Fall von Tabes mit schizoider Psychopathie und bei einem Fall von Psychose bei Lues cerebri.

Wenn ich demnach der Belastung mit den sog. endogenen Psychosen keine disponierende Rolle für die Erkrankung an Paralyse beimessen möchte, so soll doch keineswegs gesagt sein, daß eine lokale Organminderwertigkeit hier nicht in Betracht käme. Vielleicht ist ja auch bei den endogenen Psychosen das primär Erkrankte gar nicht das Gehirn.

Es ist vielmehr durchaus möglich, daß der Paralyse eine Organminderwertigkeit des Gehirns zugrunde liegt. Es gibt in der Pathologie zahlreiche Analoga dafür, daß Organe mit Anlagestörungen einen Locus minorus resistentiae für Infektionen und andere krankhafte Prozesse darstellen. So weist beispielsweise Curtius darauf hin, daß mißgebildete Herzklappen zu einer Endokarditis prädisponieren. Diese Organminderwertigkeiten aber sind großenteils erblich bedingt. Ich erinnere an die hereditäre Organdisposition für Tumoren aller Art, an die von Curtius betonte und für das Gefäßsystem nachgewiesene konstitutionelle Minderwertigkeit bestimmter Organsysteme, an die von Hammerschlag beschriebene Heredopathia acustica usw.

Bezüglich des Gehirns, seiner Teile und Adnexe fehlen in dieser Hinsicht noch systematische Untersuchungen. Nur einzelne Befunde könnten vielleicht im Sinne einer topischen Disposition gedeutet werden. So wies Reichardt bei der Paralyse auf den verhältnismäßig häufigen Befund einer relativen Mikrocephalie, d. h. eines Mißverhältnisses zwischen Schädelinnenraum und Gehirnvolumen hin. In diesem Sinne sprechen auch die von Alzheimer und anderen erhobenen Befunde von Anlagestörungen im Gehirn bei Paralyse, besonders bei juveniler Paralyse. Zwar liegt gerade bei der juvenilen Paralyse der Einwand nahe, daß diese Anlagestörungen durch die angeborene Lues bedingt seien, doch lehnen erfahrene Hirnanatomen, wie Ranke, Bielschowsky, Wohlwill u. a. diesen Einwand nachdrücklich ab.

Über einen wichtigen Bestandteil des Zentralnervensystems liegen sorgfältige Belastungsuntersuchungen vor, nämlich über das Gefäßsystem. Schon bei den französischen Autoren in der Zeit vor der Erkenntnis der ätiologischen Bedeutung der Syphilis spielt die „hérédité congestive“ eine große Rolle; aber auch in deutschen statistischen Untersuchungen wurde schon früh behauptet, daß Apoplexien auffallend häufig unter den Verwandten, besonders den Eltern der Paralytiker vorkommen. Auch diese Untersuchungen litten unter zu geringer Differenzierung, unter dem Fehlen eines Vergleiches mit der Belastung der Nichtparalytiker und auch darunter, daß die Altersstufen der Vergleichspersonen nicht genügend berücksichtigt wurden. Eine sorgfältige Untersuchung des Finnen Sven Donner von der Deutschen Forschungsanstalt für Psychiatrie vermied diese und andere Fehlerquellen. Sie kam zu dem Ergebnis, daß die Eltern der Paralytiker tatsächlich mehr an Arteriosklerose und Schlaganfällen sterben als die Eltern der Geisteskranken überhaupt. Auffallenderweise betrifft diese Mehrbelastung aber ausschließlich die Väter der Paralitiker, während sie bei den Müttern nicht nachzuweisen ist. Die Bedeutung dieses Unterschiedes ist noch unklar. Eine Erklärung wäre die, daß es sich um Erbanlagen handelt, die mit äußeren Faktoren, etwa mit Alkohol und Nicotin Arteriosklerose, mit Syphilis aber Paralyse verursachen. Die Feststellung einer erblich bedingten Gefäßschwäche bei der Paralyse ist deshalb von Bedeutung, weil auch der anatomische Befund für eine erhebliche Beteiligung des Gefäßsystems beim Zustandekommen der Paralyse spricht. Nach Spatz geht der paralytische Prozeß überhaupt vom Gefäßsystem aus. Auch auf den Umstand, daß 80% der Tabiker und Paralytiker eine Aortitis zeigen, muß in diesem Zusammenhang hingewiesen werden.

Was nun die Tabes anlangt, so kam Baumgart in seiner erwähnten, 130 Fälle aus der Literatur umfassenden Zusammenstellung von juveniler Tabes zu dem Ergebnis, daß bei ihnen 96mal d. h. in 74% eine neuropathische Belastung vorlag. Curtius und Schlotter fanden bei den Eltern und Geschwistern ihrer 10 juvenilen Tabiker auch nach Abzug der neuroluischen Erkrankungen noch eine etwa doppelt so starke neuropathische Morbidität als bei einer neurologisch gesunden Kontrollbevölkerung. Die Zahlen von Curtius und Schlotter sind allerdings recht klein, auch sind die verschiedenartigsten Anomalien als belastende Momente zusammengefaßt. Curtius und Schlotter sind aber doch der Meinung, daß durch ihre Feststellung die neuropathische Belastung als ein zur Tabes disponierendes Moment, ja geradezu als obligate Voraussetzung zu ihrer Entstehung bewiesen sei.

Aber auch die Annahme einer topischen Disposition und einer besonderen Schwäche des Gefäßsystems vermögen meines Erachtens doch noch nicht den spätsyphilitischen Prozeß genügend zu erklären. Wir könnten damit vielleicht begreifen, warum sich Prozesse am Zentralnervensystem und an den Gefäßen, vielleicht auch, warum in einem Falle gerade am Gehirn, im anderen im Rückenmark abspielen, aber nicht, warum es gerade die Prozesse sind, die wir als Spätsyphilis zusammenfassen, und nicht die sekundär- und tertiärsyphilitischen Prozesse, die wir bei den verschiedenen Formen der Hirn-Rückenmarksyphilis beobachten.

Wenn wir hier weiterkommen wollen, werden wir nach dem Grunde der Verschiedenheit der Syphilis in den beiden Gruppen von Erkrankungen forschen müssen. Zahlreiche Beobachtungen klinischer, immunbiologischer, serologischer und anatomischer Art haben zu der Annahme geführt, daß es sich bei der Spätsyphilis um eine andersartige Reaktion, vielleicht um eine Abwehrschwäche des Organismus dem Erreger gegenüber handelt.

Es entsteht nun die Frage: Woher diese andersartige Reaktion? Es kann hier nicht meine Aufgabe sein, tiefer auf immunbiologische Probleme einzugehen. Aber der Umstand, daß wir die andersartige Reaktion durch bestimmte Maßnahmen in einer für den Kranken günstigen Weise abändern können, spricht dafür, daß äußere Einflüsse für das Entstehen der andersartigen Reaktion in Betracht kommen oder doch neben inneren, konstitutionell bedingten Ursachen auch in Betracht kommen können.

Nun wurde seit dem Bekanntwerden der Paralyse und der Tabes unablässig nach solchen äußeren Schädigungen gesucht. Es wurden alle möglichen Berufsschädigungen und andere Umstände herangezogen. Es hat sich aber bisher gezeigt, daß diese Umstände tatsächlich nur insoweit eine Disposition zum Erwerb einer Spätsyphilis des Nervensystems darstellen, als sie zum Erwerb einer Syphilis disponieren. Daß die spezifische Behandlung oder manche Formen derselben in Betracht kommen, ist mir wenig wahrscheinlich. Auch die bemerkenswerten neueren Feststellungen Beringers bei den Buriatomongolen sprechen in diesem Sinne.

Was weiter die inneren, erblich bedingten Momente anlangt, so wissen wir, daß sie bei den meisten Infektionskrankheiten von ganz erheblicher Bedeutung sind. In ausgezeichneten Zwillingsuntersuchungen haben Diehl und v. Verschuer gezeigt, daß die Erkrankung an Tuberkulose, ihre Lokalisation und ihr Verlauf weitgehend erblich bedingt sind. Selbstverständlich ist die Tuberkulose eine Infektionskrankheit, und die Anwesenheit des Tuberkelbacillus ist eine Conditio sine qua non für die Entwicklung einer Tuberkulose. Aber andererseits lehrt die ärztliche Erfahrung auch, daß die Anwesenheit des Tuberkelbacillus im Körper an sich noch keine Tuberkulose macht. Es muß noch eine besondere Disposition hinzukommen und diese ist weitgehend erblich bedingt, so weitgehend, daß die Erblichkeit, wie Diehl und v. Verschuer gezeigt haben, bei der Entstehung der Tuberkulose eine nicht viel geringere Rolle spielt als bei der Entstehung einer so exquisiten Erbkrankheit wie der Schizophrenie. Auch bei anderen Infektionskrankheiten ist, wie ebenfalls die Zwillingsforschung ergeben hat, die erbliche Disposition von besonderer Bedeutung. Für die Syphilis liegen noch keine systematischen Zwillingsuntersuchungen vor; sie hätten wohl auch mit besonderen Schwierigkeiten zu kämpfen. Ich kann hier nur auf die Zwillingsbrüder verweisen, die Nonne beschrieben hat, und die beide an Paralyse erkrankten.

Übrigens haben auch andere als Zwillingsuntersuchungen die Rolle der Erblichkeit bei Infektionskrankheiten erwiesen.

Es liegt nach alledem die Annahme nahe, daß es auch bei der Infektionskrankheit Syphilis in der Konstitution begründete, d. h. vorwiegend erblich bedingte Faktoren sind, die die Reaktionsfähigkeit des Organismus auf den Syphiliserreger bestimmen, die Reaktionsfähigkeit, die unserer heutigen Erkenntnis nach im einen Falle eine zu sekundären und tertiären Erscheinungen führende Erkrankung, im anderen Fall eine zunächst mild und erscheinungsarm verlaufende, aber zur Spätsyphilis des Nervensystems führende Erkrankung bewirkt. Gewiß handelt es sich hier nur um eine Annahme, aber diese Annahme ist keineswegs willkürlich, aus der Luft gegriffen, sie wird gestützt durch die Erkenntnis, daß es sich auch bei der Spätsyphilis des Nervensystems um eine

Syphilis, eine Infektionskrankheit, handelt, daß bei Infektionskrankheiten konstitutionelle Momente für Art und Verlauf entscheidend sind, daß bei der Entwicklung der Spätsyphilis erfahrungsgemäß äußere Einwirkungen wenig von Belang sind, und daß es überhaupt ganz allgemein eine familiäre und hereditäre Disposition zur Spätsyphilis des Nervensystems gibt. Einen exakten Beweis dafür wird man nicht fordern können, solange die Immunbiologie der Syphilis nicht weiter geklärt ist.

Ich habe schon vor 14 Jahren die Annahme vertreten, daß es eine hereditäre Disposition zur Paralyse gibt, und daß diese Disposition auf dem Gebiete der körperlichen Abwehrvorrichtungen gegen Infektionen liegt. Diese meine frühere Annahme muß ich allerdings dahin einschränken, daß es sich nicht um körperliche Abwehrvorrichtungen gegen Infektionen schlechtweg handelt, sondern um eine Abwehrschwäche gegen die Syphilis. Ich habe bei einer größeren Anzahl von Paralytikern festgestellt, wie sie als Kinder bei der Schutzpockenimpfung reagiert hatten. Dabei hat sich herausgestellt, daß sie in der ganz gleichen Weise wie die übrigen Kinder ihrer Jahrgänge, weder lebhafter noch weniger lebhaft, reagiert hatten. Es scheint sich also nicht um eine allgemeine Reaktionsschwäche, sondern um eine spezifische Reaktionsschwäche oder doch Reaktionseigentümlichkeit gegenüber dem Syphilisvirus zu handeln. Übrigens spricht auch das Verhalten der Tabiker und Paralytiker gegenüber den therapeutischen Infektionen in diesem Sinne.

Überblicken wir meine bisherigen Ausführungen, so glaube ich feststellen zu können, daß wir mit Sicherheit eine konstitutionelle Disposition zur Spätsyphilis des Nervensystems annehmen dürfen. Manches spricht dafür, daß es eine erblich bedingte Anfälligkeit des Nervensystems im Sinne einer topischen Disposition gibt, die also erklären würde, warum in manchen Fällen die Syphilis das Nervensystem überhaupt, speziell aber das Gehirn oder das Rückenmark befällt. Manches weist gerade bei der Spätsyphilis auch auf eine besondere erbliche Anfälligkeit des Gefäßsystems hin. Ob aber die Syphilis vorwiegend als sekundäre und tertiäre Syphilis verläuft, oder ob sie die Entwicklung einer Spätsyphilis nimmt, das hängt meines Erachtens von konstitutionellen Bereitschaften auf immunbiologischem Gebiet ab.

So oder so ähnlich werden wir unseren heutigen Kenntnissen nach die konstitutionellen Voraussetzungen der Spätsyphilis des Nervensystems wohl annehmen müssen. Jedenfalls haben wir uns bisher die Suche nach der konstitutionellen Disposition viel zu leicht gemacht. Vielleicht kommen zu den genannten auch noch andere Anlagefaktoren hinzu. Es wurde auch eine Rassendisposition für die Spätsyphilis des Nervensystems behauptet, allerdings nicht gerade überzeugend dargelegt. Es ist aber durchaus möglich, daß eine gewisse Neigung mancher Rassen zu besonderen Formen der Spätsyphilis besteht, wie wir ja auch bei anderen Infektionskrankheiten eine Rassendisposition kennen. Beringer beobachtete bei den Buriatomongolen im Gegensatz zu unseren Verhältnissen nicht ganz selten das gleichzeitige Vorkommen von tertiären Erscheinungen bei Tabes und Paralyse. Auffällig war ihm auch das häufige Vorkommen von Opticusatrophie, eine Erscheinung, die mit den Beobachtungen Pfisters bei den Chinesen übereinstimmt. In diesem Zusammenhang ist die Tatsache von Interesse, daß die Konduktorinnen bei der Leberschen Sehnervenerkrankung, die bei der weißen Rasse keine oder nur leichte Erkrankung zeigen, bei den Japanern eine ausgesprochene Opticusatrophie bekommen.

Bemerkenswert erscheint mir auch die sich immer mehr durchsetzende Anschauung, daß sich die Konstitution des Krankheitsträgers gewissermaßen rückwirkend auch auf den Krankheitserreger auswirken kann. Manche neuere Theorien der „Lues nervosa“ rechnen damit. Tatsächlich hat diese Anschauung manches für sich. Abwehrvorgänge und Anpassungsbestrebungen wirken hier zusammen; Ausleseprozesse unter den Erregern gehen damit einher und können sich in den zahlreichen Generationen von Erregern und den langen Zeiten für den Träger in unheilvollster Weise auswirken.

Kaum geringer als die soeben dargelegte pathogenetische ist die pathoplastische Auswirkung der Konstitution. Hier spielt die Belastung mit endogenen Psychosen, die mir pathogenetisch nicht von Bedeutung zu sein schien, sicher eine ganz erhebliche Rolle. Nach Kraepelin kommt die prämorbide Persönlichkeit in der Gestaltung des späteren Krankheitsbildes der Paralyse zum Ausdruck. Kalb fiel es auf, daß Verwandtenparalysen innerhalb einer Familie einen gemeinsamen Charakter tragen. Poenitz und Kehrer haben manche Erscheinungen der Paralyse auf eine Enthemmung und Verstärkung präpsychotischer Persönlichkeitszüge zurückgeführt. Da aber die Persönlichkeit weitgehend durch die erblich bedingte Veranlagung bestimmt wird, wird man annehmen dürfen, daß auch viele Besonderheiten der Paralyse letzten Endes durch diese Erbanlagen bestimmt werden. In der Tat haben schon Fauser, später Kalb, Seelert, Pernet den Einfluß insbesondere der manisch-depressiven Veranlagung für die Symptombildung bei der Paralyse gezeigt. Nach Erich Schneider sind halluzinierende Paralysen mit Trunksucht, depressive durch Suicide belastet.

Ich habe auch schon früher versucht, die Eigenarten des Verlaufes, wie besonders langsamen oder kurzen Verlauf und die mehr oder weniger große Neigung zu Remissionen oder zu Anfällen auf konstitutionelle Momente zurückzuführen. In diesem Sinne spricht auch eine neuere Beobachtung von Flesch: Zwei Vettern starben mit 21 bzw. 25 Jahren, wenige Jahre nach der Infektion, an foudroyanter Paralyse.

Aber neuerdings geht man in der Annahme eines Manifestwerdens bisher latenter Erbanlagen noch viel weiter. Im Anschluß an die Beobachtung von Spielmeyer, daß die anatomischen Hirnveränderungen bei Paralyse zunächst überhaupt keine wesentlichen psychischen Erscheinungen zu machen brauchen, ist Bostroem (unter Widerspruch seitens Wimmers u. a.) geneigt, die hypochondrischen, neurasthenischen und expansiven Erscheinungen der beginnenden Paralyse nicht so sehr auf den paralytischen Prozeß, als vielmehr auf ein Manifestwerden von Erbanlagen zu endogenen Psychosen, ja auf eine Auslösung dieser Psychosen selbst durch den paralytischen Prozeß zu beziehen. Etwas Ähnliches nimmt Bostroem bei den verschiedenen Formen der Paralyse, bei den halluzinatorisch-paranoiden Zuständen nach der Fieberbehandlung, aber auch bei den Luespsychosen und bei manchen Tabespsychosen an.

Für die erbliche Bedingtheit neurologischer Besonderheiten spricht eine interessante Beobachtung von Curtius und Schlotter. Unter ihren 10 juvenilen Tabesfällen litt nur eine Patientin an Opticusatrophie. Die Familienuntersuchung zeigte, daß zwei ihrer Schwestern das gleiche Symptom boten. Risak konnte zeigen, daß die Arthropathie nur in 10% aller Tabesfälle auftritt, und zwar lediglich bei solchen Kranken, die eine erbliche Disposition zur Arthritis deformans mitbringen.

Allzu lange haben wir Paralyse, Tabes und Lues cerebrospinalis nur vom psychiatrischen und neurologischen Standpunkt aus betrachtet. Nur schwer können wir uns daran gewöhnen, in ihnen besondere Erscheinungsformen der Syphilis des ganzen Organismus zu sehen, Erscheinungen, die durch einen ungemein komplizierten Wechselkampf zwischen Erreger und Organismus bedingt sind. Wie auch bei anderen chronischen Infektionskrankheiten spielen dabei konstitutionelle Faktoren, wenn auch nicht eine ausschließliche, so doch eine recht bedeutsame Rolle. Wenn wir darin auch noch keineswegs klar sehen, so verstehen wir doch heute schon besser als vor wenigen Jahrzehnten den Ausspruch des alten Paracelsus:

„Die Syphilis nimmt bei jedem Menschen den Charakter derjenigen Krankheit an, zu der er durch Erblichkeit und andere prädisponierende Momente neigt.“

Klinik und Therapie der nervösen Spätlues.

Von

Prof. Dr. **B. Kihn**, Erlangen.

Als die Begriffe der nervösen Früh- und Spätlues die alte Stadieneinteilung abzulösen schienen, hatte man gehofft, man werde nun Bezeichnungen gebrauchen, die durch überalterte Vorstellungen vom Wesen der Syphilis und ihres Verlaufes weniger belastet wären, als es die früheren Unterscheidungen einer primären, sekundären, tertiären und Metalues gewesen waren. Was man an der Betrachtungsweise des Luesverlaufes nach Stadien vor allen Dingen störend empfand, waren zwei Umstände: es hatte sich herausgestellt, daß die in den einzelnen Stadien zusammengefaßten Krankheitsäußerungen der Syphilis vielfach gar nicht so nahe verwandt miteinander waren, im ganzen Krankheitsverlaufe gar nicht so hart aufeinander folgten, als es der klinischen Auffassung zunächst erscheinen mochte. Namentlich die Liquorforschung hatte gelehrt, daß Schnelligkeit und Reihenfolge des Eindringens der Erreger in die einzelnen Körperorgane, oder, wie man damals glaubte, in die einzelnen Keimblattabkömmlinge nicht jener Ordnung entsprach, wie man sie in den 3 oder 4 Syphilisstadien festgelegt hatte. Man sah, daß für eine unverbindliche Betrachtung die Syphilis im wesentlichen zwei Gruppen von Krankheitszeichen erzeugte: solche, die schon nach kurzem Bestehen des Leidens deutlich wurden und solche, die erst nach einer über Jahre hinweg gehenden Krankheitsdauer zu fassen waren. Die eigentliche Schwierigkeit mit der Stadieneinteilung der Syphilis gab es aber mit der sog. Metalues, der Tabes und der Paralyse. Ob bei diesen Erkrankungen der Körper noch lebende und ansteckungsfähige Erreger in nennenswerter Menge beherberge, war damals nicht bekannt und wurde noch von vielen Seiten bestritten. Man sah in Rückenmarksdarre und Hirnerweichung so eine Art von unabänderlicher Nachkrankheit der Syphilis, entstanden als Folge einer durch Jahre währenden Giftwirkung der zerfallenen Erreger im Körper. Der Nachweis lebender Spirochäten im paralytischen und tabischen Nervensystem erledigte diese Auffassung von selbst. Die Metalues war also keine Nachsyphilis, sondern eine bestimmte Form dieses Leidens. Aber da die näheren Entstehungsbedingungen dieser Syphilisäußerungen seinerzeit doch noch nicht so recht bekannt waren, wollten die neu gewonnenen Erfahrungen vom Wesen der Tabes und der Paralyse nicht ganz in die alten Vorstellungen von den 3 Syphilisstadien passen und so schuf man ein neues Abteil, die quartäre Syphilis. Auch sie fand ihre Kritiker, begreiflicherweise. Denn das, was man als Lues des 4. Stadiums bezeichnete, folgte zeitlich ja gar nicht auf die Krankheitserscheinungen der Tertiärperiode, ja es bot klinisch ein festgestelltes tertiäres Syphilid eine gewisse Gewähr dafür, daß der Kranke von Tabes und Paralyse voraussichtlich verschont blieb. Außerdem war durch die Liquorforschung wahrscheinlich geworden, daß die Anwartschaft auf eine Tabes und eine Paralyse schon in sehr frühen Abschnitten des Gesamtleidens erworben wurde, möglicherweise schon in der Primärperiode, vielleicht sogar mit der Konstitution und bei diesen Eventualitäten war der ganze Begriff der quartären Syphilis ein sehr fragwürdiger geworden. So kam man denn zu den Bezeichnungen der Früh- und Spätsyphilis. Sie waren bequem und nahmen von den Ansichten über die Pathogenese nichts vorweg. Wie vieles ist seitdem an Erkenntnissen vom Wesen und der Ausbreitung der syphilitischen Erkrankungen hinzugekommen! An den Unterscheidungen zwischen Früh- und Spätlues haben sie nichts zu ändern vermocht.

Freilich will es mir scheinen, als haben sie aber auch die früher gebräuchliche Stadieneinteilung nicht umzustoßen vermocht. Wir sprechen nach wie vor heute von Primärsymptomen der Lues und finden dies ganz in der Ordnung. Es muß also doch wohl etwas an der alten Stadieneinteilung sein, was deren Weitergebrauch geraten erscheinen läßt. Und dies ist offensichtlich die Tatsache, daß die Stadienlehre dem praktischen klinischen Gebrauche sehr gut angepaßt ist. Man kann sich mittels der Stadieneinteilung sehr rasch und fast stets eindeutig über gewisse, allbekannte Symptomgruppen der Syphilis verständigen, die nun einmal, dies läßt sich wohl nicht bestreiten, pathogenetisch irgendwie näher zusammengehören müssen, mag man sich über die Einzelheiten auch noch streiten. Dieser Gesichtspunkt gilt auch für den verfehmten Begriff der quartären Syphilis. Mit wieviel Einschränkungen er zu verwenden ist, dies wissen wir wohl alle. Aber es mangelt in der Sprache der Fachgelehrten noch ganz an einem kurzen zusammenfassenden Ausdruck für die beiden Leiden der Tabes und der Paralyse. Und dies ist wohl einer der Hauptgründe, warum der Begriff der quartären Lues weiter lebt. Ähnlich ist es auch bei den anderen Stadien der Syphilis. Man hat zur täglichen klinischen Verständigung Begriffe nötig, die etwa jenen Erkrankungsabschnitt bezeichnen, bei dem es zu einem Primäraffekt, zu Lymphdrüsenschwellungen, zu einem fleckigen Hautausschlag kommt. Ebenso schnell möchte man die Zeitspanne bezeichnen können, die mit Vorliebe die syphilitischen Manifestationen auf der äußeren Haut heraufführt und solche Bedürfnisse erfüllt die alte Stadieneinteilung sehr wohl. Schon aus diesen Gründen wird sie sich voraussichtlich als stärker erweisen, als unsere wechselnden theoretischen Vorstellungen über umstrittene Einzelheiten.

Das Gebiet der nervösen Spätlues, über das ich Ihnen klinisch und therapeutisch berichten soll, umfaßt einmal sämtliche Formen der Paralyse und der Tabes, ferner die umstrittene Gruppe der Lues cerebrospinalis im eigentlichen Sinne, wie man sie zu nennen pflegt. Ausgeschlossen sind dagegen alle Erscheinungen und Äußerungsformen der nervösen Syphilis zur Zeit des primären und sekundären Stadiums der Hauterkrankung, also alle Fälle von Meningoneuritis des Frühstadiums, ferner die durch Behandlung ausgelösten oder verstärkten Meningoneuritiden, wie man sie als Neurorezidive kennt, zuletzt auch die örtliche begrenzte oder ausgedehnte Form der syphilitischen Meningitis aus der Primär- und der Sekundärperiode. Wohl aber gehören selbstverständlich in den Begriff der nervösen Spätlues nicht nur die manifesten, sondern auch die latenten Krankheitsformen, so daß diese letzteren kurz zu besprechen sein werden. Der Begriff der sog. Liquorlues ist abzulehnen. Mit anderen fachlichen Bearbeitern des Gebietes bin ich der Meinung, daß die eigentliche Erkrankung und der von ihr befallene Körper in keiner Phase so wenig bedeuten, daß man sein Augenmerk lediglich auf eine einzige, zufällig gefaßte Erscheinung zu richten braucht, die kranke Spinalflüssigkeit. Wie schwer aber im einzelnen die Abgrenzung sekundärer und tertärer Erscheinungen gerade bei der nervösen Spätlues werden kann, dies zeigt die Überlegung, daß die infiltrativen meningitischen Formen der Spätperiode mehr Beziehungen zum sekundären Stadium und damit zur Frühlues haben, die proliferativen und gummösen Formen dagegen sind dem Tertiarismus verwandter als anderen Krankheitsformen. Es geht also die Trennungslinie zwischen Früh- und Spätlues eigentlich mitten durch die Lues cerebrospinalis tarda, ein Widerspruch in sich selbst, wie es scheinen könnte.

Was nun die Klinik der Lues cerebrospinalis der Spätperiode anlangt, so ist zu ihr im Grunde nicht viel Neues zu sagen. Das Wesentliche hinsichtlich der Erscheinungsformen ist wohl geklärt und auch über die Besserungsaussichten der einzelnen Gruppen bestehen kaum ernstliche Meinungsverschiedenheiten. Allerdings, wenn man die Lues cerebrospinalis tarda im klinischen Gesamtbilde der Lues betrachtet, ist die Sachlage eine ganz andere. Da erheben sich sogleich eine ganze Unzahl von Fragen, deren Lösung auch heute noch auf sich warten läßt. Schon um die Häufigkeit der Lues cerebrospinalis geht der Streit. Wir kennen alle Einwände, die zu dieser Frage zu machen sind. Mit gewissen Einschränkungen wird man sagen können, daß selbst der beschäftigteste Neurologe der Großstadt einen gewissen Rückgang der schweren und voll entwickelten Formen der Lues cerebrospinalis tarda zu verzeichnen haben wird. Ob dementsprechend auch eine Zunahme der leichteren und verhältnismäßig gutartigen Meningitiden der Frühperiode statthat, ist zum mindesten fraglich. Auf keinen Fall ist erwiesen, daß diese Verschiebungen im Symptombilde der nervösen Lues zum größeren Teile auf Kosten der Therapie gehen, daß etwa, wie behauptet worden ist, das Salvarsan einen gutartigeren oder auch bösartigeren Verlauf der Lues mache oder ähnliches, es müßte denn sein, daß man gegen alle ärztlichen Behandlungsgrundsätze in der Anwendung dieses Mittels gröblich verstößt. Die Umstände, die eine Verschiebung des Erscheinungsbildes der Lues nervosa überhaupt bedingen, sind wohl viel verwickelter. Bedenken Sie, wie sehr schon der Arzt in seinem Studium gegen früher auf die Erfassung aller Lueserscheinungen geschult ist, wie einfach und bequem die serologische Diagnose der Lues geworden ist, wie rasch der Lendenstich und die Liquoruntersuchung über fast alle Schwierigkeiten der Erkennung der nervösen Lues hinweghilft. Dazu kommt die riesige Zunahme der Ärzte, der Krankenhaus- und Sprechstundeneinrichtungen, die veränderte Einstellung des Publikums zu den Geschlechtskrankheiten, zur Behandlung und nicht zuletzt auch zu den Ärzten selbst. Alle diese Umstände müssen ja notwendigerweise so große Umstellungen im Krankheitsbilde der Syphilis machen, daß man dagegen den Einfluß längerdauernder therapeutischer Wirkungen schwer abschätzen kann. Wohl ist für gewisse ansteckende Krankheiten eine mehr oder weniger bleibende Wandlung ihres klinischen Bildes durch die Behandlung erwiesen, aber ob man nun so ohne weiteres berechtigt ist, so gut wie in jedem anderen Falle das Gleiche anzunehmen, das meine Herren, möchten wir wohl alle im Interesse des ärztlichen Ansehens wünschen, aber wirklich herausgebracht hat es doch noch niemand.

Was die klinischen Gruppen der Lues cerebrospinalis tarda anlangt, so streiten seit langem Einteilungen, die nach pathologisch-anatomischen Gesichtspunkten vorgenommen wurden mit solchen, die nach pathologisch-physiologischen Hauptkennzeichen erfolgten und solchen aus rein empirisch-klinischen Bedürfnissen, wobei man sich mehr nach der körperlichen bzw. neurologischen Seite oder der psychischen bzw. psychiatrischen Seite orientieren kann. All diese einzelnen Betrachtungsweisen, die ja bekanntlich nie bis ins letzte in Reinform durchzuführen sind, haben ihre Vorteile und ihre Grenzen. Anatomisch unterschied man eine meningitische Form von einer gummösen und einer endarteriitischen; pathophysiologisch trennt man die aus dem Konvexitätsliquor ableitbaren Prozesse von vaskulären, eine Unterscheidung, gegen die sich vieles sagen ließe, klinisch sind bekannt die raumbeengenden Formen neben den hemiplegischen und basal-meningitischen. Psychiatrisch gilt noch im wesentlichen die alte Kraepelinsche Einteilung in syphilitische Pseudoparalysen, apoplektische Hirnlues mit Herdsymptomen und Demenz, zuletzt die syphilitische Epilepsie. Lassen Sie diese kurzen Stichworte an die Stelle einer näheren klinischen Schilderung der einzelnen Verläufe treten! Praktisch ist für das therapeutische Handeln immer wieder die Tatsache von Bedeutung, daß die klinischen Krankheitsgruppen nur sehr schwer zu den anatomischen Vorgängen in Beziehung gesetzt werden können. Dies hat zwei unmittelbare Folgen: erstens, daß am Krankenbette nur mit vielen Einschränkungen auf das dem Leiden zugrunde liegende anatomische Geschehen geschlossen werden darf, und zweitens daß umgekehrt aus den anatomischen Befunden nur sehr bedingt die besondere klinische Erscheinungsweise nachträglich zu folgern ist. Dies gilt bei den psychischen Symptomen noch mehr als bei den neurologischen. Es liegt dies aber weniger an dem Umstande, daß die Voraussetzungen für die Aufstellung solcher Parallelen nicht theoretisch vorhanden wären, als an der eigentlich erfreulichen Tatsache, daß nur ausnahmsweise zu einem klinisch voll entwickelten Krankheitsbilde auch der anatomische Abschluß zur Verfügung steht. Aus dem gleichen Grunde und aus der Tatsache heraus, daß nur wenige Fälle von Lues cerebri für den behandelnden Arzt über einen größeren Zeitraum hinweg zu überblicken sind, ist die Vorhersage bei den einzelnen Formen der cerebralen Spätlues noch schwankend. Die Art und Weise der Vorbehandlung, das Alter, der Sitz und der Umfang der Ausfälle läßt hier so viele Möglichkeiten zu, daß ihre Aufzählung in ein paar Worten kaum Zweck hat. Als Grundregel mag der Satz gelten: die Vorhersage ist um so besser, je frischer die vorhandenen Ausfälle sind, je weniger funktionstragende Teile des Nervensystems geschädigt sind und je geringer die Vorbehandlung des Falles war. Im übrigen ist die Systematik der späten Hirnlues ein sehr umstrittener Gegenstand, namentlich, wenn wir die etwas selteneren Krankheitsbilder berücksichtigen. Schon bei der sog.

syphilitischen Pseudoparalyse beginnen die Zweifel. Die von Fournier stammende erste Beschreibung des Zustandes schließt nach heutigen diagnostischen Anforderungen nicht die Möglichkeit aus, daß es sich um eine Paralyse mit Herderscheinungen, vielleicht um eine Kombination aus dem paralytischen und hirnluischen Formenkreis gehandelt haben könnte. Noch unsicherer ist die Stellung der von Erb beschriebenen syphilitischen Spinalparalyse. Der Streit geht darum, ob bei diesem Leiden eine besondere Form der Rückenmarkslues vorliege oder eine chronische Myelitis syphilitica oder gar eine primäre degenerative Parenchymschädigung der Spätlues mit gewissen verwandtschaftlichen Beziehungen zu Tabes und Paralyse. Eine Klärung dieser Frage ist bis heute nicht erfolgt und bei der Seltenheit einschlägiger Beobachtungen wohl auch nicht mehr so ohne weiteres möglich.

Bei den Problemen der klinischen Gruppierung der sog. Luespsychosen geht es um viel grundsätzlichere Entscheidungen, um ihre Stellung innerhalb der psychiatrischen Systematik. Die akuten Formen dieser psychischen Störungen äußern sich in Verwirrtheitszuständen, deliranten, amentiellen Reaktionen und Trunkenheitssymptomen. Ihre Deutung ist verschieden: als exogene Praedilektionstypen während einer Zeitspanne mit erhöhter Giftwirkung oder starkem Eiweißzerfalle und faßbaren Hirndruckerscheinungen; in anderen Fällen sieht man das Hereinspielen endogener Momente bei dem Zustandekommen des ganzen Krankheitsbildes etwa dergestalt, daß gewisse, in der Persönlichkeit festgelegte, ihr eigentümliche Reaktionsformen in der akuten hirnluischen Erkrankung plötzlich besonders deutlich zutage treten. Die sog. Halluzinosen der Syphilitiker bilden den Übergang zwischen chronischen und akuten Luespsychosen. Ob sie schizophrene Reaktionsformen sind, die durch die Lues zur Auslösung gelangten oder Schizophrenien, die sich zufällig mit einer Lues cerebri verbanden, ist auch heute nicht entschieden. Es wird wohl jede der beiden Möglichkeiten vorkommen können. Wir werden den gleichen Schwierigkeiten der pathogenetischen Deutung nochmals begegnen bei der Besprechung gewisser Kunstprodukte der Infektionsbehandlung der Paralyse.

Die chronischen Luespsychosen umfassen jene Gruppe unklarer Störungen, bei denen die Frage der Deutung schizophrener oder paraphrener Symptome im Gesamtbilde wieder zur Erörterung steht. Eine zweite Gruppe wird von den in Demenz ausgehenden Fällen gebildet. Bezüglich der letzteren scheint wahrscheinlich, daß sie nicht einheitlicher Natur sind. Man unterscheidet in der Regel die hirnluische Demenz als Endzustand von den fortschreitenden Verblödungen aus gleicher Ursache. Es ist schwer, im Einzelfalle zu entscheiden, welche Verlaufsformen man vor sich hat; man hat ja in der Regel nur eine kürzere Phase des Krankheitsverlaufes als Beobachtungszeit zur Verfügung und da sind derlei Unterscheidungen immer unsicher. Zudem ist nicht bekannt, ob anatomisch unterschiedliche Befunde bei solchen Demenzspielarten vorhanden sind. Die Therapie jedenfalls hat aus diesen klinischen Erkenntnissen gar nichts gewonnen.

Ein Wort sei noch gesagt über die latente Form der Lues cerebri. Der Begriff der Latenz ist ein relativer. Er gilt solange, bis sich unsere Untersuchungsmethoden in irgendeiner Hinsicht so verfeinert haben, daß in dem vorher, wie es schien, so bewegungslosen Krankheitsbilde plötzlich doch Tätigkeit zu erkennen ist. Damit hat auch die Vorhersage wieder festere Handhaben als vorher. Der Latenzbegriff hat eine sehr deutliche Gefühlstönung für uns. Verspricht er Übergang in Dauerremmission und Heilung, dann wird er begrüßt; ist er aber das Zeichen dafür, daß der Therapeut die sichere Spur der Krankheit verloren hat, daß das Leiden also unter der Oberfläche nun seine unberechenbaren Bahnen weiterfließt, dann möchte man sich bekanntlich als Arzt lieber die Zeit herbeiwünschen, wo man sicheren Krankheitszeichen gegenüberstand und wußte, was zu tun war. Der Doppelsinn des Latenzbegriffes! Es ist ungemein schwer, bei jedem Einzelfalle von latenter Lues cerebri zu sagen, wie das Krankheitsbild zu beurteilen ist und was weiter geschehen soll. Nicht die Latenz an sich entscheidet, sondern der bisherige Krankheitsverlauf. Und da muß man sagen, daß alle Möglichkeiten gegeben sind, vom raschen und verhängnisvollen Fortschreiten der Erkrankung bis zu der Möglichkeit der endlichen Beruhigung des ganzen krankhaften Geschehens. Ausschlaggebend ist für die qualitative Wertung einer Latenz die Würdigung des bisherigen Krankheitsweges, der Heilmaßnahmen, ihres Erfolges, der sonstige Gesundheitszustand des Kranken u. a. m. Daß man im allgemeinen an den Latenzbegriff und die aus ihm sich ergebenden praktischen Folgerungen den strengsten Maßstab anlegen soll, werden Sie verstehen.

Zu groß ist ja die Gefahr, eine bloße Symptomarmut mit der Latenz gleichzusetzen und gewisse Krankheitszeichen leicht zu nehmen, die es nicht verdienen.

Das klinisch umfassende Gebiet der Tabes zeigt dem Betrachter immer wieder eine Tatsache: die Änderung im Charakter der tabischen Erkrankungen. Es ist auch eine zahlenmäßige Abnahme der Tabesfälle in den letzten Jahrzehnten behauptet worden, doch geht eine solche Annahme zweifellos irre. Die Tabesfälle verteilen sich auf erheblich mehr Ärzte, Krankenhäuser, Spezialisten und Spezialfächer als früher, wobei nach meinen eigenen Erfahrungen das Krankenhaus zunehmend gemieden wird. Vielleicht ist dies aber in bestimmten Großstädten wieder anders. Auffallend bleibt die Änderung des Charakters der Tabes. Wir sehen doch nur selten jene ganz schweren Tabesformen, wie sie früher die Regel gewesen zu sein scheinen. Das Malum perforans, die Arthropathien und ähnliche schwere Tabessymptome sind seltener geworden. Besonders häufig waren sie allerdings auch wohl niemals. Diese Erscheinung der klinischen Umgestaltung des tabischen Zustandes kann auf verschiedene Ursachen zurückgehen. Wahrscheinlich ist die bessere, vor allen Dingen auch die viel allgemeinere und frühzeitigere Behandlung dieser Zustände schuld. Man darf auch nicht darauf vergessen, daß das Wissen der Kranken um ihren Zustand und seine Ursache ein besseres geworden ist und, was wohl viel zu wenig betont zu werden pflegt, daß unsere Vorbehandlung der Frühlues doch ganz allgemein eine sehr viel sachgemäßere geworden ist. Aber dies alles läßt sich nicht mit Händen greifen. Die Einstellung der Therapeuten zum tabischen Prozesse ist eine andere; dies läßt sich allgemein beobachten. Man behandelt nicht mehr mit jener Unbekümmertheit früherer Jahrzehnte, sondern nach gewissen gesicherten Grundsätzen, von denen noch zu sprechen sein wird. Voraussetzung für diese veränderte Einstellung ist eine andersgeartete Wertung der tabischen Krankheitszeichen. Es ist kein Zweifel, daß die tabischen Symptome in Hinblick auf den Krankheitsvorgang und seine Fortentwicklung nicht von gleicher Bedeutung sind. Es werden hierzu in der Regel zwei Grundsätze gelehrt: 1. Daß die mit Optikusschädigungen verlaufende Tabes die gutartige Form sei. Sie neige nicht sehr zum Fortschreiten und bleibe verhältnismäßig symptomarm; 2. daß die Tabes mit stark betonten vegetativen Symptomen vielfach mehr zum Fortschreiten neige als andere Gruppen. Es liegt auf der Hand, daß solche allgemeinen Regeln ihre großen Bedenken haben. Denn es wird kaum einen Therapeuten geben, der nicht auch über andere Erfahrungen verfügte. Aber ein Körnchen Wahrheit ist doch an ihnen. Meine persönlichen Beobachtungen gehen dahin, daß es namentlich die Tabes mit stark kachektischen Verfalle, die Tabes mit Blasen-Mastdarmstörungen und die mit gastrischen und Larynxkrisen ist, die eine gewisse Neigung zur Verschlechterung hat. Ich lasse mich aber in dieser Frage gerne eines anderen belehren. Leider ist ja die Tatsache des Fortschreitens im tabischen Prozesse nicht der einzige Grund zur Behandlung. Ebenso dringend kann eine therapeutische Indikation durch die Schmerzhaftigkeit des Symptoms oder durch seine vitale Bedrohlichkeit (etwa beim Opticusschaden) sein. Es ist also nicht nur das Moment der Progredienz, was eine klinische Erscheinung der Tabes bedeutsam werden läßt. Überhaupt kann man sagen, daß kaum ein anderes neuroluisches Leiden in seiner Symptomatologie mit so vielen anderen Fragen der klinischen Neuroluesiehre verknüpft ist.

Wir sehen bei der Tabes ganz besonders enge Beziehungen zur Lues cerebri und wie nahe andererseits die Bindung an die Paralyse gelegen ist, dies zeigt schon der Begriff der Taboparalyse zur Genüge. Es ist eigentümlich, daß die klinische und pathogenetische Forschung bis heute so gut wie keine plausible Erklärung für den so wichtigen Vorgang hat, daß und warum unter gewissen Umständen auch aus einem alten tabischen Prozesse zu guter Letzt noch eine Paralyse hervorwachsen kann. Gewiß kann man sich da denken, daß es durch Nachlassen der Abwehrkräfte zu einem weiteren Überhandnehmen oder zu einer Umlagerung der Erreger gekommen sein könnte. Aber bewiesen ist natürlich nichts. In diesem Zusammenhange verdient noch eine andere Erscheinung Beachtung. Immer wieder wird der Grundsatz vertreten, daß Tabiker im allgemeinen psychisch ungeschädigt sind. Ich muß gestehen, daß sehr sorgfältige klinische Erhebungen und eine jahrelange Kenntnis des Einzelfalles gerade nicht geeignet sind, diese These zu stützen. Selbstredend gibt es psychisch unversehrte Tabiker. Aber es gibt auch eine große Zahl schleichend verlaufender Persönlichkeitsänderungen, kaum merkliche Niveausenkungen der seelischen Gesamthaltung, zunehmende Erstarrung und psychische Inaktivität. Vielfach werden diese Ausfälle erst dann offenbar, wenn die Infektionstherapie den Rest von vegetativem Turgor beseitigt hat oder wenn man im Besitze so vieler Einzelheiten aus Schicksal und Persönlichkeitskolorit des Kranken ist, daß man wirklich mit Recht sagen kann, man beurteile alle hier einschlägigen Punkte richtig.

Und nun das klinische Bild der progressiven Paralyse. Es überrascht, daß eigentlich der größte Teil der klinischen Paralyseforschung unter dem Einflusse der Therapie steht. Nicht etwa nur in einem oberflächlichen Sinne. Es steht vielmehr fest, daß die moderne Infektionstherapie und ihre Probleme vieles von unserem klinischen Wissen um die Erkrankung von Grund auf geändert hat, ja noch mehr. Die mit der Paralysebehandlung auftauchenden Fragen haben weit über das Aufgabengebiet der Paralyseforschung hinausgeführt, bis zu den schwierigsten Erörterungen der klinischen Psychiatrie überhaupt. Ich darf nur etwa in diesem Zusammenhange daran erinnern, was sich alles an Diskussionen an die Lehre von den paranoiden Paralysehalluzinosen angeschlossen hat.

Eine der wichtigsten klinischen Fragen in der Lehre von der progressiven Paralyse ist die des Aufbaues ihrer klinischen Erscheinungen. Untersuchungen dieser Art pflegen stets zu einem gewissen klinischen Zwecke angestellt zu werden und so hat man sich auch bei der Paralyse für die Zusammensetzung ihrer Symptome namentlich deshalb interessiert, weil gewisse therapeutische Phänomene zu erklären waren, die man sich nicht so ohne weiteres zusammenreimen konnte. Da erhob sich zuerst die Frage nach dem Kardinalsymptom der Krankheit. Ob es in der Natur überhaupt Kardinalerscheinungen und sog. Begleitumstände gibt, dies ist keineswegs entschieden. Ich habe nicht die Absicht, hier vor Ihnen den alten Streit um den Konditionalismus aufleben zu lassen. Ungleichwertigkeit von natürlichen Erscheinungen ergibt sich immer erst in Hinblick auf unsere besonderen Zwecke, unter denen wir diese Erscheinungen sehen, nicht aus dem natürlichen Gange des Geschehens als solchem. Man hat nun die Ansicht ausgesprochen, bei der Paralyse sei die paralytische Demenz das Haupt- oder Achsensyndrom, die Benommenheit, die Aufmerksamkeitsstörungen u. a. dagegen seien Randsymptome, die dem eigentlichen Krankheitskerne nicht anhafteten. Diese Unterscheidung, die man zunächst zum Verständnis ganz umschriebener klinischer Tatsachen traf, ist in neuerer Zeit so eine Art von feststehender klinischer Tatsache geworden und man könnte meinen, sie sei wirklich bewiesen. Aber man sollte nicht vergessen, daß sie ihre großen Bedenken hat. Die Paralyse hat die Eigenart, eine Krankheit zu sein, die sich in verschiedenen Bereichen abspielt, in der Körperlichkeit, in den Säften, zuletzt auch im psychischen Bereiche, wie jedes Leiden. Schon in Hinblick auf ihren Charakter als Infektionskrankheit ist es fraglich, ob der psychischen Erscheinungsweise der Paralyse eine so überragende Bedeutung zukommt, daß ein rein psychisches Symptom wie die Demenz es ist, als Angelpunkt der ganzen Symptombildung schlechtweg bezeichnet werden darf. Tatsächlich streiten bis heute zwei Krankheitsbezeichnungen des gleichen Leidens um den Vorrang: die Dementia paralytica mit der offensichtlichen Betonung des Demenzsymptoms als wesentlichstes Kennzeichen und die ältere, aber keineswegs schlechtere Bezeichnung der allgemeinen progressiven Paralyse der Irren. Die letztere Benennung stellt in den Vordergrund das sehr wichtige Symptom der allgemeinen fortschreitenden Lähmung, ja wir sprechen sogar von Paralyse, zu deutsch von Auflösung, von Lähmung schlechtweg. Und da haben wir ein Symptom vor uns, das mit dem gleichem Rechte als Achsensyndrom der Paralyse angesprochen werden könnte, wie die paralytische Demenz, wobei das Symptom der allgemeinen Lähmung sogar noch den Vorzug besäße, kein Defektsymptom zu sein, wie die Demenz, sondern ein Prozeßsymptom. Aber dies alles sind eigentlich Fragen zweiter Ordnung aus dem vielumfassenderen Probleme der Entstehung der paralytischen Symptome überhaupt. Wir sind hier gewohnt, im wesentlichen nach den Grundsätzen der Aufbaudiagnsotik zu verfahren. Mit den körperlichen Symptomen kann ich mich leider nicht beschäftigen, so gerne ich es auch möchte. Es sei nur darauf hingewiesen, daß sich in neuerer Zeit eine wesentlich objektivere Würdigung der paralytischen Reflexunregelmäßigkeiten anzubahnen scheint. Aus alter Gewohnheit wird der schleudernde paralytische Sehnenreflex gerne als gesteigert bezeichnet, obwohl echte spastische Phänomene eigentlich erfahrungsgemäß bei der Paralyse gar nicht häufig sind. Es ist das Verdienst von Bostroem, diese, wie mir scheint, sehr grundsätzliche Tatsache entsprechend betont zu haben. Ja ich möchte in dieser Frage noch einen Schritt weiter gehen als Bostroem und bei der Paralyse von Reflexsteigerung überhaupt nur da sprechen, wo alle Kennzeichen der Spastizität einschließlich der Tonusänderungen und der für Spasmen bezeichnenden krankhaften Synergismen und pathologischen Reflexe zusammen vorhanden sind. Jeder weiß, wie selten in praxi dies tatsächlich erwartet werden darf. Bedenken Sie aber nun, wie häufig bei einem anderen entzündlichen und diffusen Hirnleiden, der Polysklerose der neurologische Tatbestand voll erfüllter Spastizität gegenüber der Paralyse gegeben ist, dann werden Sie mir zugeben, daß die didaktische Ableitung solcher Phänomene aus einigen altgewohnten Prinzipien, etwa aus der Seitenstrangsklerose oder aus dem Fortfall des tonisierenden Einflusses der Hirnrinde doch bisweilen so wenig zu befriedigen vermag.

Die Deutung der psychischen Symptome der Paralyse erfolgte vor nicht allzu ferner Zeit noch im wesentlichen nach lokalistischen Prinzipien. Daß ein Paralytiker bald expansiv war, Größenideen entwickelte und sich entsprechend verhielt, während ein anderer depressiv mit Kleinheitsideen erkrankte oder in furibunder Erregung zugrunde ging, dies lag im wesentlichen an der Intensität des Krankheitsprozesses, etwa der Menge und der Verteilung der Erreger, der Art und der Angriffsweise der Gifte und an ähnlichen mechanistischen Momenten. Noch Kraepelin neigte diesen Auffassungen zu und tatsächlich waren sie ja wohl in vieler Hinsicht einleuchtend und auch durch gewisse Tatsachen begründet. Denn daß gewisse paralytische Anfälle oder gewisse Formen der galoppierenden Paralyse mit der Biologie der Erreger irgendwie zusammenhängen mußten, das war durch die parasitologische Erfahrung klar geworden. Schwieriger war schon die Anwendung lokalisatorischer Anschauungen auf andere klinische Paralyseformen. Für die expansive oder halluzinatorische Form des Leidens stellte man sich etwa vor, es würden durch den Krankheitsvorgang irgendwie solche Hirnteile oder, wie der Fachausdruck hieß, solche Hirnsysteme in Mitleidenschaft gezogen, daß durch deren Schädigung auf einem noch ganz unvorstellbaren Wege etwa das Symptom der Exaltation oder das der Depression zustande käme. Die heute immer noch unzureichende Begründung solcher Vorstellungen in den klinischen Tatsachen liegt nahe. So sah man sich nach anderen Deutungsmöglichkeiten um. Das unmittelbare Bedürfnis dazu erwuchs aus zwei Erkenntnissen: einmal aus der nützlichen Gepflogenheit, die klinischen Vorgänge zunehmend nach aufbaudiagnostischen Gesichtspunkten anzusehen und dann auch aus unmittelbaren klinischen Erfahrungen, die durch die Infektionstherapie und ihre gesonderten Krankheitsverläufe täglich zur Verfügung gestellt wurden. Da zeigte sich nämlich, daß es im Anschluß an die Behandlung bei einem kleineren Prozentsatze der Kranken zu einer eigenartigen Abwandlung des bisherigen klinischen Bildes kommen konnte. In einem Falle entstanden Krankheitsformen, die etwa einer Alkoholhalluzinose gleichen mochten, im anderen Fall brachen langdauernde maniforme Erregungen aus und wieder in anderen Fällen hätte man ohne Kenntnis der Vorgeschichte ohne weiteres eine Schizophrenie diagnostiziert, so sehr glichen diese therapeutischen Kunstprodukte den echten Schizophrenien, auch hinsichtlich ihres Verlaufes. Wie wollte man sich solche klinische Vorgänge erklären? Hier bestanden mehrere Möglichkeiten, von denen jede ihre Verfechter hat, ein Beweis dafür, daß in Wirklichkeit keine völlige Klarheit besteht. Die erste Möglichkeit ist die der Auslösung bereit liegender endogener Seelenstörungen durch die Paralyse bzw. durch die Infektionstherapie. Die Anlage zu manisch-melancholischen oder schizophrenen Erkrankungen ist nach dieser Auffassung in einer bestimmten Anzahl von Menschen latent vorhanden und kann es das übrige Leben hindurch bleiben, wenn das Gehirn von weiteren infektiösen oder toxischen Schädigungen verschont bleibt. Ist dies aber nicht der Fall, dann bringt die Infektionskrankheit die vorher verborgene Anlage ans Tageslicht, es kommt in unserem Falle zu einer Manie oder einer Schizophrenie durch die Paralyse und die Methoden ihrer Bekämpfung. Es kann aber auch anders sein. Die Paralyse und die schwere toxische Beanspruchung des Körpers durch die Infektionstherapie kann den Körper und besonders das kranke Gehirn so tiefgehend geschädigt haben, daß es zu einer spezifischen Psychose im Sinne der Symptomatologie einer endogenen Seelenstörung kommen kann. Oder anders, grober lokalistisch ausgedrückt: es kann durch die Paralyse und die Giftwirkung sowohl dieses Leidens wie die der aufgesetzten Impfmalaria unter besonderen, noch nicht klar ersichtlichen Bedingungen zu einer elektiven Schädigung gewisser Hirnteile oder gewisser funktionell verbundener Hirnblutdrüsensysteme kommen, so daß aus diesem Dauerschaden alsdann die schizoforme oder maniforme Psychose erwächst. Eine Kritik dieser beiden Lehren im Rahmen dieses kurzen Referates ist völlig ausgeschlossen. Nur soviel sei gesagt: bis heute ist keine der beiden Ansichten widerlegt und ich möchte hinzufügen, daß sie eigentlich bei näherem Zusehen gar nicht so weit voneinander entfernt sind als es fürs erste erscheinen mag.

Wenn ich mich nun meiner letzten Aufgabe zuwende, einer kurzen Besprechung der Therapie der nervösen Spätlues, so fürchten Sie nicht, daß ich mich über Einzelheiten verbreite. Vor jeder Behandlung steht als wirksamste Maßnahme die Vorbeugung und so soll an der Spitze meiner therapeutischen Erörterungen die Frage stehen, inwieweit heute eine Vorbeugung der Lues nervosa möglich sei. Da die Entstehungsbedingungen der nervösen Form der Lues nur sehr lückenhaft bekannt sind, wird man kaum hoffen dürfen, daß augenblicklich die Spätsyphilis wirksam verhütet werden kann. Auch unsere therapeutischen Hilfsmittel lassen bis jetzt die Hoffnung nicht gerechtfertigt erscheinen, daß wir mit den syphilitischen Äußerungen am Nervensystem so rasch fertig werden könnten, wie man sich dies bisweilen geträumt hat und wie man es noch heute da und dort verkündet. Aber vielleicht wäre diese ganze Frage von untergeordneter Bedeutung, wenn es gelänge, die Syphilis selbst und die Ansteckungsquellen mit wirksamen, wenn auch mit drakonischen Maßnahmen zu treffen. Vielleicht mag sich der eine oder andere unter Ihnen schon gedacht haben, es müßte heute, in der Zeit absoluter staatlicher Autorität und der Beschränkung aller gemeinschaftsfremder, persönlicher Willkür möglich sein, durch irgendeinen Gewaltstreich der Syphilis ihre praktische Bedeutung in Deutschland zu nehmen. Gesetzt, die äußerste aller in Betracht kommenden Möglichkeiten würde erwogen: könnte es nicht gelingen, jeden noch irgendwie schädlichen Syphilitiker solange durch Zwang zu internieren und ärztlich zu beaufsichtigen, bis er aufgehört hat, eine Gefahr für die Öffentlichkeit zu sein? Von vielem anderen abgesehen, meine Herren, besteht hier ein außerordentlich ernstes Bedenken: daß sich von den Syphilitikern männlichen und weiblichen Geschlechtes ein großer Prozentsatz dem Zugriff der Behörde und damit der sehr einschneidenden Beschränkung der persönlichen Freiheit entziehen wird. Folge davon wird sein, daß sich der Strom der Syphilis nach so vielen und gefährlichen Seiten verläuft, daß jegliche öffentliche Kontrolle, jegliche ärztliche Einflußnahme verloren ginge und am Ende wäre damit der Schaden größer als der Nutzen. So bleibt es also vorläufig bei einer wirksamen Behandlung der Syphilis. Auch dies ist nicht wenig. Wir werden es, glaube ich, getrost abwarten können, was die noch so junge Lehre von der intensiven kombinierten Behandlung der Frühsyphilis und der Infektionstherapie dieser Stadien alles an Ergebnissen zeitigen wird. Bis jetzt besteht nicht der geringste Anlaß, an der außerordentlichen Wirksamkeit dieses Vorgehens zu zweifeln. Der Zeitraum, der seit dem richtigen Gebrauche dieser Therapieform verstrichen ist, muß als viel zu kurz bezeichnet werden, um jene verdächtig schnellen Urteile als berechtigt ansehen zu können, die in der letzten Zeit da und dort laut geworden sind. Es ist nicht an dem, die spezifische Behandlung als eine Methode zu bezeichnen, der ein Dauererfolg bei der Lues nervosa mangelt und deren Fortführung und Weiterentwicklung sich nicht verlohnte. Es ist ein müßiges Beginnen, den Gebrauchern dieser Therapie immer wieder von ihren Fehlern zu erzählen. Wir sind dagegen ja doch gewiß nicht blind, wir hielten es nur für zweckdienlicher, wenn man an Stelle langer Debatten die Ergebnisse dieser angeblich so mangelhaften spezifischen Luesbehandlung gegen die mit wirksameren Methoden gewonnenen halten wollte und dann werden wir ja sehen, was aus diesem Vergleiche weiter zu folgern ist. Wie die Geschichte der Luestherapie zeigt, ist sie nichts Starres, Dogmatisches und Unhandliches geblieben. Sie hat ihre großen Umwälzungen erfahren, nur haben sich die größten Änderungen gerade in der Luestherapie mit jener Geräuschlosigkeit vollzogen, die allen wirklichen Verbesserungen eigen ist. Während man noch allenthalben, ferne von der ärztlichen Fachpresse, die Schäden des Quecksilbers anmerkt, hat sich schon seit zwei Jahrzehnten das Wismut langsam und sicher an seine Stelle gesetzt; mit der gleichen Unauffälligkeit sind auch andere therapeutische Methoden gekommen und gegangen. Wenn ich Ihnen zunächst die vermutliche Richtung der Fortentwicklung unserer spezifischen Methoden der Neuroluestherapie aufweisen soll, so ist es wohl diese: weiterer Rückgang der Quecksilberverwendung, Ersatz durch Wismutpräparate, allmähliche Auflassung aller sog. direkter Behandlungsverfahren mit Arsenikalien, wahrscheinlich langsamer und teilweiser Ersatz des Arsenobenzols durch wirksamere Arsenabkömmlinge aus der Gruppe des fünfwertigen Arsens, zu dem das Stovarsol, das Tryparsamid, das Spirocid gehören. Dies bedeutet eine Rückkehr zu den anorganischen Arsenabkömmlingen und eine gewisse Abkehr von den Ehrlichschen Grundsätzen der Verwendung organischer Arsenverbindungen. Zuletzt auch zunehmender Gebrauch unspezifischer und infektionstherapeutischer Methoden schon in der Neuroluesverhütung oder in den frühesten Stadien der Neurolues. Langsamer Ersatz der Verwendung echter Infektionskrankheiten zu Heilzwecken durch leichter beherrschbare und durchsichtigere Heilmaßnahmen von gleicher Wirkung. Vielleicht täusche ich mich auch mit diesen Voraussagen, und irgendwo in der Ferne bereitet sich schon ein Heilverfahren vor, das mich Lügen straft. Aber mein Irrtum ist deshalb wohl nicht so groß, als ein Teil des oben geschilderten Zukunftsprogrammes schon mitten im Vollzuge steht.

Von dem ferneren Schicksale der direkten Behandlungsmethoden will ich zuerst sprechen. Man versteht unter den direkten spezifischen Verfahren solche Einspritzungsmethoden, die versuchen, das Heilmittel unter Umgehung der Blutliquorschranke direkt an das Nervensystem heranzuführen. Hierzu gehören vor allen Dingen die sog. intralumbalen Applikationsweisen. Was diese nun anlangt, so spricht nichts dafür, daß sie jemals tatsächlich mehr geleistet hätten, als die sonst übliche kombinierte spezifische Therapie, wohl aber hat sich herausgestellt, daß ihr eine Anzahl großer Gefahren anhaftet. Soviel ich sehe, ist aus diesen und ähnlichen Gründen die Anwendung der intralumbalen Methodik in Europa ziemlich vereinzelt geworden, in Amerika soll sie sich in der Privatpraxis noch leidlich halten, aber man kann sich das Eindruckes nicht erwehren, als spielt sie dort eine Rolle, die neben dem antiluischen Effekte namentlich im psychischen Bereiche gelegen ist. Sie tritt an die Stelle der sieghaften und zeremonienreichen chirurgischen Operation. Überwertung des Technischen, nicht nur durch den Kranken, sondern durch ein ganzes Zeitalter.

Es ist zur Genüge bekannt, welches Schicksal das Salvarsan und seine Abkömmlinge bei der Behandlung der nervösen Spätlues hatte. Nach hochgespannten Erwartungen am Anfange seines Gebrauches kam eine Zeit gänzlicher Ablehnung. Dies dauerte an, bis die Infektionsbehandlung einsetzte. Als auch hierbei Zweifel laut wurden, versuchte man nochmals eine Ehrenrettung des Salvarsans in der Paralysetherapie und zwar unter Empfehlung hoher Gesamtgaben. Aber offensichtlich hat dieser Rat nicht überzeugt. Schon die Bemessung der Erfolge nach der erzielten Lebensdauer, oder wie man euphemistisch sagte, nach der Absterbeordnung, hat ihre sehr gewichtigen Einwände. Jede Besserung einer Krankheit hat ja nicht nur eine, sondern sehr viele Richtungen, in der sie geht. Neben der Dauer steht als gleichwichtig die Art und Beschaffenheit dieser Besserung. Was das letztere Moment anlangt, so sehen wir aber schon bei der paralytischen Remission, daß vieles einer Berücksichtigung bedarf, wenn man sie wirklich richtig beurteilen will. Man hat z. B. noch nie zu Ehren der Infektionstherapie gesagt, daß sie auch dann, wenn sie nicht anspricht oder nur zu mangelhaften und vorübergehenden Erfolgen führt, die Paralytiker doch eigentlich anders sterben läßt wie früher, wo man dem Schicksal noch seinen freien Lauf ließ. Wo sieht man heute jene Paralysen, die in einem Ärzte und Personal gleich belastenden Siechstum buchstäblich dahinfaulen, mit scheußlichen Druckbrandgeschwüren und Knochenbrüchen und tiefen jauchigen Eiterungen? Es ist nicht so ganz einfach, den Wert oder Unwert eines Heilmittels in Worte zu fassen. Dies gilt, wie gesagt, auch vom Salvarsan in der Spätluesbehandlung. Wenn nicht alles trügt, ist der Salvarsangebrauch bei der Paralyse endgültig überwunden, von seiner Verwendung als Nebenhilfe abgesehen. Bei der Tabes und der Lues cerebri scheint das Salvarsan auf ganz bestimmte Anwendungsgebiete und Erscheinungsformen beschränkt zu sein, über die im einzelnen zu sprechen sich wohl verlohnte. Soviel läßt sich allgemein sagen, daß auch bei Tabes und Lues cerebri das Salvarsan nur in bestimmten und für jeden Einzelfall sorgfältig abgewogenen Kombinationen mit Jod und Bi zu gebrauchen ist, wozu in neuerer Zeit noch die Impfmalaria kommt, die ja einen Teil der früheren Salvarsanindikationen in der Behandlung der Frühlues abgelöst hat, zum mindesten aber den Augenblick des Salvarsangebrauches im ganzen Heilplan verschoben hat. Die Hauptgefahr aber droht dem Salvarsan aus den eigenen Reihen. In England, Amerika und Frankreich, wo man sich schon von vorneherein den Ehrlichschen Ideen, namentlich seinen theoretischen Vorstellungen, nicht so bedingungslos verschrieb wie bei uns und wo man auch die direkte Wirkung des Salvarsans auf die Spirochäten, wie sie von Ehrlich gelehrt wurde, nicht so ohne weiteres glaubte, richtete man seine chemotherapeutischen Versuche weniger auf organische As-Abkömmlinge, als auf das As überhaupt und dies hatte insofern Erfolg, als sich bald Verbindungen auffinden ließen, die zwar hinsichtlich ihrer Wirksamkeit in der Frühluesbehandlung weit hinter dem Salvarsan zurückstanden, es aber bei nervös-syphilitischen Affektionen der Spätperiode offensichtlich übertrafen. Es sind dies die schon erwähnten anorganischen Arsenderivate. Daß ihnen in der Unterstützung der Fiebertherapie bei Lues cerebri, Tabes und Paralyse eine gewichtige Rolle zukommen dürfte, ist mir nicht zweifelhaft.

Und nun noch einige allgemeinere Gesichtspunkte zur Infektionstherapie der nervösen Spätlues. Ich brauche heute vor Ihnen die Wirksamkeit des Verfahrens nicht mehr zu erweisen, brauche zur Methodik und Anwendung nichts zu sagen, all dies ist Ihnen ja teils aus eigener Erfahrung, teils aus dem fachlichen Schrifttum bekannt. Und auch mit den etwas schlecht beleumdeten Remissionsziffern möchte ich Sie nicht aufhalten. Wir alle wissen, wieviel persönliches Urteil, wieviel die örtlichen Verhältnisse, die Art und Zusammensetzung des Krankenstandes hier Einfluß hat. Wir müssen heute zugeben, daß zwei Ansichten bezüglich der Wirkung der Infektionstherapie im Unrecht waren: einmal jene, die glaubten, es sei nun endlich das Allheilmittel gegen die Lues nervosa gefunden, zum anderen aber auch jene, die in den infektionstherapeutischen Wirkungen nicht viel mehr sahen, als klinisch schlecht beobachtete Spontanremissionen der Paralyse. Die Wahrheit lag in der Mitte. Man kann heute getrost zugeben, daß die Impfmalaria nur bei früher Anwendung wirklich überzeugende und bleibende Erfolge zu verzeichnen hat. Das Schwergewicht dieser Behandlungsmethode, scheint, wie auch bei vielen anderen wirksamen therapeutischen Maßnahmen, sich zunehmend in Richtung der Vorbeugung zu verschieben. Aber dies muß ich doch auch betonen, damit man mich nicht falsch versteht: die Infektionstherapie hat zwar nur leidlich viele, aber dann doch so außer jeder Diskussion stehende Dauererfolge, daß sie sich schon um dieser wirklichen Erfolge willen viele Mißerfolge wird leisten können. Ein großer Teil unserer früheren Mißerfolge geht zudem zu Lasten falscher Indikationsstellung und mangelhafter Kenntnis der klinischen Situation, in der sich die Malariageimpften befinden. Ich brauche nur daran zu erinnern, daß man von der Impfmalaria nicht verlangen kann, daß sie an alten Fällen von apoplektiformer Hirnlues noch viel ändere, oder daß sie bei Tabes willkürlich jedes Symptom beseitige. Die Impfmalaria hat uns ja erst bis zu einem gewissen Grade gelehrt, was bei den hirnluischen, tabischen und paralytischen Erkrankungen prozeßbedingt ist und was als Defekt- oder Narbensymptom anzusehen ist. Wenn man sich bezüglich der Infektionsbehandlung der Tabes nach dem Grundsatze richtet, daß man zunächst nicht mehr als eine ganz grundlegende vegetative Umstellung des Körpers mit der Impfmalaria erreichen, das übrige aber der spezifischen nachfolgenden Therapie überlassen will, dann wird man nicht zu dem Urteil kommen, daß die Infektionstherapie bei der Tabes nichts erreicht. Bezüglich der Paralyseimpfungen wird man vielleicht insoferne umlernen, als man sich heute mehr denn je die Frage vorlegt, ob sich eine Behandlung im konkreten Falle noch verlohnt oder nicht. Es hat natürlich keinen Wert, einem unheilbar Blöden durch eine gelungene Malariakur einen Daueraufenthalt in der Anstalt zu verschaffen. Vielleicht führt uns ein sorgfältigeres Studium des Paralyseverlaufes ohne und mit durchgeführter Infektionstherapie auch noch zum Ausschluß anderer Krankheitstypen aus der Behandlung. Gerade die neueren klinischen Bestrebungen in der Paralyseforschung scheinen mir diesen Weg zu weisen. Inwieweit die Serologie befugt ist, bei der Indikation der Behandlung und der Prognostik mitzuwirken, wird Ihnen von anderer Seite gesagt werden. Aber vielleicht gehen unsere Bestrebungen nach einer klinischen Vervollkommnung der Indikationen zur Anwendung der Infektionstherapie an einem viel grundsätzlicheren Ziele vorbei, nämlich dem, die Infektionstherapie durch etwas Verlässlicheres und Vollkommeres zu ersetzen. Denn darüber ist doch wohl kein Zweifel: daß es kein ideales therapeutisches Vorgehen bedeutet, wenn man eine Infektionskrankheit mit der anderen vertreibt. Nun gibt es zwar eine Menge von sog. Fiebermitteln, aber daß etwa das Tuberkulin oder irgendein Proteinkörper nicht das Gleiche vermöchten wie die Impfmalaria, dies hat ja Wagner-Jauregg schon vor vielen Jahren gesehen und nun entdeckt man es von neuem. Man hat eben darauf vergessen, daß der alte Fieberbegriff, der unter dem Einflusse hippokratischen Denkens stand, als viel umfassenderer physiologischer Vorgang gedacht war, als es jenes Bißchen ist, was heute die verlängerte Quecksilbersäule des Thermometers zeigt. Es steckt in der infektionstherapeutischen Wirkung ein unnachahmlicher toxischer Heilfaktor, den weder die Lehre vom Retikuloendithel, noch die von den Peptidasen oder der unspezifischen Leistungssteigerung wirklich klarlegen konnte. Vielleicht greift hier die Chemotherapie einmal ein und schafft uns die so notwendig gewordene Überleitung auch zu natürlichen Heilmethoden, wobei ich bemerken möchte, daß ich zwischen natürlichen und schulmedizinischen Heilmethoden keine sachlichen, wohl aber weltanschauliche und andere Gegensätze sehe. Für eine solche Neubelebung der chemotherapeutischen Heilmethoden sind mancherlei Voraussetzungen gegeben. Denken Sie etwa an die den Luesverlauf so grundsätzlich beeinflussende Wirkung der Salvarsanexantheme. Wäre es nicht möglich, diese ungewollte, toxisch-exanthemerzeugende Wirkung von differenten chemischen Substanzen auch indifferenten Verbindungen gewollt und auf eine weniger schädliche Weise mitzugeben? Ich habe vor Jahren versucht, das wegen seiner exanthembringenden Wirkung gefürchtete, aber in der Kinderheilkunde bereits als Choreaheilmittel gebrauchte Schlafmittel Nirvanol für die Luestherapie zu verwenden. Bei Paralytikern sieht man unter Gebrauch entsprechender hoher Dosen eigenartige Ödeme und morbilliforme Exantheme, die therapeutisch auf den Luesverlauf außerordentlich günstig einwirken, mit denen auch sehr gute Paralyseremissionen zu erzielen sind. Aber die therapeutische Spielbreite liegt verhältnismäßig nahe an einer erheblich toxischen Dosis und so muß man wohl erst, wenn man den Kranken nicht gefährden will, mit dem Chemotherapeuten und Chemiker sehr eingehend zu Rate gehen und ganz systematisch untersuchen. Darin lag ja Ehrlichs Geheimnis.

Über die Verwicklungen der Infektionstherapie ist wenig Neues zu sagen. Im Grunde können sie kürzer behandelt werden, als es fürs erste aussehen mag. Denn die Gefäßkreislaufkomplikationen sind praktisch eigentlich die einzigen wirklich bedrohlichen und zahlenmäßig ins Gewicht fallenden. Leider suchen wir in diesem Punkte aber wie vor Jahren noch nach einem Wege. Wir haben kein Maß für die absolute Wirkung der Infektion, für die richtige Dosierung, wenn ich so sagen soll und haben erst kein Maß für die außerordentliche Empfindlichkeit des Paralytikers im Herzkreislaufsystem. Wie sehr wäre hier eine kurze und verlässige Methode der Kreislaufprüfung erwünscht! So aber müssen wir eigentlich in allen bedrohten Fällen den Augenblick des rechtzeitigen Einschreitens mehr erraten, als sicher aus Tatsachen folgern. Im ganzen hat die Malaria tertiana als bevorzugte Methode das Feld unbestritten behauptet. Der Grund ist mehr als einer. Den Ausschlag gibt wohl die Tatsache, daß die Tertiana die wenigsten Verwicklungen hat. Aber auch mit ihr läßt sich nicht künsteln. Schon die Zerlegung der Kur in zwei Hälften ist meist der äußere Ausdruck für die uneingestandene Tatsache, daß etwas mit dem Kranken bzw. mit dem therapeutischen Erfolge nicht stimmt, ganz grundsätzlich und uneinbringlich. Dies gilt ebenso sehr für alle erforderlichen Nachkuren und dies sind solche, die nicht nur zur Beruhigung des Kranken oder der Angehörigen durchgeführt werden. Man möchte überhaupt so gerne ein Maß für die Erreichung des Zeitpunktes haben, an dem die Therapie endgültig gewonnen hat, wo man nichts Grundsätzliches mehr zu tun braucht. Aber leider gibt es ein solches absolutes Kriterium nicht. Bedenken Sie, daß viele schlecht remittierte Tabiker und Paralytiker an Pneumonien, Anginen, Infektionen, an einem Darniederliegen ihrer vegetativen Kräfte sterben, dann werden Sie verstehen, was ich meine. Sie sterben nicht an der Paralyse und sterben doch daran. Wer wird dann wohl für jede körperliche Konstitution sagen können, sie sei in einem bestimmten Zeitpunkte nach Abschluß der Infektionstherapie nicht mehr gefährdet? Gewiß, wir kennen ganz typische Verläufe der Lues nach Malariabehandlung, kennen typische Rezidive und uneinbringliche Verluste. Aber leider kennen wir sie erst dann, wenn ihre Erfassung nicht viel mehr nützt. Dann hilft kein anderes Mittel, als daß man dem Schaden auf sozialem Wege begegnet.

Damit möchte ich schließen. Ich weiß sehr wohl, daß ich unvollständig in meinen Ausführungen bin. Aber eigentlich hätte ich nicht einmal in Stichworten, sondern nur in Kapitelüberschriften sprechen dürfen, wenn ich das Ziel der Vollständigkeit angestrebt hätte. Die Behandlung eines großen Stoffgebietes im Vorübergehen macht leicht den Eindruck bequemer Arbeit, aber doch auch nur dann, wenn man wirklich bequem gewesen ist.

Aussprache.

Nonne (Hamburg): Es wurde erwähnt, daß v. Esmarch und Jessen zuerst auf die syphilitische Natur der Tabes hingewiesen haben. Viele von Ihnen werden nicht wissen, wie die Sache lag. Ich weiß es aus dem Munde v. Esmarchs selbst, bei dem ich 1886/87 Assistent war.

Es handelte sich um einen Mann mit schwerer syphilitischer Osteomyelitis des Schädels, der tobte und schwachsinnige Größenideen hatte. Man wußte damals weder etwas von den Pupillen noch von Sehnenreflexen. Heute wissen wir, daß tertiäre Lues bei Paralyse wie bei Tabes etwas überaus Seltenes ist. Eine Sektion fand nicht statt.

Als ich 1884 als Assistent bei Erb eintrat, hatte er noch schwer zu kämpfen gegen die Autorität von Leyden, der bis zu seinem Tode der Meinung blieb, daß die Tabes mit Syphilis nichts zu tun hätte. Als ich 1889 nach Eppendorf kam, empfing mich der Prosektor Eugen Fraenkel mit der Frage: „Glaubt Ihr früherer Chef Erb immer noch, daß die Tabes etwas mit Syphilis zu tun habe? Virchow ist doch auch ein kluger Mann und hat erst vor kurzem in Berlin erklärt, daß die tabische Hinterstrangserkrankung nicht die Zeichen von Syphilis an sich trage.“ Und ein überaus erfahrener Chefarzt in einem der großen Hamburger Krankenhäuser hatte ein Buch geschrieben über die Tabes-Syphilisfrage, das mit dem lapidaren Satz endete: „Bewiesen ist nur, daß Syphilis nicht verhindern kann, daß jemand Tabes bekommt.“ Wenn wir die auf dem Gebiet der Neurolues seither geleistete Arbeit übersehen und das heute Gehörte bedenken, so möchte es scheinen, als ob wir es jetzt herrlich weit gebracht haben, und doch sind viele von den Problemen, die damals behandelt wurden, auch heute noch nicht gelöst.

1. Was ist „Spätlues“ des Nervensystems? Heubner, Fournier u. a. meinten, daß die Neurolues immer Spätlues sei. Heute wissen wir, daß $^1/_4$ der Fälle von arteriitischer Lues in der Frühperiode auftreten und die Hälfte aller Fälle von Neurolues in den ersten 3 Jahren. Nicht nur die arteriitische Form tritt so früh auf, sondern ich habe Fälle gesehen, in denen Gummi im Hirn in der Frühperiode auftrat (Sektion). Ich habe einen Fall gesehen, in dem eine Pachymeningitis hypertrophica gummosa das Bild eines komprimierenden Tumors erzeugte (Sektion), und das war wenige Wochen nach der ersten Roseola. Ich habe einen Fall gesehen, in dem eine schwere gummöse basale Meningitis auftrat noch ehe der schwere ulceröse Primäraffekt verheilt war (Sektion). Andererseits habe ich Gummata im Gehirn und Rückenmark noch nach 30 Jahren auftreten sehen.

2. Was ist Metalues? Wir wissen heute nur, daß die Annahme der Strümpellschen Theorie von ihrem Zustandekommen durch das vom damals noch hypothetischen Syphiliserreger produzierte Toxin durch Noguchis Befund scheinbar erledigt ist.

1913 stellte man sich auf dem Internationalen Ärztekongreß in London auf den Standpunkt, daß Tabes und Paralyse eine Erkrankung des Ektoderms und deswegen die eigentliche Neurolus seien, während die sog. Syphilis cerebrospinalis eine Erkrankung des Mesoderms (Gefäße und Bindegewebe) sei und somit nur sekundär das Nervensystem ergriffe. Ich will hier hinweisen auf die Analogie mit der Lepra. Wir haben hier die tuberöse Form der Lepra, die sekundär das Nervensystem in schwerster Weise affiziert und massenhaft Leprabacillen erkennen läßt, andererseits die Lepra anaesthetica, die eine primäre Erkrankung des Rückenmarkes ist, und bei der lange Jahre hindurch Bacillen nicht nachgewiesen werden konnten, bis der Nachweis überaus spärlicher Leprabacillen Lie in Norwegen gelang. Etwas Besonderes ist die sog. Metalues, d. h. Tabes und Paralyse, auch noch heute, und Hauptmann steht bekanntlich wieder auf dem Standpunkt, daß dem Syphilistoxin bei der Schaffung der Symptome Bedeutung zukomme, ja, er nennt sogar die Symptome, die seines Erachtens toxisch und nicht bacillär bedingt sind.

3. Das Verhalten der Spirochaeta pallida zur Symptomatologie der Paralyse ist noch keineswegs geklärt.

Es ist keineswegs so, daß die klassische Form der Paralyse, die chronisch progrediente demente Form, die galoppierende Form, die Lissauersche Form, die Formen mit langdauerdnen weitgehenden Remissionen an der größeren oder geringeren Reichhaltigkeit der Spirochäten oder an ihrer Lokalisation anatomisch zu erkennen sind. Die Spirochäten kommen, wie Jahnel uns schon lange gelehrt und heute wieder gesagt hat, überaus vereinzelt vor, ja sie sind oft gar nicht zu finden. In anderen Fällen kommen sie ganz diffus und regelmäßig verstreut vor, in wieder anderen Fällen ziehen sie in hellen Heerscharen zu den Gefäßen hin, gewissermaßen magisch von diesen angezogen, und wieder in anderen Fällen zeigen sie sich in den von Hauptmann so schön dargestellten Bienenschwarm-Formen. Auch wissen wir nicht, welche klinische Bedeutung die von Jahnel zuerst uns bekanntgegebenen Degenerationsformen haben. Ich will betonen, was ich schon früher publiziert habe, was aber wenig beachtet geblieben ist, daß der Neurologe, der viel sieht, nicht selten Fällen begegnet von exquisit neurasthenischen Symptomen bei Kranken, die Syphilis gehabt haben, deren Blut positiv reagiert, bei denen der Liquor die eine oder andere pathologische Reaktion zeigt, ohne daß es sich um lückenlose Luesreaktionen handelt. In solchen Fällen können die Pupillen leichte Anomalien zeigen, brauchen es aber nicht. Wer langjährige Erfahrungen hat, weiß, daß solche Fälle Dezennien hindurch stationär bleiben können, ohne daß es zu ausgesprochener Paralyse kommt. Das sind meines Erachtens ebenso imperfekte und stationäre Fälle, wie wir sie für die Tabes längst kennen und zugeben. Mit anderen Worten: imperfekte und stationäre Fälle von Paralyse gibt es meines Erachtens öfter als man im allgemeinen glaubt, und die progressive Paralyse muß nicht immer — auch unbehandelt — „progressiv" sein.

4. Ich begrüße es, daß „neurotrope" Formen heute abgelehnt werden. Die Fälle von Gruppeninfektionen sind vereinzelt geblieben. Ich selbst habe einen derartigen Fall mitgeteilt und glaubte früher an die Neurotropie. Aber schon Eichelberg hat einen Fall mitgeteilt, wo 4 von derselben Quelle infizierte Personen an ganz verschiedenen Formen der Lues erkrankten (Neurolues und viscerale Lues). Das häufige Vorkommen von Aortitis bei Tabes und Paralyse muß uns heute schon gegen die Annahme von neurotroper Lues einnehmen. Man müßte in solchen Fällen schon sagen, dasselbe Individuum ist infiziert worden von aortotropen und von neurotropen Spirochäten.

Auch das häufige Vorkommen von konjugaler Neurolues wurde früher im Sinne von Neurotropie gedeutet. Aber breite Erfahrung an konjugaler Neurolues hat gezeigt, daß die Ehegatten sehr verschiedene Formen von Lues haben können, entweder Tabes auf der einen Seite, Paralyse auf der anderen Seite, oder Tabes oder Paralyse auf der einen Seite und Aortenlues auf der anderen Seite, oder Tabes oder Paralyse auf der einen Seite und Lues cerebrospinalis auf der anderen Seite, oder Tabes oder Paralyse oder Lues cerebrospinalis auf der einen Seite und viscerale Lues auf der anderen Seite. Dazu kommt, daß wir kongenitale Lues in Form von Neurolues finden können, während die Eltern nur positive WaR. im Blut haben oder irgendeine Form von visceraler Luse oder nur Aortitis haben. Auch sieht man bei größerer Erfahrung Fälle, in denen Geschwister mit kongenitaler Lues Neurolues, viscerale Lues oder Knochenlues usw. haben. Nur 2 Fälle aus einer großen Anzahl eigener Erfahrungen:

Die Mutter hat noch heute WaR. im Blut als isoliertes Symptom. Das erste Kind hat nur WaR. im Blut. Das zweite Kind litt an hypophysärer Lues mit bitemporaler Hemianopsie, Polyurie und Dystrophia adiposogenitalis. Das dritte Kind war körperlich und geistig völlig normal, WaR.-Blut negativ. Das vierte Kind hat Tabes dorsalis und das fünfte Kind hatte nur Keratitis interstitialis bei WaR.-Blut +.

In einer anderen Familie hatte die Mutter seit mehr als 25 Jahren isolierte WaR. im Blut (infiziert in der Hochzeitsnacht und später an Roseola und Condylomata lata erkrankt). Das erste Kind kommt nach 10 Monaten mit den Zeichen kongenitaler Lues zur Welt und erkrankt im 9. Lebensjahre an typischer Paralyse, an der es nach 3 Jahren zugrunde geht. Die Mutter ist noch heute intakt bei isolierter WaR. Blut +, ebenso ist der Vater nach damals durchgemachter spezifischer Kur frei von Luessymptomen geblieben.

Man sieht bei größerem Material auch hier und da Fälle von Kombination von Tabes mit gummöser Meningitis. Einen solchen Fall habe ich erst vor 3 Monaten in Baden-Baden auf dem Südwestdeutschen Neurologentag vorgestellt.

5. Ist die Metalues eine Folge der Behandlung der primären und sekundären Lues?

Sicher ist, wenigstens für Europa, die Tatsache, auf die zuerst vor mehr als 40 Jahren Erb hinwies, daß die Tabes besonders häufig nach symptomenarmer (oligosymptomatischer) Lues auftritt. Ich habe mein Material der Jahre 1904 bis 1914 und dasjenige von 1918—1924 durchgesehen. Es handelt sich um 1270 Fälle von Paralyse und 1372 Fälle von Tabes. In 80% dieser Fälle war von sekundären Symptomen nichts bemerkt worden oder es hatte nur einmal ein Exanthem bestanden, dann waren weitere äußere Symptome von Lues nicht aufgetreten. Nur 3mal habe ich einen Fall gesehen von tertiärer Knochenlues bei Tabikern. In allen diesen Fällen war die Behandlung eine sehr geringe, oft gar keine gewesen.

Wir wissen, daß die Nichtbehandlung der primären und sekundären Lues von mehreren Seiten als der Grund angesehen wurde dafür, daß in verschiedenen sog. exotischen Ländern tertiäre Lues häufig und Metalues nicht vorkäme. Ich nenne nur China, Türkei, Bosnien, Algerien, Java. Geht man der Sache näher nach, so bekommt man schwere Bedenken. In Java (Buitenzorg) fand Kraepelin fast keine Metalues, v. Brero hingegen ziemlich zahlreiche Fälle. In der Türkei konnte His keine Fälle von Metalues sehen, während Fleischmann, der 3 Jahre im Orient war, genügend Fälle sah. In China sah Maxwell keine Metalues, während Pfister sie ziemlich zahlreich sah. Vor kurzem hat uns Beringer mitgeteilt, daß er bei seinen eingehenden Untersuchungen bei den Burjäten eine ganze Reihe von Fällen von Metalues sah, während die Ärzte im dortigen Krankenhaus ihm erklärt hatten, daß Metalues nicht vorkäme. Danach muß auch ich, ebenso wie Beringer, Bumke recht geben, wenn er sagt, daß bei der Behauptung vom Nichtvorkommen von Metalues als Folge von Nichtbehandlung man „Irrtümern über Irrtümern" ausgesetzt sei. Immerhin hat uns Beringer gelehrt, daß bei den niemals antisyphilitisch behandelten Burjäten er in zahlreichen Fällen, auch bei älteren und alten Leuten, WaR. im Blut als isoliertes Symptom fand, bei denen also trotz Nichtbehandlung Neuro- und Metalues nicht aufgetreten war.

6. Auffällig ist, daß in der Häufigkeit des Auftretens von Lues cerebrospinalis einerseits, Metalues andererseits große Unterschiede bei Völkern bestehen. So fand sich in Java unter allen Nervenkranken Lues cerebrospinalis in 23% der Fälle, während ich unter meinen Fällen nur 1,6% feststellen konnte.

Ich glaube, daß die These von Zivilisation und Syphilisation heute abgelehnt werden muß. Nach wie vor wissen wir auch heute noch nicht, wer Neurolues bekommt, und wer dann Lues cerebrospinalis und wer Metalues bekommt. Auch heute ist es noch unentschieden, ob im Moment der Infektion schon feststeht, ob der Infizierte an Neurolues und an welcher Form erkrankt oder ob spätere Einflüsse dies bestimmen. Nach meinen sich über 45 Jahre erstreckenden Erfahrungen kommt eben alles vor: Nach intensiver Behandlung und ohne jede Behandlung kann das Individuum an irgendeiner Form der Neurolues erkranken. Man neigt heute, und wie ich glaube mit Recht, dazu, daß man nicht von der Form und Art der Spirochäte das spätere Schicksal abhängen läßt, sondern von der Konstitution des Infizierten, d. h. es kommt nicht auf den Charakter und die Art der Spirochäte an, sondern auf den Boden, auf den sie trifft. Es ist dasselbe, was Ricord schon vor mehr als 80 Jahren gesagt hat: Chacun fait sa vérole.

Was aber die Konstitution ist, das wissen wir heute noch nicht, auch wenn wir von Immunitätsverhältnissen, Abwehrfähigkeit usw. sprechen, dem Kind also nur einen anderen Namen geben.

7. Was die Therapie betrifft, so ist meines Erachtens heute mit Recht gesagt worden und meines Wissens zum ersten Male auf einem Kongreß klar ausgesprochen worden, daß die spezifische antisyphilitische Therapie für die Metalues nichts bedeutet. Wenn man, wie ich, seit 45 Jahren jeden Kranken nach Syphilisinfektion fragt, so ist man erstaunt, wie oft man auf Fälle trifft, in denen eine syphilitische Infektion nur sehr kurz oder gar nicht behandelt worden ist, und in denen das Individuum frei von Syphilis geblieben ist, in denen die Ehehälfte und auch die Kinder nichts von Syphilis bekommen haben. Diese Erfahrung, an der nicht zu rütteln ist, beweist, daß die spontane Heilung der Syphilis viel häufiger ist, als man im allgemeinen annimmt. Mein alter Lehrer Engel-Reimers pflegte zu sagen: „Wer Syphilis bekommen will, soll 1. für gesunde Eltern sorgen, und 2. die Lues in jungen Jahren erwerben, dann heilt sie, wenn nicht zuviel behandelt wird, aus." Das stimmt überein mit den Erfahrungen, die vor etwa 8 Jahren der überaus erfahrene Berliner Syphilidologe Buschke gemacht hat, der vor

intensiver Behandlung der Infektion warnt und erklärt, daß die heute geltenden Richtlinien der Syphilidologen nur zu oft enttäuschen. Wenn Fordyce in New-York sagte: Rechtzeitige intensive Behandlung ist mit Sicherheit imstande, spätere Erkrankungen zu verhindern, und wenn dasselbe vor 1 Jahre Carrera in Buenos-Aires sagte, so ist das nur so zu erklären, daß die Syphilidologen die Kranken nicht lange genug im Auge behalten. Tatsache ist, daß seit der intensiven Behandlung der primären und sekundären Lues die Aortitis in den letzten 20 Jahren sich verdreifacht hat, wie Arbeiten von Gürich, Lesser, Jungmann, Lange erweisen. Buschke sagte meines Erachtens mit Recht, daß intensive Behandlung die Abwehrmittel schwächen kann und daß es unsere Aufgabe sein soll, die minimalsten Mengen von antisyphilitischen Mitteln zu finden, die die Spirochäten lähmen und die Abwehrkräfte erhalten. Die Erfahrung an großem Material lehrt, daß es Fälle gibt, die klinisch ausheilen, bei denen der Liquor saniert wird und saniert bleibt, daß es 2. Fälle gibt, die klinisch ausheilen, bei denen der Liquor saniert wird und rezidiviert, 3. bei denen die klinischen Symptome ausheilen und der Liquor nicht saniert wird, 4. Fälle, bei denen die klinischen Symptome ausheilen, der Liquor krank bleibt, aber nach Jahr und Tag spontan sich saniert. Es ist noch die Frage zu beantworten, ob Lymphocytose im Liquor ein günstiges Symptom darstellt, wenn man sie auffaßt als „Roseola der Meningen", wie die Hautexantheme bzw. die Roseola als Abwehrfunktion des Körpers aufgefaßt werden. Pette hat darauf hingewiesen, daß man nicht oder kaum Fälle von Tabes sieht, in deren Anamnese das klinische Bild einer Meningitis vorkam. Der alterfahrene Oppenheim erklärte mir noch 6 Monate vor seinem Tode, daß nach seiner Erfahrung der Tabiker am besten dran sei, der möglichst indifferent behandelt werde, und ich kenne hunderte von Tabikern seit 10, 20 Jahren und länger, die bei ganz milder Behandlung (einmal im Jahre 2—3 Jahre hintereinander eine Schmierkur) unter roborierendem régime stationär blieben. Ich kenne auf der anderen Seite Tabiker, die bei intensiver und immer wiederholter antisyphilitischer Behandlung unaufhaltsam progredient wurden.

Ich weiß, daß meine Ausführungen die allgemeine Zustimmung nicht finden werden, ich weiß aber, daß bei persönlicher Unterhaltung viele überaus erfahrene Praktiker — Neurologen und Dermatologen — mir ihre Zustimmung ausgesprochen haben.

Fahreddin Kerim Gökay (Istanbul): Die Paralysefrage ist für uns sehr wichtig. Namentlich möchte ich zu einem Punkt Bemerkungen machen: Wie bekannt ist und auch Herr Professor Nonne gesagt hat, behauptete Kraepelin nach den Angaben von Dühring, Müller und Mongeri, daß die progressive Paralyse in der Türkei nicht verbreitet sei und daß besonders die türkischen Frauen nie an dieser Krankheit gelitten haben. Es ist möglich, daß zu jener Zeit die progressive Paralyse in der Türkei noch nicht so vorgeschritten war; dann kannten die meisten Forscher die Landessprache nicht, und die türkischen Frauen lebten zu der Zeit sehr zurückgezogen. Dagegen gab Professor Rasit Tahsin (1910) an, daß die p. P. in der Türkei 7% ausmache. Von mir wurde (1926—1928) sowie auch von Prof. M. Osman (1917) die Vermehrung dieser Krankheit festgestellt. Bei dem

Studium der Statistiken der großen Bakirbky-Anstalt ist das Verhältnis der p. P. auf 11% gestiegen. Wenn wir die alten Jahrgänge (vor 1908) studieren wollen, so sehen wir, daß die unter dem Namen Manie congestive bezeichnete Krankheit, welche tödlich endete, mit größter Wahrscheinlichkeit nichts anderes als p. P. ist. Worin liegt der Grund der Zunahme der p. P. bei uns? Wenn wir die p. P. vom ätiologischen Standpunkt aus betrachten, so sehen wir, daß der Grund der Vermehrung noch nicht bekannt ist.

Vielleicht spielt der Weltkrieg, der die ganze Menschheit nachteilig beeinflußte und das Leben so sehr verwickelte, eine große Rolle bei ihrer Zunahme. Ein großer Teil der Paralytiker weiß überhaupt nichts von einer Erkrankung und blieb so unbehandelt. Wir stellen fest, daß manche Paralytiker, die in ihrer Anamnese keine Syphilis angeben konnten, während des Krieges nach ihrer Angabe an Krätze erkrankten und wir glauben, daß diese Hauterscheinungen die Symptome der zweiten Periode darstellten. Tatsächlich begegneten wir in den letzten Jahren manchen Fällen mit einer Inkubationszeit von 3—5 Jahren.

Auch möchte ich die Bemerkung machen, daß die Lues nervosa-Frage noch nicht gelöst ist. Voriges Jahr habe ich eine Konjugal-p. P. veröffentlicht (D.P.N.-Wochenschrift). Mann und Frau waren paralytisch, die Frau war vom Mann angesteckt, in einem anderen Fall: die Frau war Paralitiker während der Mann einfach Syphilitiker war.

Weygandt (Hamburg): Der Todesstoß gegen die Theorie des neurotropen Virus wird gewiß allgemein anerkannt; um diese Theorie ad absurdum zu führen, müßte man logischerweise auch ein paralysitropes, ein tabitropes, ein arteriotropes usw. Virus verlangen. Meggendorfers sorgfältige Untersuchungen der Bedeutung einer unter Umständen erblichen persönlichen Konstitution und Prädisposition für die Entwicklung der Lues nervosa bestätigt gewiß die Eindrücke, die manche Beobachter schon erfahren hatten. Aber außer einem solchen individuellen endogenen Faktor kommen doch auch exogene Faktoren in Betracht; so legte Kraepelin Wert auf eine Statistik aus Bosnien, wo viel Lues vorkommt, aber nur die alkoholtrinkenden Christen, nicht die abstinenten Islamanhänger an Neurolues erkranken. Beachtlich sind auch die Hinweise von W. Gärtner und anderen, daß auf die Quecksilbersalzbehandlung der Lues hin eine Vermehrung der Neurolues erfolgt sei, also auf iatrogenem Weg, während die mehrfach geäußerte Ansicht, daß das Salvarsan ähnlich wirke, keine Bestätigung fand.

Unter den schwer zu beurteilenden Spätluesformen sind noch 2 loci minoris cognitionis. Der eine ist die luische Endarteriitis der kleineren Hirngefäße, die Nissl schon 1903 histologisch erörtert hatte, während Alzheimer 1911 betonte, daß dabei die Luesreaktionen in Blut und Liquor weitgehend zurücktreten. Es kommt mehrfach zu der von Kolle besonders bearbeiteten Lues latens. Jacob beschrieb 13 Fälle dieser Lues der kleineren Hirngefäße mit zum Teil ganz negativen Reaktionen. Auch Kraepelin und Bostroem wiesen auf solche Fälle hin. Die neurologischen Symptome sind dabei schwach, aber psychologisch tritt allmählich eine Schwächung, insbesondere eine Umwandlung des Charakters hervor in dem Sinne einer langsam zunehmenden Interesselosigkeit,

Gleichgültigkeit, Vergeßlichkeit, mißmutiger Stimmung bis zum völligen Versagen.

Ebenso schwer zu beurteilen ist die Tabespsychose, deren Begriff von Bostroem, Hauptmann, Schaffer abgelehnt wurde. Kühn wies auf Charakterveränderung hin. Außer zu Euphorie kommt es mehrfach zu ernsteren psychischen Symptomen, wie Gedächtnis- und Urteilsschwäche, Ermüdbarkeit, Unruhe, Triebhaftigkeit, vereinzelt zu Sinnestäuschungen. Manchmal beobachtete ich auch Neigung zu phantastischen Ideen und deren Betätigung. v. Rad fand unter 250 Tabikern 25 psychisch verändert, davon 4 halluzinatorisch-paranoid. Spielmeyer, E. Meyer und Kraepelin beschrieben solche Fälle; letzterer betonte noch 1926, daß es bei vorgeschrittener Tabes leicht zu psychischen Veränderungen komme; auffallend ist, daß von seinen 9 Fällen Tabespsychose 3 an Opticusatrophie litten, eine rätselhafte Kombination, die mir auch vorkam, so in folgenden Fällen:

Ein Privatingenieur mit Tabes und Opticusatrophie bemühte sich um eine staatliche Stellung als Repräsentant bei Verhandlungen mit Vertretern auswärtiger Großfirmen, zu technischen Dienstreisen u. dgl.

Ein Tabiker mit Opticusatrophie verdiente im Krieg durch Kohlenhandel Millionen, ließ sich ein Schloß bauen, das er, trotz Blindheit, mit vielen Gemälden ausstattete, übernahm ein Rittergut, auf dem er rationelle Milchwirtschaft betreiben wollte, dann eine Flotte von 12 Fischdampfern, und äußerte, obwohl geschäftlich ruiniert, noch expansive Ideen über neuartige Finanzierung Deutschlands.

Die schwierigen Punkte der Tabespsychosen müssen noch kasuistisch und möglichst auch histologisch eingehend studiert werden.

Zu Kihns sehr weitgreifenden Ideen einer Luesprophylaxe möchte ich bemerken, daß gewiß noch vieles geschehen kann. So könnte, wenn nun einmal Bordelle noch nicht restlos aufgehoben sind, sehr wohl die behördliche hygienische Überwachung, die bei Untersuchung jeder Puella etwa alle 8—14 Tage völlig unzureichend ist, viel intensiver gestaltet werden, indem die Insassinnen nach jedem Geschlechtsakt durch einen Heildiener einer gründlichen Desinfektion unterzogen werden. Wenn solche Betrachtungen auch nicht speziell psychiatrisch-neurologisch sind, so sollten wir doch auch von unserm Standpunkt darauf hinwirken, daß neben dem so bedeutsamen Kampf gegen die Erbkrankheiten auch die Vorbeugung gegen Alkohol, Rauschgifte und Syphilis noch energischer betrieben werde.

Armin Müller (Weimar): Für die seit langem erörterte Frage, ob die linke Hemisphäre als physiologisch dominante vom paralytischen Prozeß stärker befallen werde, ergeben sich neuerdings Erfahrungen, die für eine bejahende Antwort zu sprechen scheinen. Schon Ilberg fand bei seinen Wägungen 45mal ein Übergewicht rechts, nur 32mal ein solches links [Ilberg ist bei seiner Verwertung der Zahlenergebnisse eine Vertauschung von rechts und links untergelaufen; s. Allg. Z. Psychiatr. **60**, 330 (1903)]. Noch entschiedener sprechen die encephalographischen Befunde für eine stärkere Atrophie der linken Seite zugunsten rechts:

Bingel, Ginsberg (unter Berücksichtigung der kontralateralen Reflexverstärkung), Pönitz, de Costa Pimentel (17 Fälle, fast immer links stärkere Ausprägung). Guttmann und Kirschbaum fanden unter 42 Fällen 35mal den linken Ventrikel stärker vergrößert als rechts, 7mal das umgekehrte Verhalten, worunter ein typisch familiärer Linkshänder und ein Ambidexter. Alle Autoren heben die Stärke der Seitendifferenz hervor, die die physiologische Breite überschreite. — Nur eine eingehende Berücksichtigung des Rechts-Links-Problemes gestattet eine endgültige Stellungnahme. Siehe meine Arbeit „Metalues und physiologische Dominanz", die demnächst im Arch. f. Psychiatr. erscheint.

Hartwich (Gütersloh): Aus klinischen, therapeutischen und erbbiologischen Gründen ist es notwendig, diese kurze Bemerkung zu den Berichten der Herren Demme und Meggendorfer zu bringen. — Wir haben in Gütersloh den klinisch-serologischen Arbeitsteil seit September 1934 eingeführt, es wird außer allen Aufnahmen der gesamte Krankenbestand (1400) serologisch durchuntersucht. Das war bisher nie geschehen. Da haben wir bis jetzt bei annähernd 700 Fällen 7 gefunden, bei denen Blut in WaR. und Meinicke negativ, während der Liquor mit beiden Reaktionen klar und eindeutig mehr oder minder bei den verschiedenen Fällen positiv war. Die Begleitreaktionen liefen entsprechend. — Der Bericht über die Gesamtarbeit wird später erscheinen.

Heute gebe ich diese Mitteilung deswegen, um die Anstalten ganz besonders auf die unerläßliche Notwendigkeit der serologischen Totalerfassung der Fälle hinzuweisen, ebenso wie das gesamte Obduktionsmaterial erfaßt werden muß. Wir werden schon im Volksinteresse uns bei diesen bisher unerkannten Luesfällen nicht auf die Behandlung der Kranken beschränken, sondern auch die Familien über die Gesundheitsämter erfassen und kontrollieren im Sinne der Meggendorferschen Ausführungen.

Fünfgeld (Frankfurt) fragt an, ob Herr Demme größeres Material von Liquorbefunden solcher Paralytiker untersuchen konnte, die nach der Malariakur einen Zustand progredienten psychischen Siechtums bieten. Die Früherkennung solcher bösartig verlaufender Fälle ist hinsichtlich der Prognose wichtig.

Rüdin (München): (Nicht eingegangen.)

Die Bedeutung einer sozialen Pathologie für die erbbiologische Bestandsaufnahme.

Von

B. Ostertag, Berlin.

Schon in der gestrigen Mitteilung über die Bewertung angeborener Miß- und Fehlbildungen konnten wir die Notwendigkeit des Einsatzes hinreichender geschulter Fachpathologen für wichtige Fragen, die die Gesunderhaltung unseres Volkskörpers betreffen, betonen. Den Widerhall, den meine Ausführungen über die „Positiven Ziele einer sozialen Pathologie, ihre Auswirkung auf die Volksgesundheit und öffentliche Lasten" gefunden haben, gibt mir den Mut, in ihrem Kreise die Frage der Einrichtung von Bezirksprosekturen zu erörtern, die dazu berufen sein sollen, neben ihren anderen öffentlichen Aufgaben der erbbiologischen Bestandsaufnahme gesicherte Grundlagen zu schaffen.

Ich darf in einem Kreise von Neurologen und Psychiatern auf volles Verständnis rechnen, beweist doch die Sektionsstatistik, daß gerade die Psychiatrischen Anstalten und Kliniken das größte Gewicht auf die Durchführung von Sektionen (nur meist leider beschränkt auf die Herausnahme des sie besonders interessierenden Gehirns) legen, und verdanken wir doch in wissenschaftlicher Hinsicht wertvollste Erkenntnis denjenigen Kollegen an den Anstalten, die neben ihrer tages- und wissenschafttötenden Verwaltungsarbeit ihre Freizeit der Erforschung pathologischer Veränderungen des Nervensystems mit Erfolg gewidmet haben. Aber gerade diese werden sich der Unvollständigkeit ihrer Arbeit in vollem Umfang bewußt geworden sein, haben es mehr oder minder oft zum Ausdruck gebracht, daß ihnen nur ein beschränktes einseitiges Untersuchungsgut anfällt, und daß ihnen die Vorbildung in der allgemeinen Pathologie auch zur Beurteilung der Veränderung an den Körperorganen fehlt.

Es sei deshalb vorweggenommen, daß selbst bei Einrichtung derartiger Bezirksprosekturen, die bevölkerungspolitisch zusammengehörigen Gebiete, unabhängig von den durch Verwaltungskompetenzen geschaffenen Grenzen, zu versehen haben, den Forschern an den Anstalten nichts genommen werden darf, sondern ihre Arbeit durch die Tätigkeit eines derartigen Bezirkspathologen nur abgerundet und fruchtbringender gestaltet werden muß. Nur dadurch werden ihre Ergebnisse der Allgemeinheit nutzbar gemacht werden können.

Was an der Frage einer sozialen Pathologie in dem Kreise, vor dem ich hier sprechen darf, besonders interessiert, ist in folgende Punkte zu gliedern: Was kann eine soziale Pathologie ganz allgemein leisten?, welche speziellen Aufgaben fallen dem Bezirkspathologen im Rahmen der allgemeinen Aufgaben zu?, wie machen wir die Ergebnisse dem allgemeinen Wohl nutzbar? Eine vordringliche Frage ist die der Persönlichkeiten, die mit der Durchführung dieser Arbeiten betraut werden können und, nicht zum letzten mit dieser Frage eng verbunden, sind die Möglichkeiten der Forschung und des wissenschaftlichen Forschers, eine Frage, die uns heute außerordentlich bewegt, wo wir sehen müssen, daß nach dem Tode Spielmeyers unsere deutsche, führende Neuropathologie ohne Führer verwaist ist, und zwar aus dem einen einzigen Grunde, weil es bisher nicht möglich war, jungen Forschernachwuchs zu gewinnen, der sich dieser besonderen Fachausbildung mit Aussicht auf eine Lebensstellung unterziehen konnte. Die deutsche Wissenschaft in allen ihren theoretischen Fächern, besonders aber die Neuropathologie, bedarf eines zahlenmäßig und qualitativ tüchtigen Nachwuchses, den wir aber nur dann gewinnen können, wenn dem jungen Forscher eine wissenschaftlich und materielle selbständige Lebensstellung gewährt wird. Keiner von ihnen, besonders der aktive Neurologe und der Neurochirurg, wird den Fortschritt unserer Neuropathologie missen wollen, hat ihm doch diese Wissenschaft geholfen, manchem der ihm anvertrauten Patienten zu retten und die Diagnostik erleichtert.

Eine hinreichend substituierte Bestandsaufnahme des deutschen Volkes ist unter den heute vordringlichen Aufgaben des Psychiaters in vielen Fällen nur nach Klärung des pathologisch-anatomischen Substrates möglich. Eine in weitesten Kreisen noch vor nicht zu langer Zeit ungeahnte Fülle von Problemen ist seit der Verkündung des Gesetzes zur Verhütung erbkranken Nachwuchses aufgetaucht, Probleme, die nur auf hohem wissenschaftlichem Niveau gelöst werden können.

Daß etwa die Frage der Vornahme von Sektionen erhebliche

Schwierigkeiten macht, habe ich bisher auch in meiner 8jährigen Bucher Tätigkeit nie empfunden, vielmehr gelang es durch entsprechende Aufklärung, die Angehörigen zu veranlassen, schon um vorzeitige Sektion zu bitten.

Wie aber wird zunächst der Weg geebnet, um die Tätigkeit des Pathologischen Anatomen wirklich der Allgemeinheit nutzbar zu machen. Seit einiger Zeit sind wir dazu gelangt, daß an den Berliner Krankenanstalten bei jedem Todesfall eine pathologisch-anatomische Diagnose auch an die Behörde herausgegeben wird, von der zunächst allerdings nur, abgesehen von den Krankenhausärzten, das statistische Amt offiziell Kenntnis erhält.

Fühlt sich der Pathologe nicht als Arzt und selbstverantwortlich, so zieht niemand die Konsequenzen aus seiner Arbeit und sie bleibt so für die Gesamtheit ungenutzt. An anderer Stelle (Med. Welt **1934**, Nr 7, Positive Ziele einer sozialen Pathologie) haben wir eine Anzahl von Beispielen zusammengestellt, die trotz ihrer geringen Zahl eindeutig genug beweisen, daß wir auf keine Obduktion als angeblich uninteressant verzichten können — ist doch zudem die Obduktion ein ungleich geringerer Eingriff als etwa eine Sterilisation. Ganz allgemein erinnere ich daran, wie viele Alterstuberkulosen erst durch eine Oduktion geklärt werden, wo die Familie auf engem Wohnraum zusammenlebt und die übrigen Angehörigen, besonders die Kinder gefährdet sind.

Ich erinnere in diesem Kreise daran, wie häufig die Fälle von „Herzschlag" sind, die sich als eine Mesoaortitis auf dem Sektionstisch herausstellen und bei denen sich anläßlich der Familienuntersuchung konjugale Infektion und Erkrankung der Nachkommenschaft finden läßt. Man bedenke allein, welche Lasten vermieden werden können, wenn das z. B. gerade noch klinisch gesunde Kind vor der klinischen Manifestation der Lues bewahrt bleiben kann und, anstatt als körperlicher oder geistiger Krüppel der Fürsorge anheimzufallen, arbeitsfähig wird und bleibt. Nur ist es heute leider so, daß von den in Frage kommenden Stellen noch niemand verpflichtet ist, die Arbeit des Pathologen seinem Aufgabenkreis nutzbar zu machen.

Ein grundsätzlicher Wandel wird erst dann eintreten können, wenn der Pathologe seine Tätigkeit nicht mehr quasi geduldet ausführen muß, sondern als von Staatswegen mit der Vornahme der Sektionen beauftragt gilt.

Voraussetzung dafür ist natürlich, daß als Pathologen niemals Ärzte in Frage kommen dürfen, die nicht in allererster Linie Arzt sind, und deren Versenken in ein theoretisches Fach lediglich eine Flucht vor der Verantwortung ärztlichen Handelns zugrunde liegt. Wie bei Studien über Alterserkrankungen gesehen, darf es heute nicht gleichgültig sein, etwa nicht zu wissen, weshalb der eine früher schneller altert als der andere, weshalb in ganzen Sippen verschiedene Organe eher altern als andere.

Ich habe anläßlich dieser Untersuchungen mit einem bekannten Fachgenossen gesprochen, der mir stolz erklärte, auch er habe sich mit der Frage des Alterns befaßt. Die Tatsache stimmt, aber wie. Wenn für den sich der Gesamtheit gegenüber verantwortlich fühlenden Arzt und Pathologen die Untersuchungen des Alterns eine wichtige soziale Frage darstellt, so war das für den oben zitierten Fachgelehrten lediglich eine Angelegenheit der Statistik. Das, was sich jedem Arzt aufdrängen muß, nämlich die Sprache dieser Zahlen, das verstand dieser Gelehrte nicht und sah natürlich auch nicht in den Verstorbenen, die ihm seine Organstatistik geliefert hatten, den toten Mitmenschen, dessen Nachkommenschaft heute unter uns lebt.

Das, was wir als selbstverständliche soziale Einstellung vom Pathologen fordern müssen, kann nicht erlernt werden. Es wird auch in anderen Zweigen der Medizin immer Handwerker und Ärzte geben. Hüten wir uns aber davor, daß unsere Fragestellungen etwa solchen Medizinern in die Hände fallen, die die Aufgabe des deutschen Arztes nicht verstehen können, aber sich mit den Dingen beschäftigen müssen, bloß weil die Erbbiologie heute modern ist.

Verlangen wir also schon für die Großstadtprosekturen, die heute bereits bestehen, eine besondere Einstellung ihres Leiters, um wie viel mehr ist dies der Fall für die neu zu gründenden Bezirksprosekturen, die, wie eingangs gesagt, bevölkerungspolitisch zusammengehörige Bezirke pathologisch-anatomisch zu versorgen haben. Ihr Aufgabenkreis wird sich gerade mit Rücksicht auf das Ziel, exakte Unterlagen für die erbbiologische Bestandaufnahme zu schaffen, am besten mit dem Bereich eines oder zweier Erbgesundheitsgerichte zu decken haben. Ich brauche vor diesem Kreise nicht die Bedeutung vererbbarer Nerven- und Geisteskrankheiten zu besprechen, wohl aber muß ich nachdrücklichst darauf hinweisen, daß viele unter denjenigen Krankheiten, die schließlich zur Unterbringung des einen oder anderen Familienangehörigen in psychiatrische Kliniken führen, eben nicht nur Krankheiten sind, die sich auf das Zentralnervensystem als solches beschränken, sondern die mehr oder minder auch mit Fehlleistungen des Körperstoffwechsels oder mit Miß- oder Fehlbildungen anderer innerer Organe gekoppelt sind. Erscheinungen, die an und für sich nicht klinisch in Erscheinung zu treten brauchen. Bei anderen Familienangehörigen treten z. B. jedoch diese körperlichen Erscheinungen weitaus mehr in den Vordergrund und bedingen die Aufnahme in somatische Krankenhäuser oder Siechenanstalten.

Leider bin ich mit einer kritischen Sichtung aufschlußreichen Untersuchungsgutes noch nicht soweit, um Ihnen aus meiner früheren Tätigkeit als Leiter des Pathologischen Instituts der gesamten Bucher-Krankenanstalten (Irrenanstalt, Kinderheilanstalt und chronischen Krankenabteilungen), alle die Beobachtungen vor Augen führen zu können, wo ein Teil der Familienangehörigen mit ihren Psychosen in psychiatrischen Anstalten lag, während andere Angehörige einem mehr oder minder frühzeitigen körperlichen Siechtum erlagen.

Ein Beispiel darf ich aber doch anführen, nämlich Beobachtungen an Lindauscher Krankheit. Wir wissen, daß diese Erkrankung am Zentralnervensystem sich in der angiomatösen Kleinhirncyste nebst der Angiomatosis retinae äußert, oft gekoppelt mit den Cystenbildungen in anderen Körperorganen. Cystenbildungen in Leber und Nieren gelten dem Pathologen auf dem Sektionstisch als wohlbekannte, häufig anzutreffende Entwicklungsstörung. Wer aber dachte bisher viel daran, in solchen Fällen, wo sich seitens des Nervensystems keinerlei Erscheinungen zeigten, Gehirn und Auge zu untersuchen, und doch fanden wir schon in solchen Fällen, die noch nicht zur Entwicklung und Auswirkung gelangte kleine Cysten im Kleinhirn, mit typisch angiomatösen Knoten, und konnten damit dem Träger dieser Veränderungen, als Träger dieser Lindauschen Erbkrankheit feststellen.

Wollen wir als Pathologen die erbbiologische Bestandaufnahme des Volkes stützen, so können wir das nur in Stellungen tun, die sich auch sonst „rentieren", in diesem Zweck begegnen sich die Bedürfnisse der täglichen Krankenhausbehandlung mit denen unserer erbbiologischen Fragestellung: wenn nämlich der Bezirkspathologe in seinem Bezirk nicht nur für die Heil- und Pflegeanstalten, sondern auch für die kleinen Krankenhäuser mit eingesetzt wird, kann er auch an diesen die tägliche Arbeit verrichten, die wir z. B. allein für die Frühdiagnose der Gewächserkrankungen überhaupt verlangen müssen. Liegt doch gerade an den kleineren Krankenhäusern die histologische Untersuchung des Operationsmaterials, wie die Obduktionstätigkeit selbst noch vielfach im Argen. Wie viel Zeit, Geld und Belastung aller möglichen öffentlichen und privaten Dienststellen kann gespart werden, wenn ein Bezirkspathologe auch in großstadtfernen Bezirken vorhanden wäre, der allein die versicherungs- und versorgungsrechtlich so wichtigen Obduktionen durchführt. An anderer Stelle werden wir begründen, daß auch die Versorgungsgerichte von sich aus in die Lage versetzt werden müssen, Sektionen selbst gegen den Willen der Angehörigen ohne weiteres anzuordnen, die nach Einrichtung der Bezirksprosekturen auch ein Fachpathologe durchführen muß.

Dann kann, was heutzutage ja keine Schwierigkeiten mehr bedeutet, der Durchschlag des Sektionsbefundes den Erbgesundheitsgerichten zugeleitet werden. Natürlich ist es eine Arbeit auf lange Sicht, aber schließlich läßt sich das ganze bevölkerungspolitische Problem nicht von heut auf morgen endgültig lösen.

Wir dürfen auf kein Mittel verzichten, das geeignet ist, die Lösung dieses Problems wissenschaftlich zu stützen und zu beschleunigen, und dazu gehört die Einbeziehung entsprechend vorgebildeter Pathologen, die diesen Aufgaben gewachsen sind.

Speziell vor Ihnen darf es noch einmal zum Ausdruck gebracht werden, daß bei dem großen Anteil von Erkrankungen des Zentralorgans an den Erbkrankheiten, auch die Neuropathologie einer besonderen Pflege bedarf. Die Unterstützung gerade dieses Kreises erbitte ich deshalb, weil viele von ihnen den Aufstieg der deutschen pathologischen Anatomie und Histopathologie des Zentralorgans ja mit erlebt haben und wissen, zu welcher Blüte sie gelangt ist.

Mit Schaffung der Stellen von Bezirksprosektoren können wir geeigneten Nachwuchs für unsere wissenschaftlichen Fragen schaffen und bekommen ein Reservoir, aus denen die besten als Forscher und Lehrer herausgegriffen werden können. Daß bei der hohen sozialen Verantwortung, die auf dem Pathologen, der in unserem Sinne wirken soll, lastet, nur ausgezeichnete Männer in diese Stellen kommen dürfen, ist selbstverständlich, und wir werden bei der Entwicklung, die die Medizin heute erfreulicherweise nimmt, wohl hoffentlich auch bald die Frage anschneiden dürfen, ob nicht auch als Lehrer unseres ärztlichen Nachwuchses gerade solche Männer sehr viel geeigneter sind, die diesen hohen Aufgaben an selbständiger Stelle sich vollgewachsen gezeigt haben und die ihre Mitarbeit an der Gesundung des Volkes durch Tat und Leistung unter Beweis stellen konnten, als solche Theoretiker, die aus den Laboratorien der Universitätsinstitute nie herausgekommen sind.

Wichtig ist das Ziel, auf hoher wissenschaftlicher Warte zu wirken an dem, was uns fern von individualistischem Forschungsinteresse das Höchste sein muß: Auch als Theoretiker mit ärztlicher Verantwortung für die Gesundung des Volkes verpflichtet zu sein.

Aussprache.

Schröder (Leipzig): (Nicht eingegangen.)

Ostertag (Berlin): Schlußwort. (Nicht eingegangen.)

Anatomische Anmerkungen zu den Beziehungen zwischen Epilepsie und Idiotie.

Von

W. Scholz, München.

Wenn wir an einem Idiotengehirn gröbere Veränderungen feststellen, so sind wir geneigt, die Idiotie darauf zu beziehen. War der Idiot gleichzeitig Epileptiker, so bringen wir die Epilepsie gleichfalls damit in Zusammenhang. Wir fassen sie als etwas Hinzugetretenes, als ein Symptom des Hirnbefundes auf. Früher schuldigte man encephalitische Prozesse als Ursache solcher Hirnveränderungen an, neuerdings ist das Geburtstrauma an dessen Stelle getreten. Als weitere Ursache kommt der pathophysiologische Mechanismus in Betracht, als dessen sinnfälligen

Ausdruck wir den epileptischen Krampfanfall kennen. Es finden sich nämlich nach epileptischen Insulten besonders im frühkindlichen Gehirn außerordentlich schwere, frische Veränderungen, die hinsichtlich ihrer Ausdehnung unbedenklich als morphologische Grundlage einer Idiotie ohne oder auch mit Littleschem Komplex angesprochen werden können. In Übereinstimmung mit den seitherigen Feststellungen der Spielmeyerschen Schule handelt es sich dabei durchweg um unvollständige Gewebsnekrosen, die durch funktionelle Kreislaufstörungen entstehen und bei denen im wesentlichen nur die empfindlichen spezifisch nervösen Strukturen akut zugrunde gehen. Bei dem untersuchten Material wurden diffuse, herd- und schichtförmige (pseudolaminäre) Nervenzellausfälle in der Rinde und auch in den subcorticalen Ganglien, besonders im Thalamus festgestellt, die sich bei leichterer Ausprägung über ganze Hirnlappen, bei größerer Intensität immerhin noch über einen Bezirk von zahlreichen Windungen ausdehnen konnten. Betrachtet man im Vergleich mit diesen frischen Veränderungen die Ausfälle und narbigen Befunde an den Gehirnen epileptischer Idioten, so findet man in vielen Fällen die gleichen diffusen, herdförmigen und pseudolaminären Nervenzellausfälle, ferner lokale Rindenatrophien, über größere Bezirke ausgedehnte sklerotische Windungsschrumpfungen (Ulegyrien), kurz, Reste unvollständiger Gewebsnekrosen, die sowohl ihrer Form wie Lokalisation nach mit den Statusveränderungen genetisch in Beziehung zu setzen sind. Nicht darauf bezogen werden können die Residuen gröberer Zerstörungen, wie Cysten und Porusbildungen, die man in anderen Fällen antrifft. Man wird danach beim Vergleich der frischen und narbigen Befunde fast zwangsläufig zu der Annahme gedrängt, daß bei manchen epileptischen Idioten die epileptische Erkrankung, sei sie ererbt, oder sonstwie bedingt, das Primäre ist, während die auf dem paroxysmalen Parenchymausfall beruhende Idiotie und gegebenenfalls auch ein organisch-neurologisches Syndrom das Sekundäre, das Symptomatische darstellen. Man würde bei diesem Zusammenhang besser von idiotischen Epileptikern sprechen. Seltener stellen sich solche ausgedehnten paroxysmalen Veränderungen auch noch im Gehirn des Erwachsenen ein und können dadurch zu psychischen und neurologischen Ausfallserscheinungen führen. Das Gebiet der genuinen Epilepsie, das im Laufe der letzten Jahrzehnte mehr und mehr eingeschränkt worden ist, wird damit wieder erweitert. Es ist nicht mehr angängig, jeden Fall von Epilepsie nur deshalb als symptomatisch aufzufassen, weil er einen makroskopischen Hirnbefund aufweist oder weil organisch-neurologische Symptome vorhanden sind. Für die erbbiologische Forschung ist von Bedeutung, daß ein organischer körperlicher und psychischer Befund eine genuine Epilepsie nicht ausschließt, und daß Schwachsinnszuständen und Idiotie gegebenenfalls eine epileptische Erkrankung zugrunde liegen kann. (Erscheint ausführlich.)

Aussprache.

Kaldewey (Eickelborn): (Nicht eingegangen.)

Schob (Dresden): Man wird sich nach den Ausführungen des Herrn Vortragenden fragen müssen, ob nicht eine andere Form der Rindenatrophie beim Kind, die sog. lobäre Atrophie, die auch symmetrisch auftreten kann, lediglich Folgezustand der Epilepsie ist. Diese Formen verlaufen oft schubweise; beim ersten Schub kommt es nach einem Status epilepticus zu einer passageren Lähmung; nach weiterem Auftreten von Status epilepticus bleibt dann eine cerebrale inf. Hemiplegie zurück. Ich selbst habe einen solchen Fall beobachtet, der unter Auftreten von Hunderten von Anfällen verlaufen ist.

P. Schröder (Leipzig) betont die Wichtigkeit der histopathologischen Befunde des Vortragenden, namentlich auch für die klinische Bewertung von Herdsymptomen im Einzelfall, wenn es sich um die Frage des Vorliegens von genuiner Epilepsie handelt. Wichtig wäre noch zu wissen, unter welchen besonderen Umständen sich die Veränderungen im Anfall einstellen, ob es sich dabei um abgrenzbare mit Epilepsie einhergehende Erkrankungen, etwa auch mit besonderen Erbverhältnissen handelt, oder ob jedweder epileptische Anfall als solcher derartige Nekrobiosen der Hirnrinde zur Folge haben kann.

Pette (Hamburg) fragt an, in welcher Weise sich die Meningen am Prozeß beteiligen. Ein eventuell ausgedehnter Befund (Verwachsung der Hirnhäute), der zu einer Behinderung der Liquorpassage führen könnte, wäre für die Ausdeutung von Encephalogrammen von nicht zu unterschätzender Bedeutung.

Kleist (Frankfurt): Anfrage, ob die beobachteten Veränderungen auch bei Kindern ohne Status epilepticus beobachtet worden sind.

C. Schneider (Heidelberg) weist darauf hin, daß es auf die klinische Beurteilung ankommt. Die Demenz der Anfallssummationsfolgen hat ein anderes psychopathologisches Syndrom als die genuine epileptische Demenz.

Das Encephalogramm vermag die Entscheidung nicht zu bringen. Veränderungen können in ihm fehlen bei symptomatischer und vorhanden sein bei genuiner Epilepsie.

Es gibt Familien mit erblicher Hämangiomatose des Gehirns.

Es kommt stets auf die Gesamtkenntnis aller Erscheinungen und des Verlaufs an.

Fünfgeld (Frankfurt): (Nicht eingegangen.)

Ilberg (Dresden): Hat zuweilen Verödungsherde in Hirnrinde und Hirnmark beobachtet; bei manchen dieser Herde handelt es sich nur um Untergang von Ganglienzellen, bei manchen fand sich im Innern des Herdes Gliazellenwucherung. Man darf wohl die einen Fälle auf frischere, die anderen auf weiter zurückliegende Anfälle zurückführen.

Scholz (München) (Schlußwort): Herrn Fünfgeld ist zu erwidern, daß alle Fälle mit prozeßhaften Veränderungen etwa entzündlicher Art ausgeschaltet worden sind. Über eine bestimmte Ursache der epileptischen Anfälle der hier gezeigten Fälle ließ sich weder aus dem Hirnbefund noch aus dem Krankheitsbilde etwas schließen. Die meningealen Veränderungen über den ulegyrischen Bezirken sind wenig ausgesprochen, schwartig-fibröse Zustände wie etwa bei chronisch entzündlichen Prozessen habe ich nicht gesehen. Wie Herr Schob, glaube auch ich, daß manche Fälle sog. lobärer Atrophie ihre Entstehung einer epileptischen Erkrankung verdanken. Es ist in diesem Zusammenhang vielleicht von Interesse, daß in Spielmeyers bekanntem Fall von intracorticaler Hemiplegie, der gleichfalls ausgedehnte sklerotisch-atrophische Veränderungen aufwies, die Lähmung nach epileptischen Anfällen aufgetreten war. Die Gliareaktion in den von den paroxysmalen Schädigungen betroffenen Partien ist eine Frage der Zeit. Tritt der Tod sehr bald nach dem epileptischen Status ein, so kann jegliche Gliareaktion noch fehlen; sehr bald treten aber gewöhnlich zahlreiche Neuronophagien auf; später findet je nach dem Grad der Schädigung eine faserige Gliavermehrung statt, die unter Umständen zu knorpeliger Verhärtung des Gewebes führen kann.

Krank oder gesund?

Von

H. F. Hoffmann, Gießen.

Wer gesund ist, kann zwar arbeiten, aber nicht ohne weiteres jede Arbeit verrichten; es ist nicht jeder Gesunde unbeschränkt arbeitsfähig. Dieser Satz eröffnet uns die Problematik, die mir vor Augen schwebt und ungezählte sog. neurotische Krankheitsfälle in sich schließt. Viele Menschen, die keinen organischen Gesundheitsschaden an sich tragen, versagen im Arbeitsprozeß, weil sie der bisher gewohnten Arbeit nicht mehr gewachsen sind, oder weil notgedrungen eine Arbeit von ihnen verlangt wird, der sie von vornherein nicht standhalten können. Das Versagen, das auf mangelnder körperlicher oder auch psychischer Eignung beruhen kann, führt zu körperlichem Unbehagen, zu neurotischen Beschwerden und zur Hypochondrie. Wollen wir diesen Menschen vorbeugend helfen, so muß es unser Ziel sein, sie ihrer Leistungsfähigkeit entsprechend in den Arbeitsprozeß einzugliedern. Die Alternative „krank oder gesund", die uns immer wieder von den Krankenkassen vorgelegt wird und die sich auch viele Betriebsführer zu eigen machen, muß verschwinden. Sie stellt eine Form von Schematismus dar, den wir Ärzte nicht dulden dürfen.

Auch für viele durch Unfall oder Krankheit Geschädigte treffen dieselben Erwägungen zu. Wir sollen ihre Arbeitsfähigkeit in der bekannten Weise nach Prozenten einschätzen. Es ist aber wichtiger, die ihnen verbliebene Arbeitsfähigkeit zu spezifizieren und dafür zu sorgen, daß sie in einer ihnen angemessenen Weise Verwendung finden. Dadurch würde viel unnütz vergeudetes Geld gespart, auch menschliche Not und menschliches Elend aus der Welt geschafft. Es war bis heute uns Ärzten nicht möglich, die vielen Sinnlosigkeiten einer falschen Arbeitsverwendung abzustellen, da uns die Mittel zur Durchführung fehlten. Nach meiner Überzeugung sind die von dem Gießener Kreisleiter des Amtes für Volksgesundheit der NSDAP., Frauenarzt Dr. K. Schliemann, entwikkelten Gedanken geeignet, hier Abhilfe zu schaffen. Das genannte Amt will Freund und Berater der arbeitenden Menschen sein und den im Arbeitsprozeß Gefährdeten helfen. Es muß durchaus unsere Billigung finden, wenn Schliemann eine ärztliche Kontrolle der

Eignung und Leistung vorschlägt, wobei in engster Zusammenarbeit mit der DAF. dafür Sorge getragen werden soll, die ärztlichen Vorschläge in die Tat umzusetzen. Nur wenn wir uns auf eine große Organisation stützen, kann es gelingen, den Gesichtspunkt der Eignung und Leistung unter der Kontrolle des Arztes in den Betrieben zu verwirklichen. Wir Neurologen und Psychiater können die Bemühungen Schliemanns nur wärmstens begrüßen. Es eröffnet sich hier ein wichtiges Gebiet der Neurosenbekämpfung und damit der tätigen Fürsorge für die Volksgesundheit.

Die Auslesevorgänge im Kampfe gegen die Erbkrankheiten[1].

Von

Siegfried Koller, Nauheim.

Durch mathematische Berechnungen wird gezeigt, daß der Kampf gegen die Erbkrankheiten sehr wirksam gefördert wird, wenn außer der Unfruchtbarmachung der Erbkranken auch die durchschnittliche Fruchtbarkeit der erblich belasteten Gesunden (durch theoretische Erbprognose abgegrenzte Gruppe) gesenkt wird, z. B. durch Benachteiligung bei der Gattenwahl. Die häufigsten, für die Volksgesundheit gefährlichsten Krankheiten werden am schnellsten zurückgedrängt. Wird in gesunden Ehen nach der Geburt eines kranken Kindes die weitere Fortpflanzung eingestellt, wirkt sich auch dies — fast unabhängig von der Krankheitshäufigkeit — sehr stark aus.

[1] Ausführlich in Z. Konstit.lehre **19**, H. 3, 253—322 (1935).

Psychische Störungen bei encephalographisch nachgewiesenem Hydrocephalus internus.

Von

Dr. **Ernst Klein**, Frankfurt a. M.

Ich möchte Ihnen über psychische Störungen einiger Kranken berichten, bei denen wir encephalographisch eine Erweiterung der Hirnkammern nachgewiesen haben. Dabei möchte ich bemerken, daß wir den Ausdruck idiopathischer Hydrocephalus nur insofern angewandt wissen möchten, als damit gesagt wird, daß eine akute, das Hirn in Mitleidenschaft ziehende Erkrankung in der Vorgeschichte der Patienten nicht angegeben werden konnte. Ich gehe dabei nicht auf die Frage ein, inwieweit es einen idiopathischen Hydrocephalus intern. im engeren Sinne des Wortes überhaupt gibt. Gerade in den letzten Jahren ist es von de Lange und Dandy auf Grund anatomischer Studien wahrscheinlich gemacht, daß es sich auch bei dem sog. idiopathischen Hydrocephalus um einen kommunizierenden Hadrocephalus auf Grund frühkindlicher Entzündungsprozesse handelt.

Über psychische Störungen beim Hydrocephalus ist schon früher verschiedentlich berichtet worden. Pötzl z. B. hat schon im Jahre 1914 über schwere, akute, toxisch aussehende Psychosen berichtet. Weiter sind von Blumental aus der Kleistschen Klinik, damals in Rostock, sowohl paranoid-halluzinatorische, wie stuporöse Zustandsbilder beschrieben worden, die sich wesentlich von der Schizophrenie in ihrem Verlauf unterschieden und die als Hydrocephaluspsychosen gedeutet wurden. Als das Wesentlichste stellt Blumental ein Schwanken im Auftreten und in der Intensität der Symptome fest, sowie eine zu mindest zu Beginn der Erkrankung fast immer deutlich vorhandene Störung des Bewußtseins. In den letzten Jahren sind aus der Frankfurter Klinik von Hahn Untersuchungen über Hydrocephalus, Permeabilität und Psychose gemacht worden, bei denen eine auffällige Besserung der psychischen Erscheinungen nach ausgiebigen Lumbalpunktionen beobachtet werden konnte. Auch bei den damals beschriebenen psychischen Störungen handelte es sich teils um plötzlich auftretende Erregungszustände, teils um eindeutige Bewußtseinstrübungen. Auf die weitere Literatur über dieses Gebiet gehe ich hier nicht ein.

Wir haben seit dem 1. I. 1934 12mal die Diagnose psychische Störungen bei Hydrocephalus resp. hydrocephale Psychose bei einem Durchgang von 3176 psychischer Kranken in der Klinik gestellt.

Einige charakteristische Krankengeschichten gebe ich Ihnen im folgenden:

Ein 37 Jahre alter städt. Beamter wurde im Dezember 1933 auf Veranlassung unserer Poliklinik in die Klinik aufgenommen. Es handelte sich um einen Mann, bei dem in der Vorgeschichte bemerkenswert erscheint, daß er ein Drillingskind ist. Er war bis 3 Jahre vor seiner Aufnahme in die Klinik immer gesund gewesen und galt als gute Arbeitskraft. Einen Posten als Sportlehrer konnte er gut ausfüllen. Vor 3 Jahren erkrankte er angeblich infolge Überarbeitung vor einem Examen mit den Symptomen eines nervösen Zusammenbruchs. Er war kurze Zeit schlaflos, klagte über innere Unruhe, Arbeitsunfähigkeit, sowie Kopfschmerz. Nach einigen Wochen Urlaub war er wieder ganz gesund. Bezüglich der jetzigen Erkrankung machte er folgende Angaben: Er sei seit etwa $^1/_2$ Jahr zunehmend schlafloser geworden und habe trotz übergroßer Müdigkeit nachts keine Ruhe finden können. Dazu sei eine innere Unruhe und eine vermehrte Reizbarkeit getreten. Auch nach einem Urlaub und einer Kneipp-Kur trat keine Änderung in seinem Befinden ein. Bis vor 1 Monat habe er noch im Dienst gearbeitet, dann aber aufhören müssen, da er sich nicht mehr habe konzentrieren können. — Im November 1933 wurde St. in unserer Poliklinik untersucht und eine endogene Depression vermutet, dabei wurde bei der neurologischen Untersuchung eine linksseitige Reflexsteigerung festgestellt. Die Behandlung bestand in Bädern, Höhensonne, sowie der Verabfolgung von Schlafmitteln. Da nach mehrwöchiger Behandlung keinerlei Besserung angegeben wurde, im Gegenteil eine dauernde Verschlimmerung eintrat, wurde von unserer Poliklinik die klinische Beobachtung eingeleitet. Die Beobachtung ergab: Breit gebaut, gut mittelgroß. Innere Organe: o. B. In den ersten Tagen bestand unklare Temperaturerhöhung bis 37,7. Bei der neurologischen Untersuchung fand sich ein nur geringer Nystagmus beim Blick nach links, ein

Abweichen der Zunge nach rechts, ein geringer Tremor der Hände, besonders der rechten. Beim Händedruck rechts traten Mitbewegungen links auf. Der Fingernasenversuch war links etwas unsicher. Es bestanden weiterhin Unterschiede in der Erregbarkeit der Patellarsehnenreflexe sowie ein angedeuteter Oppenheim und Gordon links. Der Augenhintergrund zeigte verschleierte Papillengrenzen mit Verdacht auf beginnende Stauungspapille. Während der ersten Tage in der Klinik konnte objektiv eine excessive Schlaflosigkeit beobachtet werden. Dazu traten Klagen über Kopfschmerzen. Barbitursäurepräparate, die verabreicht wurden, erzielten keinen Schlaf. Am 13. XII. wurde eine Encephalographie vorgenommen und reichlich Liquor entleert. Die Encephalographie ergab Erweiterung der Hirnkammern. Darauf trat eine wesentlich Besserung im Befinden ein. St. schlief nach geringen Bromgaben gut, die Besserung hielt auch in der Folgezeit an. Die Behandlung bestand weiter in Traubenzuckerinjektionen. Ich habe St. später in der Poliklinik mehrfach nachuntersucht. Subjektive Beschwerden bestehen nicht mehr. Er schläft ohne Schlafmittel, hat keinerlei ängstliche Gefühle mehr, ist völlig arbeitsfähig. Der neurologische Befund wechselte bei den verschiedenen Nachuntersuchungen, immer waren geringe Abweichungen am Zentralnervensystem deutlich nachweisbar.

Über einen ähnlichen Fall möchte ich noch berichten, bei dem es sich um einen 37jährigen, früher immer gesunden Mann handelte, der in den Jahren nach dem Kriege ein bekannter Diskussionsredner war und der heute Amtswalter ist. Er hatte wegen Konzentrationsunfähigkeit, die sich besonders beim Sprechen zeigte, Gedächtnisschwäche, sowie eines in der letzten Zeit vorhandenen dauernden dumpfen Druckes im Kopfe, unsere Poliklinik aufgesucht. Auch bei ihm fanden sich leichte Abweichungen bei der neurologischen Untersuchung, die den Verdacht auf eine organische Grundlage der geklagten Beschwerden erweckte. Nur kurzfristig wurde D. zur Vornahme der suboccipitalen Encephalographie in unserer Klinik aufgenommen, die, wie erwartet, nicht nur den diagnostischen, sondern auch therapeutischen Effekt hatte.

Auch bei D. schwanden schlagartig sämtliche Beschwerden und er konnte nach einigen Tagen bereits aus der Klinik entlassen werden. Die Besserung hat bis heute angehalten.

Den Übergang dieser unter dem Bilde eines nervösen Erschöpfungszustandes verlaufende Störungen, in deren Vordergrund in den eben kurz skizzierten Fällen Schlaflosigkeit sowie erhöhte Reizbarkeit und Konzentrationsmangel standen, zu einem schwereren, länger dauernden Krankheitsbilde fanden wir bei einem Kranken, der vom 27. I. bis 25. III. 1934 in unserer klinischen Beobachtung war. Es handelte sich um einen 38 Jahre alten Kranken, der mit 25 Jahren eine fast unbemerkt verlaufende Verstimmung durchgemacht hatte. Mit 25 Jahren war er eine Zeitlang unruhig, reizbar, leicht aufgeregt. Die Umgebung empfand diese Veränderung in seinem Wesen mehr als er selbst. Ohne besondere ärztliche Maßnahme ging dieser Zustand nach kurzer Zeit vorüber. In der Zwischenzeit heißt es dann von ihm, daß er ein guter Beamter mit leichter Auffassungsgabe gewesen sei. Seine Stimmungslage wird als ausgeglichen, seine Wesensart als humorvoll geschildert. Im März 1933 erkrankte H. unter einem depressiven Zustandsbilde mit Entfremdungserlebnissen. Er machte sich viele Gedanken und klagte besonders über mangelhaftes Vorstellungsvermögen. Vom 1. bis 29. III. 1933 wurde er wegen dieser Störung in einem Sanatorium angeblich mit gutem Erfolg behandelt. Nach kurzer Zeit traten jedoch wiederum, jetzt in stärkerem Maße, kurzdauernde Verstimmungszustände auf. H. klagte über leichten Kopfschmerz, er war gereizt und aufbrausend, konnte im Geschäft nicht mehr die an ihn gerichteten Anforderungen erfüllen. Im Mai—Juni 1933 wurde er abermalig in einem Erholungsheim behandelt und als geheilt und arbeitsfähig entlassen. Am 26. I. wurde H. uns von einem Nervenarzt zur poliklinischen Untersuchung geschickt. In dem Begleitschreiben hieß es, daß leichter Nystagmus, Fußklonus, sowie fehlende Bauchdeckenreflexe als neurologischer Befund, allerdings wechselnd in ihrer Stärke vorhanden seien. Neben der depressiven Stimmungslage bestehe Zwangsweinen, sowie Parästhesien an den Beinen. Der Kollege dachte an ein organisches Nervenleiden. Bei der Aufnahme in die Klinik klagte H. über Schmerzen im Hinterkopf, über Schwächegefühle in der linken Hand und linkem Bein, sowie über ein völliges Fehlen des anschaulichen Vorstellungsvermögens. Er machte einen gedrückten Eindruck, weinte häufig, brachte eine Menge Selbstvorwürfe in langsamer, monotoner Weise hervor. In den nächsten Tagen verschlimmerte sich dieses Zustandsbild. H. war deutlich bewußtseinsgetrübt, reagierte nur auf starke Reize, zeigte schwere Störungen der Merkfähigkeit, perserverierte. Immer gleichbleibend waren die Klagen über Verlust des anschaulichen Vorstellungsvermögens. So behauptete er, sich seine Wohnung, seine Frau, seinen gewohnten Arbeitsraum nicht mehr vorstellen zu können. Auf Befragen fehlte ihm auch das Vorstellungsvermögen für die Erinnerung an weniger affektbetonte Dinge. So war es ihm z. B. nicht möglich, sich eine Rose vorzustellen, wohl konnte er die einzelnen Teile beschreiben. Daneben fielen immer wieder ein außerordentlicher Beachtungsmangel sowie eine erschwerte Wortfindung auf. Nach einigen Tagen änderte sich das Zustandsbild. H. drängte triebhaft aus dem Bett, war sehr ängstlich, glaubte sich verfolgt, meinte, er würde hingerichtet. Er war mißtrauisch, fürchtete vorübergehend, daß das Essen vergiftet sei, negierte jedoch halluzinatorische Zustände auf allen Sinnesgebieten. Die ängstliche Erregung klang nach kurzer Zeit ab und machte wieder der bei der Aufnahme schon beobachteten starken Hemmung und Schwerbesinnlichkeit Platz. Organisch-neurologisch fand sich ein geringer Nystagmus nach beiden Seiten, eine Schwäche im rechten Mundfacialis. Der Trömnersche Reflex war rechts auslösbar, die Bauchdeckenreflexe u.P.S.R. waren unterschiedlich, die Patellarsehnenreflexe gesteigert, beiderseits Patellarklonus, rechts mehr als links. Die Achillessehnenreflexe waren beiderseits lebhaft und mehrschlägig. Babinski links positiv. Bei einer vorgenommenen Lumbalpunktion waren sämtliche Reaktionen, außer Pandy-Spur positiv, regelrecht. Bei einer zur Klärung der Diagnose vorgenommenen suboccipitalen Encephalographie zeigte sich eine deutliche Erweiterung der Hirnkammern. Mit geringen Schwankungen blieb das Krankheitsbild während des Klinikaufenthaltes das gleiche. Am 25. III. 1934 wurde H. gegen Revers aus der Klinik entlassen. Er war noch sehr gehemmt, klagte noch über den Verlust jeglichen Vorstellungsvermögens und machte sich Selbstvorwürfe. Der organische Befund hatte sich nur unwesentlich geändert. Bei späteren Nachuntersuchungen nach der Entlassung aus unserer Klinik besonders anläßlich einer Begutachtung im Juni 1935 zeigte sich, daß nur noch geringe seelische Ausfallserscheinungen vorhanden waren. H. klagte noch über zeitweise auftretende Unlustgefühle, sowie eine gewisse Verlangsamung seiner seelischen und körperlichen Leistungen. Er sei noch nicht wieder so frisch und lebhaft wie früher. Ein organisch-neurologisch krankhafter Befund war bei den verschiedensten Untersuchungen nicht mehr zu erheben.

Bei diesem Kranken steht also im Vordergrunde ein lang andauerndes despressives Zustandsbild mit Hemmungen, Selbstvorwürfen sowie Verlust des anschaulichen Vorstellungsvermögens. Daneben zeitweise deutliche Störung des Bewußtseins sowie Perseverationen. Die letzteren Störungen ließen im Verein mit dem neurologischen Befunde einen Hydrocephalus vermuten.

Abschließend will ich noch von einer Kranken berichten, die nach bereits länger bestehender Erkrankung zu uns kam und die bereits auf Grund der Diagnose „Schizophrenie“ sterilisiert worden war.

Bei der Untersuchung in unserer Poliklinik fielen bei der psychisch-experimentellen Prüfung eine grobe Störung der Merkfähigkeit, der zeitlichen Einordnung, sowie ein Antriebsmangel auf. Organisch fand sich eine deutliche Facialsparese links sowie geringe rechtsseitige Reflexsteigerungen. Bei einer späteren Untersuchung machte die Kranke einen ratlosen Eindruck, konfabulierte und zeigte gröbere Orientierungsstörungen.

Wegen Verdacht auf Hirntumor erfolgte Aufnahme in die Klinik.

Die Kranke bot dann während einer 8wöchigen Beobachtung im wesentlichen das gleiche Zustandsbild. Im Vordergrunde stand der völlige Mangel an Regsamkeit und eine starke Unaufmerksamkeit in Verbindung mit amnestischen Symptomen. Bei den verschiedenen psychischen-experimentellen Prüfungen konnten immer wieder Störungen der Merkfähigkeit sowie ein Gedächtnisverlust für die Ereignisse der jüngsten Vergangenheit nachgewiesen werden. Die Stellung der Diagnose bereitete Schwierigkeiten. Aus der Vorgeschichte wurde bekannt, daß die Kranke seit etwa einem halben Jahr so verändert war, und zwar war die Störung während einer Untersuchungshaft ausgebrochen.

Als die Patientin vor einer Lumbalpunktion einen von Bewußtseinstörung begleiteten Krampfanfall bekam, wurde an einen epileptischen Dämmerzustand, später nach der Symptomatologie (rechtsseitige Parese, beiderseits spastische Zehenreflexe, hochgradiger Regungsmangel) an einem Stirnhirntumor gedacht. Die Encephalographie zeigte einen symmetrischen Hydrocephalus.

Schizophrene Symptome im engeren Sinne zeigte unsere Kranke nie. Ebenfalls konnten während der ganzen Beobachtung keine Halluzinationen nachgewiesen werden. Hin und wieder gab sie Déjà vue-ähnliche Zustände an, behauptete, es käme ihr alles so bekannt vor, doch mischten sich diese Angaben immer mit Konfabulationen und Störungen der örtlichen und zeitlichen Einordnung, so wenn sie fest behauptete, den Abteilungsarzt schon vor Jahren in Mannheim konsultiert zu haben usw. An ihren Aufenthalt in anderen Krankenanstalten fehlte ihr jede zeitliche Vorstellung.

2 Monate nach ihrer Entlassung wurde uns die Kranke wieder zugeführt. Sie war plötzlich unruhig geworden, war in ängstlicher Getriebenheit von Hause fortgelaufen, wollte angeblich nach Berlin.

In der Klinik bot sie bald wieder das bereits früher gezeigte Zustandsbild. Der neurologische Befund blieb unverändert.

Wir haben es in diesem Falle also mit Störungen zu tun, die direkt auf eine Beteiligung des Hirnstammes hinweisen. So sind Merkfähigkeitsstörungen und Gedächtnisverlust für die jüngste Vergangenheit auf die Basis des Zwischenhirns, der hochgradige Regungsmangel auf Stirn und Zwischenhirnpartien zu beziehen.

Über einige halluzinatorisch bzw. paranoisch verlaufende Zustandsbilder mit neurologischen Ausfallserscheinungen möchte ich heute noch nicht berichten, da die Beobachtungszeit für diese Fälle noch zu kurz ist und sie eine weitere katamnestische Erforschung erfordern.

Das Zustandekommen dieser Störungen: Bei allen unseren Kranken finden wir Erscheinungen, die hirnpathologisch in das Gebiet des Stammhirns zu verlegen sind. Angefangen mit leichteren Störungen der Schlaf-Wach-Regulation und Konzentrationsschwäche bis zu den mit schweren Bewußtseinsstörungen und Perseverationen einhergehende Formen. Im letzten Falle imponieren neben Regungsmangel, Störungen der Merkfähigkeit und des Gedächtnisses. Dazu kommen eindeutig nachweisbar Reflexstörungen. Es liegt somit die Annahme, daß es sich um Hirndruckerscheinungen verschiedenen Grades handelt, auf der Hand. In diesem Sinne spricht sowohl die gefundene Besserung des seelischen Zustandes nach ausgiebigen Suboccipitalpunktionen, wie auch das Schwinden bzw. die Besserung der neurologischen Symptome. Wodurch diese Schwankungen des Hirninnendruckes zustande kommen, ist noch ungewiß.

Da wir bei einigen unserer Patienten im Beginn der Erkrankung Temperaturerhöhungen beobachten konnten, denken wir in erster Linie mit an banale Infektionen des Zentralnervensystems, die hier sozusagen an einen Locus minoris resistentiae angreifen, ebenso auch an eine Veränderung der Blutliquorschranke.

Zusammenfassend: Störungen auf der Basis einer bestehenden Erweiterung der Hirnkammern können klinisch aus dem gleichzeitigen Vorhandensein von auf das Stammhirn zu beziehenden psychischen Erscheinungen mit neurologischen Zeichen diagnostiziert werden. Zur Sicherung der Diagnose ist eine Encephalographie zu fordern.

Über sekretorisch tätige Ganglienzellen im Zwischenhirn des Menschen.

Von

R. Gaupp jr., Kiel.

Seitdem Fragen über die Zwischenhirnsteuerung vegetativer Funktionen aktuell geworden sind, steht die Zellgruppe des Nucleus supraopticus und des Nucleus paraventricularis im Brennpunkt des Interesses. Wir reden heute von dem Hypophysen-Zwischenhirnsystem und bringen damit zum Ausdruck, daß es nicht möglich erscheint, den Funktionsbereich von Hypophyse und Zwischenhirn gegeneinander abzugrenzen, daß vielmehr beide sich gegenseitig ergänzen.

Der Nachweis besonderer Faserverbindungen zwischen dem Nucleus supraopticus und Nucleus paraventricularis einerseits und dem Hypophysenhinterlappen andererseits ließ die hypothalamischen Kerne als nervöse Regulationszentren der Hypophyse erscheinen. In diesem Sinne sprachen auch eine Reihe experimenteller Erfahrungen. So fanden Karplus und Peczenik (1930, 1933) bei der Katze nach elektrischer Zwischenhirnreizung einen vermehrten Hormongehalt des Cysternenliquors und Richter (1930) sah nach operativen Eingriffen am Tuber cinereum Störungen des Wasserhaushaltes, welche auf eine Schädigung der nervösen Steuerungsapparate zurückgeführt wurden.

Die Lehre nervöser Regulationszentren ist indessen erschüttert. Nicht allein, daß Gagel und Mahoney (1933) das Vorliegen von Faserzügen zwischen Hypothalamus und Hypophyse bezweifelten, es erwies sich, daß Wegnahme der Hypophyse nur vorübergehenden Diabetes insipidus zur Folge hatte und erst eine Zerstörung des Tuber cinereum zu einem Dauerschaden hinsichtlich der Regulation des Wasserhaushaltes führte. Hier konnte der Einfluß des Zwischenhirns aber nicht nervöser Natur sein, da auch die entnervte Niere mit Harnflut reagierte. Als dann Trendelenburg und Sato der Nachweis gelang, daß nach Hypophysektomie aus dem Hypothalamus sehr viel wirksamere Extrakte gewonnen werden als bei intakter Hypophyse, rückte die Annahme einer sekretorischen Funktion der Nervenzellen immer näher.

Es bleibt das Verdienst Scharrers (1928 und folgende Jahre), bei Tieren als erster auf Kolloideinschlüsse in den Ganglienzellen der dem Nucleus supraopticus und Nucleus paraventricularis des Menschen homologen Kerngruppen aufmerksam gemacht zu haben. Er fand solche zuerst bei Fischen, später bei Amphibien und Reptilien. Der von Collin bis in die letzte Zeit erhobene Einwand, daß es sich um Hypophysenkolloid handele, konnte widerlegt werden. Die in den letzten Jahren durchgeführten Untersuchungen, welche sich auf Säuger (Scharrer) und den Menschen (Gaupp) erstreckten, ergaben eine vollkommene Übereinstimmung der Befunde mit den an niederen Tieren erhobenen. Sie zeigen auf das deutlichste, daß es sich um sekretorisch tätige Nervenzellen handelt, entsprechen doch die zu beobachtenden Vorgänge denen anerkannter Drüsenzellen.

Vom Menschen kann ich heute ein Material von 74 Zwischenhirnserien vorlegen.

Nucleus supraopticus und Nucleus paraventricularis sind histologisch charakterisiert durch einen besonderen Capillarreichtum. Die kleinen Gefäße umgeben die in Nestern zusammenliegenden Zellen, sie buchten das Zellplasma ein, können schließlich ganz von der Zelle umschlossen werden. Ein häufiges Vorkommen ist die schon von Hechst beschriebene reihenförmige Zellanordnung entlang den größeren Gefäßen. Die in Form und Färbbarkeit unterschiedlichen Ganglienzellen neigen zur Mehrkernigkeit, zweikernige Exemplare werden kaum je vermißt, bisweilen wurden 3-, 4- bis zu 7kernigen Zellen gefunden. Vereinzelt wurden sogar amitotische Kernteilungsfiguren beobachtet. (Demonstration von Photogrammen).

Schon bei der Geburt finden sich im Zellplasma einzelne randständige Vakuolen. Im reifen Alter werden diese zum Teil in reichlicher Menge gesehen. Sie enthalten ein fuchsinophiles tropfenförmiges Kolloid, welches durch Konfluieren von Granula zustande kommt. Die Granula werden zuerst zwischen den Nissl-Schollen beobachtet. Mit zunehmender Kolloidproduktion kann die gesamte Zelle in eine oder mehrere Vakuolen verwandelt werden. Das Kolloid tritt aus den Zellen aus und wird teils frei im Gewebe, teils an und in den Gefäßen und unter dem Ependym gefunden. Der Abtransport erfolgt mithin offenbar sowohl durch das Liquor- wie durch das Blutgefäßsystem (Diapositive).

Die am Menschen erhobenen Befunde lassen sich in folgenden Sätzen zusammenfassen:

Das Zwischenhirnkolloid wird ausschließlich im Kerngebiet gefunden.

Die Kolloidproduktion kann in allen Entwicklungsphasen verfolgt werden.

Jahrescyclische Schwankungen finden sich ebensowenig wie bei den Tieren.

Die Abgabe des Kolloids erfolgt offenbar entweder im kontinuierlichen Strom oder in Schüben.

Zwischen dem 4. und 8. Lebensjahrzehnt werden hinsichtlich der Ausgeprägtheit der Kolloidproduktion altersabhängige Unterschiede nicht gefunden. In den ersten Lebensjahrzehnten dagegen erscheint die Sekretion durchschnittlich gering zu sein. Die Verhältnisse sind dieselben wie bei der Kröte. Auch beim Menschen ist ein jeweilig verschiedener „individueller", Funktionszustand der Zwischenhirndrüse anzunehmen.

Die Zwischenhirnsekretion wird gleichermaßen beim männlichen und weiblichen Geschlecht beobachtet. Nach den bisherigen Erhebungen erscheint das männliche Geschecht dem weiblichen überlegen.

Anhaltspunkte für etwaige Beziehungen des Funktionszustandes der „Zwischenhirndrüse" zu endogenen und organischen Psychosen, Nervenkrankheiten und inneren Leiden haben sich bisher nicht ergeben.

Die Bedeutung der „Zwischenhirndrüse" ist bisher nicht klar erkannt. Sicherlich spielt sie für die Regulation gewisser vegetativer Funktionen eine Rolle. Tierexperimente ergaben, daß Hypophysektomie für den Funktionszustand der Z.H.-Drüse ohne Einfluß ist. Die nach Hypophysektomie bei Amphibien zu beobachtende, auf das thyreotrope Hormon zurückgeführte Hemmung der Häutungsmechanismus wird durch Implantation von Zwischenhirn nicht behoben (Scharrer).

Die Tatsache sekretorisch tätiger Nervenzellen ist von grundlegender Bedeutung. Sie eröffnet einen neuen Blick für die Leistungsfähigkeit nervöser Elemente und ist hinsichtlich der aktuell gewordenen Fragen über humorale Einflüsse des Zentralnervensystems nicht ohne Interesse.

Die Beziehungen „sekretorischer“ Vorgänge im Zwischenhirn zu Psychosen und innersekretorischen Erkrankungen.

Von

Gerd Peters, München.

An insgesamt 66 Fällen haben wir uns von der von Scharrer und Gaupp erstmalig festgestellten Produktion von Kolloid in den Zellen der vegetativen hypothalamischen Kerne des Menschen zu überzeugen versucht. Unser Material umfaßt sowohl hirngesunde Fälle — darunter verstehen wir solche, die keine klinischen Symptome von seiten des Zentralnervensystems boten und keine nennenswerten histologischen Veränderungen bei der Untersuchung des Gehirnes zeigten — wie auch hirnkranke Fälle.

Wir fanden die Kolloideinlagerungen entsprechend den Befunden von Scharrer und Gaupp und anderen Autoren in den Zellen des Nucleus supraopticus, N. paraventricularis, außerdem aber auch im N. tuberomamillaris bzw. Mamilloinfundibularis, in letzterem jedoch insgesamt nur in 6 Fällen. Die Befunde von Roussy und Mosinger, die Kolloid auch in den Tuberkernen und im Basalganglion fanden, können wir nicht bestätigen. Das Kolloid befindet sich entweder in Form kleiner Tropfen in der Peripherie der Zelle inmitten des dichten Tigroidsaumes, den die meisten Zellen im N. supraopticus und paraventricularis am Zellrand aufweisen, oft liegen mehrere kleine Kolloidtropfen benachbart entlang der Zellperipherie, oder man beobachtet mehrere kleinere und größere kolloidgefüllte Vakuolen im ganzen Zelleib zerstreut. Aus dem Zusammenfließen kleinerer Kolloidtropfen kommt es zu einer oft die ganze Zelle ausfüllenden zusammenhängenden Tropfenbildung. Die kleinsten Tropfen in der Peripherie der Zellen scheinen auch uns entsprechend der Ansicht von Scharrer und Gaupp aus kleinsten körnchenartigen kolloiden Gebilden, die man zwischen dem Tigroid beobachten kann, hervorzugehen. Daneben findet man häufig in gleicher Weise und Anordnung wie die eben geschilderten Kolloidtropfen leere Vakuolen, die man unserer Meinung nach als Ausdruck des kolloidproduzierenden Vorganges annehmen muß. Um so mehr, da man hier und da in Zellen neben solchen leeren Vakuolen noch kolloidgefüllte antreffen kann, bzw. am Rand größerer Vakuolen häufig noch einen halbmondförmigen Schleier von kolloider Substanz bemerken kann. Ob das Kolloid der leeren Vakuolen durch die Fixation extrahiert wurde, oder ob es lediglich während des Lebens von den Zellen ausgestoßen wurde, läßt sich mit Sicherheit im einzelnen Falle nicht entscheiden.

Wenn ich im folgenden eine kurze Übersicht über das von mir untersuchte Material bringe, die eine Beziehung der Kolloideinlagerungen zwischen Hirngesunden und Hirnkranken, eine solche zwischen dem männlichen und weiblichen Geschlecht, und schließlich eine solche zwischen den verschiedenen Lebensaltern zeigen soll, so habe ich dabei nur diejenigen Fälle als kolloidproduzierend bezeichnet, in welchen sich tatsächlich solches in den Zellen vorfand. Ich habe die nur vakuolenbildenden Fälle, obwohl ich von der Identität beider Prozesse überzeugt bin, nicht zu den kolloidproduzierenden gerechnet. Es sei vorweggenommen, daß ich lediglich in 2 Fällen, und zwar bei einem $3^1/_2$jährigen, an Diphtherie verstorbenen Kind und bei einem 51jährigen im Koma diabeticum zugrunde gegangenen Mann Vakuolen mit Sicherheit nicht beobachten konnte. Sonst fand ich in allen Fällen in mehr oder weniger starker Ausbreitung kleinere und größere Vakuolen. Zunächst sei erwähnt, daß wir kolloide Einlagerungen in den Zellen des Hypothalamus in zwei Drittel der gesamten Fälle feststellen konnten. Ein prozentualer Unterschied zwischen der Kolloidanwesenheit in Zellen Hirngesunder und Hirnkranker besteht nicht. Das hirngesunde Material stammt von Fällen, die an akuten und chronischen inneren Erkrankungen gestorben sind. Es sei erwähnt, daß keine der betreffenden inneren Erkrankungen ebenso wie fieberhafte Zustände einen Einfluß auf die Kolloidproduktion haben. Bezüglich des Geschlechtes besteht eine ganz geringe, aber nicht statistisch zu verwertende Häufigkeit des Kolloidvorkommens beim weiblichen Geschlecht. Die nebenstehende Tabelle soll einen Überblick über die Beziehungen zwischen Lebensalter und Anwesenheit kolloider Einlagerungen in den hypothalamischen Kernen geben. Wir ersehen

Tabelle.

Lebensalter	Zahl der Fälle	Kolloidhaltig
Unter 10 Jahren	10	4
10—20 Jahre	3	1
20—30 „	7	6
30—40 „	8	5
40—50 „	12	11
50—60 „	11	6
60—70 „	4	4
70—80 „	7	5
80—90 „	4	3

daraus, daß mit zunehmendem Alter, etwa vom 25. Lebensjahr ab, ein sicheres Überwiegen der kolloidenthaltenden Gehirne im Vergleich zu den kein Kolloid enthaltenden festzustellen ist. Man darf jedoch nicht übersehen, daß auch im frühesten Kindesalter Kolloid in den Zellen der hypothalamischen Kerne gefunden wird. Der jüngste Kolloidträger war ein 1 Jahr 10 Monate altes Kind, welches an einer Pneumonie nach Masern verstorben war. Diese Feststellung des Vorkommens von Kolloid im frühesten Alter läßt u. a. die Annahme eines degenerativen Vorganges als unwahrscheinlich erscheinen. Weiterhin darf man auch nicht unerwähnt lassen, daß man auch selbst bei in höherem Alter Verstorbenen in den Zellen des Hypothalamus Kolloid vermissen kann. Was die Menge des Kolloids anbelangt, so haben wir es reichlich erst von dem 40. Lebensjahr an beobachtet, jedoch in einem Fall schon bei einem 21 jährigen, an Lungentuberkulose verstorbenen Mädchen. Gleichfalls kann man auch in der Regel erst vom 40. Lebensjahr an eine stärkere Vakuolenbildung beobachten, wenn wir auch hier schon in 3 Fällen, die das 20. Lebensjahr nur wenig überschritten hatten, reichlich Vakuolenbildung beobachten konnten.

Nun berichte ich über die Beziehungen der Kolloidproduktion im Zwischenhirn zu innersekretorischen Störungen und einigen Psychosen. Ich will schon vorweg nehmen, daß die Resultate wenig eindeutig und klärend sind. Es ist nicht nur nach den anatomischen an Tier und Mensch erhobenen Befunden, sondern auch auf Grund zahlreicher experimenteller physiologischer Versuche sehr verlockend, von einer „Zwischenhirndrüse", wie es Scharrer und Gaupp tun, zu sprechen. Mein Gedankengang war nun der, vielleicht bei einigen innersekretorischen Erkrankungen bzw. bei Psychosen eine besondere Aktivität bzw. eine auffallende „Stille" in der „Zwischenhirndrüse" festzustellen. Leider lagen zur Untersuchung keine Fälle von Diabetes insipidus und gewisser Formen von Fettsucht vor, Erkrankungen, die ja mit ziemlicher Sicherheit auf Störungen im Zwischenhirn zurückgeführt werden können. Aber auch bei Diabetes mellitus, Basedow und Akromegalie sollen nach vielen Autoren Veränderungen im Zwischenhirn beobachtet worden sein. Besonders sind beim Diabetes mellitus im N. paraventricularis als das den Kohlehydratstoffwechsel regulierende Zentrum Veränderungen vermutet und gefunden worden. Wir haben bei 9 sämtlich im Coma diabeticum verstorbenen Menschen histologische Veränderungen im Paraventricularis nicht feststellen können, weder Zerstörungen, noch atrophische Erscheinungen. Die Kranken hatten verschiedene Lebensalter, von $3^3/_4$ Jahren bis zu 53. Intracelluläres Kolloid fanden wir in 5 Fällen, in 4 jedoch nur in je einer Zelle, in einem einzigen Falle in sehr reichlichem Maße. Es bestand kein Unterschied zwischen der Kolloidproduktion im Supraopticus und Paraventricularis. Wenn man die Anwesenheit von Vakuolen, die ja, wie schon erwähnt, auch als Ausdruck der Zellsekretion aufgefaßt werden muß, berücksichtigt, so war sie nur in 2 Fällen stark. Der Fall, der reichlich Kolloid zeigte, gehört zu diesen beiden vakuolenreichen Fällen. Die übrigen 7 Fälle, auch diejenigen, in welchen in je einer Zelle Kolloid gefunden wurde, zeigten eine auffallende Armut an Vakuolen, die ,,Zwischenhirndrüse“ machte in diesem Falle, wenn man so sagen darf, keinen ,,sezernierenden“ Eindruck. Ob jedoch aus diesen Befunden eine gewisse Beziehung zwischen der ,,Zwischenhirndrüse“ und dem Diabetes mellitus herausgelesen werden darf, können erst ausgedehntere Untersuchungen zeigen. 4 Fälle von Basedowkranken, 2 Fälle von Athyreosen, 1 Addisonfall ließen die Feststellung eines bestimmten Verhaltens der ,,Zwischenhirndrüse“ nicht zu. Von 4 Fällen von Adenomen des Hypophysenvorderlappens mit teilweiser starker Druckatrophie der Hinterlappen zeigten Supraopticus und Paraventricularis in 2 Fällen starke Kolloidbildung, in den beiden anderen dagegen nur ganz geringe. Es ließ sich leider nicht mehr feststellen, ob es durch den Tumor zu einer Verlegung der Verbindungswege zwischen Hypophyse und Zwischenhirn kam, um somit an Hand dieser Fälle den Gedanken von Collin u. a. mit Sicherheit auch beim Menschen ablehnen zu können, daß das Kolloid des Zwischenhirnes von der Hypophyse stammt. Das Nichtvorhandensein atrophischer Zellveränderungen bzw. primärer Zellreizung am Supraopticus läßt vielleicht eine nicht vollständige Unterbrechung der Verbindung zwischen Hypophyse und Zwischenhirn annehmen, wenn auch Gagel solche Erscheinungen im Supraopticus bei vollständiger Unterbrechung des Tractus supraoptico-hypophysieus ebenfalls nicht beobachten konnte. Die Intaktheit der Zwischenhirne in allen 4 Fällen kann vielleicht das Fehlen eines Diabetes insipidus erklären. Es läßt sich zusammenfassend nach meinen Untersuchungen an innersekretorischen Erkrankungen also lediglich eine gewisse Beziehung der „Zwischenhirndrüse“ zum Diabetes mellitus feststellen, über die jedoch erst nach weiteren Untersuchungen Bestimmteres gesagt werden kann.

Bei 14 von mir untersuchten, meist alten Anstaltsschizophrenien zeigten 8 Fälle eine reichliche Kolloid- und Vakuolenbildung im Supraopticus und Paraventricularis, in 2 Fällen auch im Tuberomamillaris. Auffallend ist, daß 5 dieser reichlich Sekretion aufweisenden Fälle häufige Erregungszustände während ihrer Erkrankung zeigten. Das Alter dieser Kranken betrug zwischen 23 und 47 Jahren. Ob man jedoch daraus eine Beziehung ableiten darf, erscheint mir zum mindesten verfrüht. 5 untersuchte Fälle von seniler Demenz zeigten übereinstimmend eine auffallend reichliche Kolloidproduktion in Zellen des Supraopticus und Paraventricularis, in 1 Fall auch des Tubero-mamillaris. Man muß bei diesem Ergebnis jedoch berücksichtigen, daß man im höheren Lebensalter überhaupt häufiger Kolloidproduktion im Hypothalamus findet, wenn auch nicht unerwähnt bleiben soll, daß ich bei gleich alten und älteren Personen ohne klinische Erscheinungen einer senilen Demenz nur ganz geringe Vakuolen- und Kolloidtropfenbildung in einzelnen Fällen sah. Auch hier wird eine weitere Untersuchung erst ein eventuell sicheres Resultat bringen.

Das Ergebnis meiner Untersuchungen über die Beziehungen „sekretorischer“ Vorgänge im Zwischenhirn zu einigen Psychosen und innersekretorischen Erkrankungen ist bis jetzt noch ein nur wenig befriedigendes. Weitere Untersuchungen auf diesem Gebiet können erst die angedeuteten Vermutungen sicherstellen und darüber hinaus neue Ergebnisse bringen. Eine sichergestellte anatomische oder physiologische Beziehung der Kolloidproduktion im Zwischenhirn zu Erkrankungen oder Stoffwechselfunktionen im Organismus könnte dem hypothalamischen Zellgebiet mit größerem Recht erst den Namen „Zwischenhirndrüse“ geben.

Der Hochschulfilm in seiner Bedeutung für Psychiatrie und Neurologie mit Vorführung von Teilen aus 3 neuen eigenen Filmen.

Von

K. Kleist und **H. Pittrich,** Frankfurt a. M.

Durch die technischen Verbesserungen des Schmalfilms und durch die organisatorische Tat der Begründung einer Reichsstelle für den Unterrichts- und Hochschulfilm werden nunmehr die Schwierigkeiten zu überwinden sein, die der Entfaltung des Films als Mittel für Unterricht und Forschung bisher hinderlich waren. Als psychiatrisch-neurologischer Hochschulreferent der Reichsstelle möchte Kleist die Gesellschaft deutscher Nervenärzte und Psychiater auf die neue Entwicklung hinweisen und ihre Unterstützung erbitten.

Die Krankheitserscheinungen bei nervösen und psychischen Störungen äußern sich in so weitem Umfange in Veränderungen des Bewegungsverhaltens, daß der Film als Unterrichts- und Forschungsmittel auf keinem Gebiete der Medizin eine größere Bedeutung besitzt als auf dem unsrigen. Die Reichsstelle wird aus den Semesterbeiträgen der Studierenden die Institute und Kliniken bei der Beschaffung von Filmvorführungsgeräten unterstützen, die Herstellung neuer wissenschaftlicher Filme finanzieren und geeignete schon vorhandene Filme erwerben und durch Kopien allgemein nutzbar machen. Herstellung und Auswahl von Filmen unterliegen der Beratung durch Sachverständige. Eine Mitwirkung unserer Gesellschaft ist — nach dem Vorbilde der deutschen Gesellschaft für Physiologie — in der Weise möglich, daß neu hergestellte Filme bei den Jahresversammlungen vorgeführt werden und sich die Gesellschaft ein Urteil über dieselben zu bilden vermag, das der Reichsstelle auf deren Wunsch mitgeteilt werden kann. Neurologisch-psychiatrische Filme werden auf diese Weise auch bekannt gemacht, so daß jeder, der für seine Klinik (Institut) Lehrfilme zu erwerben oder zu entleihen wünscht, in der Lage ist, sie vorher zu sehen und zu beurteilen. Um damit einen Anfang zu machen, führt Kleist Teile von 3 neuen Filmen seiner Klinik vor.

1. Aus einem Film mit psychokinetischen Bewegungsstörungen: Bewegungsarmut, Haltungsverharren, Mitmachen (automatische Anspannung der Muskeln, deren Ansatzpunkte bei passiver Bewegung einander genähert werden), wächserne Biegsamkeit — bei einem Kranken mit organischem Nervenleiden (multiple Sklerose?) ohne psychische Störungen.

2. Aus einem Film über epileptische Krampfanfälle: Tonische Krampfzustände, klonische Zuckungen und Anfälle mit verwickelten pseudospontanen Krampfbewegungen. In den tonischen Krampfzuständen weisen die häufig auftretende Streckstarre (nach Art einer Enthirnungsstarre) und die den Halsreflexen gleichenden Haltungen (z. B. Kopf nach links gedreht, linker Arm gestreckt, rechter gebeugt) auf Beteiligung des Mittelhirns hin.

3. Aus einem Film über Sinnestäuschungen, eigenartigen Bewegungsstörungen und Anfällen, beschrieben von Prof. Beck. Eine Kranke, bei der Schlafzustände und halluzinatorisch-delirante Zustände miteinander wechseln, läßt in ihren Reaktivbewegungen deutlich erkennen, daß sie plötzlich abscheuerregende und auf sie zukommende Gebilde (wahrscheinlich Tiere, Käfer oder dergleichen) halluzinatorisch wahrnimmt, sie wegzuschieben, abzuwehren und von sich abzustreifen sucht. Diese Erscheinungen wiederholen sich bei jeder halluzinatorischen Erregung in genau der gleichen Weise.

Bericht

über die 1. Außerordentliche Mitgliederversammlung der Gesellschaft deutscher Neurologen und Psychiater, abgehalten in Dresden am 3. September 1935, $14^1/_2$ Uhr.

Diese Mitgliederversammlung war zugleich eine solche der Gesellschaft Deutscher Nervenärzte und des Deutschen Vereins für Psychiatrie, da die Vereinigung dieser beiden Körperschaften zu einer Gesellschaft Deutscher Neurologen und Psychiater hier endgültig zu vollziehen war.

Alle Mitglieder beider bisheriger Vereine waren am 20. VII. 1935 durch Übersendung des Programmes der ersten Jahresversammlung der neuen Gesellschaft unter Mitteilung der Tagesordnung vom Reichsleiter eingeladen worden. Somit war der Bestimmung in § 9, 2 der Satzung der neuen Gesellschaft Genüge getan, nach welcher die Mitgliederversammlung beschlußfähig ist, wenn die schriftliche Einladung mindestens 2 Wochen vor dem Zusammentritt mit der Tagesordnung den Mitgliedern zugeschickt worden ist. Die Satzungen der bisherigen Gesellschaft Deutscher Nervenärzte und des Deutschen Vereins für Psychiatrie enthalten eine derartige Fristsetzung nicht.

Gleichzeitig war den Mitgliedern die vom Reichsinnenministerium genehmigte Satzung der Gesellschaft Deutscher Neurologen und Psychiater zugegangen.

Anträge an die Mitgliederversammlung waren nicht eingegangen.

Professor Dr. Rüdin, welcher vom Reichsinnenministerium mit der Neuorganisation beauftragt worden war, eröffnete die Sitzung mit einem Bericht über Vorgeschichte und Zweck der Verschmelzung beider Vereinigungen und hob besonders hervor, daß nach dem Willen des Reichsinnenministeriums diese neue Organisation eine erhöhte Gewähr für die Mitarbeit der deutschen Nerven- und Irrenärzte an den ihnen im nationalsozialistischen Staate erwachsenden wichtigen Aufgaben bieten solle. Dabei betonte der Reichsleiter, daß diese Verschmelzung auch den Wünschen zahlreicher Fachgenossen und den Interessen der neurologischen und der psychiatrischen Wissenschaft entspreche.

Unter Hinweis auf die erfolgte Übersendung der Satzung der neuen Gesellschaft an alle Mitglieder erklärte Professor Rüdin, daß diese Satzung als auf der heutigen Mitgliederversammlung genehmigt zu gelten habe, falls sich kein Widerspruch gegen sie erhebe. Dies geschah nicht, die Satzung war also damit durch die Mitgliederversammlung genehmigt. Auch der Vorstand wurde von der Mitgliederversammlung bestätigt.

Professor Rüdin nahm dann Bezug auf seine ausführliche Ansprache, welche er bei Eröffnung der Tagung am 1. Sitzungstage gehalten und in der er Ziel und Zweck der neuen Gesellschaft ausführlich dargelegt hatte.

Die Gesellschaft besteht bei ihrer Gründung aus 1085 Mitgliedern.

Die Herren O. Foerster und M. Nonne, welche Ehrenvorsitzende der Gesellschaft Deutscher Nervenärzte waren, gehören der neuen Gesellschaft in gleicher Eigenschaft an, ebenso die bisherigen Ehrenmitglieder und korrespondierenden Mitglieder des Deutschen Vereins für Psychiatrie und der Gesellschaft Deutscher Nervenärzte.

Neu ernannt hat der Beirat zu Ehrenmitgliedern jetzt die Herren Professor Dr. Bonhoeffer (Berlin), Prof. Dr. Sommer (Gießen) und Prof. Dr. Schaffer (Budapest).

Reichsleiter der Gesellschaft ist Professor Dr. Rüdin in München, stellvertretender Reichsleiter Professor Dr. Pette in Hamburg, Reichsgeschäftsführer Professor Dr. Nitsche in Pirna; Beiratsmitglieder sind weiter Obermedizinalrat Dr. Ast in Eglfing, Professor Dr. de Crinis in Köln, Privatdozent Dr. Demme in Hamburg, Prof. Dr. Hoffmann in Gießen, Professor Dr. Kretschmer in Marburg, Obermedizinalrat Dr. Roemer in Illenau, Professor Dr. Carl Schneider in Heidelberg, Professor Dr. Schroeder in Leipzig.

Im Auftrage des Reichsleiters berichteten dann Roemer über die Organisation des „Deutschen Ausschusses für psychische Hygiene" und Nitsche über die eines „Ausschusses für praktische Psychiatrie" im Rahmen der psychiatrischen Abteilung der Gesellschaft, wobei die Aufgaben beider Ausschüsse umschrieben wurden.

Nitsche, der bis auf weiteres auch die Kassengeschäfte führt, trug kurz den Kassenbericht vor und teilte mit, daß der Mitgliedsbeitrag für das nächste Jahr wieder auf 5 RM. festgesetzt, außerdem aber bestimmt worden sei, daß künftig Teilnehmer an den Jahresversammlungen, welche der Gesellschaft nicht als Mitglied angehörten, eine Kongreßgebühr von 3 RM. zu zahlen haben würden.

Weiter berichtete der Reichsleiter, daß über das auf der vorjährigen Tagung des Deutschen Vereins für Psychiatrie zum 2. Mal gestellte Preisarbeitsthema: „Das Häufigkeitsverhältnis von vererbtem und nichtvererbtem Schwachsinn im frühen Kindesalter" nur eine Arbeit eingegangen sei, der aber nach übereinstimmender Ansicht aller 4 zugezogenen Beurteiler ein Preis nicht zuerkannt werden könne. Dem Verfasser werde anheimgegeben, dem Reichsgeschäftsführer eine Anschrift zu nennen, an welche die Preisarbeit samt dem beigefügten uneröffneten Briefumschlag mit dem also unbekannt bleibenden Namen des Verfassers zugesandt werden könne. Der Beirat habe davon abgesehen, ein neues Thema für eine Preisarbeit aufzustellen, vielmehr beschlossen, die Verfasser zweier im laufenden Geschäftsjahr veröffentlichter wissenschaftlicher Arbeiten mit Preisen zu bedenken, worüber in der nächstjährigen Beiratssitzung Entscheidung zu treffen sei.

Die nächste Tagung der Gesellschaft soll im September 1936 in Frankfurt am Main stattfinden.

Als Berichtsthemen für die nächstjährige Tagung werden folgende in Aussicht genommen:

Für die neurologische Sitzung: Stoffwechsel und Nervenkrankheiten.

Für die gemeinsame Sitzung: Ein psychotherapeutisches Thema.

Für die psychiatrische Sitzung: Ein Thema aus dem Gebiet der Beziehungen von Psychologie und Psychopathologie zur Psychiatrie. Vielleicht auch die Bedeutung der Kraepelinschen klinischen Psychiatrie für die heutige Psychiatrie.

Die Laehr-Stiftung und die Einrichtung der Erb-Medaille werden naturgemäß in die Gesellschaft Deutscher Neurologen und Psychiater mit übernommen. Herr Professor Foerster wird gebeten, im Benehmen mit Herrn Professor Pette zu gegebener Zeit dem Reichsleiter Vorschläge für die Verleihung der Erb-Medaille zu machen.

Der Reichsleiter: Rüdin.
Der Reichsgeschäftsführer: Nitsche.

Zur Pathogenese der Kojewnikoffschen Epilepsie.

Von

Ulrich Fleck, Göttingen.

Vortragender berichtet über 4 Kranke, die er in den letzten Jahren in der Göttinger Nervenklinik mit Kojewnikoffschen Anfällen beobachten konnte. Er setzt sich mit dem Krankheitsbilde der Kojewnikoff-Epilepsie auseinander, für die charakteristisch ist, daß dauernd — d. h. unter Umständen über Monate hin — in umschriebenen Teilen des Körpers, halbseitig oder nur auf eine Extremität beschränkt, krampfartige Zuckungen ohne Bewußtseinsverlust auftreten. Weiterhin werden dann neben solchen Zuckungen noch Anfälle vom Jackson-Typ sowie allgemein-epileptische Anfälle mit Bewußtlosigkeit beobachtet. Im Film führt er 3 der Kranken vor. — Bei dem ersten handelt es sich wohl nur um ein symptomatologisches Zwischenspiel bei einer mit schweren Anfällen einhergehenden genuinen Epilepsie. Pyramidenzeichen waren nicht festzustellen. Die Punktion ergab ein negatives Resultat. Der Kranke verstarb, ohne daß eine Sektion gemacht werden konnte. — Die zweite Kranke des Films ist schon 1930 auf der Tagung der südwestdeutschen Neurologen und Psychiater in Baden-Baden gezeigt worden. Bei ihr handelt es sich wohl um Folgen einer Masern-Encephalitis. Inzwischen ist es zu einer Lähmung der linken oberen Extremität im Sinne des Prädilektionstyps gekommen. — Die dritte Kranke wird als der wichtigste Fall gezeigt. Bei ihr traten nach mehreren unspezifischen Infektionen Kojewnikoff-Anfälle in der rechten Hand auf. Die Familie zeigt Belastung mit Anfällen epileptischer und vegetativer Art. Ein operatives Angehen der linken Zentralwindung ergab nur eine gewisse Verhärtung der Hirnoberfläche. Nach der Operation Besserung der Beweglichkeit, so daß die Patientin sich sogar freischwimmen konnte. Nach ungefähr 5 Jahren Jackson-Anfälle mit Adversivbewegungen des Kopfes, die vor allen Dingen den rechten Arm betrafen, Störungen im Sinne der motorischen Aphasie sowie amnestisch-aphasische und agraphische Störungen. Die Encephalographie ergab keine Abweichungen. Der Liquor war in Ordnung. — Der Vortragende glaubt, daß die Krampferscheinungen seiner Fälle insgesamt auf ein krankhaft verändertes Arbeiten der linken Hirnhemisphäre, und zwar der Hirnrinde, zu beziehen seien. In diesem Sinne sprechen einerseits die Jackson-Anfälle, die die Kojewnikoff-Anfälle gleichsam „abgelöst" haben, weiterhin andererseits die aphasischen Störungen. Er erinnert daran, daß der Nystagmus, der bei der 11jährigen Kranken zu beobachten war, ebenso wie die vorübergehende Pupillenstarre vielleicht als rindenbedingt angesehen werden könnte.

Laubenthal, wie Kroll und Kehrer haben sich für die extrapyramidale Genese der Kojewnikoff-Anfälle ausgesprochen. Vortragender glaubt mit Hennecke, Korbsch, Omorokow und Wolfram an die Rindenbedingtheit dieser Anfälle.

Interessant war, daß während der Jackson-Anfälle (Punktion zur Encephalographie) jeweils der Liquordruck von 180 auf 280 mm Quecksilber emporschnellte. Vielleicht findet sich also auch bei Jackson-Anfällen ein ähnliches Spiel der Vasomotoren wie bei epileptischen Anfällen. Dabei ist allerdings zu beachten, daß (Stauder) nicht bei allen Anfällen der Epileptiker Liquordruckschwankungen auftreten.

Die Kojewnikoff-Anfälle unterscheiden sich von den Jackson-Anfällen vor allen Dingen durch eine andere zeitliche Raffung. (Erscheint anderenorts ausführlich.)

Aussprache.

Fünfgeld (Frankfurt a. M.) weist auf einen von Wartenberg veröffentlichten Fall von Konjewnikowscher Epilepsie hin, dessen excidiertes Armzentrum eine Meningoencephalitis chronica unklarer Ätiologie zeigte.

Über chronische Encephalitis mit eigenartigen seelischen Störungen.

Von

E. Fünfgeld, Frankfurt a. M.

Es wird über 3 seit Jahren beobachtete weibliche Kranke berichtet: Jeweils akutes Stadium mit Fieber, Doppeltsehen, Schlafstörung und starken meningealen Reizerscheinungen. Daran unmittelbar anschließend das chronische Stadium, das ebenfalls durch immer wieder auftretende akute Zustände von Erbrechen, Kopfschmerzen, leichter Nackensteifigkeit ausgezeichnet ist. Außerdem sind vier besondere Phänomene bemerkenswert: 1. Halluzinatorische Erlebnisse von szenenhaftem Charakter, wobei das Gesehene auch gehört und gerochen wird. Bei einer Kranken bestehen diese Phänomene nur auf der rechten Körperseite. Sie exacerbieren am Abend und in der Nacht, sowie in den akuten Phasen. Sie werden stets als Täuschungen erkannt. 2. Ein Ferngerücktsein der Außenwelt, wie es aus den Depersonalisationserlebnissen bekannt ist. 3. Veränderungen des Körperichs. Bei der einen Kranken, die halbseitig halluziniert, ist nur die rechte Seite betroffen. Die rechte Hand schrumpft zusammen, ebenso das Bein, die rechte Körperhälfte entfernt sich von der linken, schwebt in der Luft, bleibt in einiger Entfernung vom Körper stehen. Bei einer anderen Kranken sind die Erscheinungen doppelseitig, die Beine fallen plötzlich vom Körper ab, der nur noch aus Kopf und Armen zu bestehen scheint, oder ein Arm oder Bein fehlt plötzlich. Die 3. Kranke erlebte eine Trennung des Gesamtkörpers, so daß neben ihr plötzlich ein anderes Wesen lag. Das Wesentliche dabei ist, daß der Körper nicht mehr als Einheit erlebt wird; einzelne Teile dissoziieren sich voneinander. 4. Es besteht eine erhebliche allgemeine Beeindruckbarkeit bei starken Reizen. Bei einer Kranken schläft die rechte Körperhälfte ein, wenn ein Geräusch das Ohr trifft, eine andere erlebt gelegentlich einen an affektiven Tonusverlust erinnernden Zustand. Schließlich wird immer über eine dranghafte Unruhe berichtet.

Die Lokalisation der den Störungen zugrunde liegenden Herdchen wird eingehend behandelt; vor allem sind Thalamus und

Zwischenhirn betroffen, vielleicht auch der Gyrus cinguli oder Bahnen, die vom Thalamus zu ihm hinführen, was vor allem für die Veränderungen des Körperichs in Frage käme. Wahrscheinlich sind die Erkrankungen nosologisch zur Encephalitis epidemica zu stellen, wenn das auch mangels anatomischer Befunde noch nicht sicher entschieden werden kann. Sicher handelt es sich um grob organische Zustände, die sich von Schizophrenien grundsätzlich unterscheiden. Gelegentlich sind die Kranken auch für Hysterien gehalten worden; sie haben in der Tat manche hysteriformen Zutaten. Rein zustandsmäßig ist das Bild von einer selten vorkommenden, wenn auch vielleicht nicht so ganz seltenen Eigenart.

Akinetische Erscheinungen bei Psychosen und organischen Hirnkrankheiten.

Von

Barahona Fernandes, Frankfurt a. M.

Es wird berichtet über akinetische Erscheinungen bei 100 Fällen ganz verschiedener organischer Hirnkrankheiten und Psychosen wie progr. Paralyse, Arteriosklerose, Hydrocephalus, Leuchtgasvergiftung, Epilepsie, Oligophrenie, Katatonie, Motilitäts- und symptomatische Psychosen.

In Anlehnung an die Einteilung der motorischen Störungen von Kleist in amyostatische, psychokinetische und katatone wird ihre genaue klinische Abgrenzung und ihre patho-physiologische Deutung versucht. Darstellung von 2 Fällen (Hirnerkrankung mit Epilepsie durch Geburtstrauma erworben und eine atypische multiple Sklerose) mit akinetischen und psychokinetischen Erscheinungen: Akinese, Haltungsverharren, Flexibilitas, Mitmachen und Gegenhalten, bei denen auch verschiedene neurologische Zeichen vorliegen, und die außerdem Stützreaktion und Streckzeichen aufweisen. Die Zusammenhänge und die Unterschiede von Rigor und Flexibilitas, von Erhöhung der Adaptations- und Fixationsreflexe und Mitmachen werden analysiert. Die positive Stützreaktion war in einem Drittel der organischen Fälle vorhanden. Ihre Abgrenzung von dem zugleich vorhandenen Gegenhalten wird dargestellt. Häufig treten Greifreflex, Festhalten und Saugreflex auf. Der Palmo-mandibularreflex ist häufiger als bei Normalen.

Die motorischen Vorgänge bei dem Haltungsverharren werden genau auseinandergesetzt. In engem Zusammenhang mit der Akinese und dem Ausfall der mimischen, Mit-, Abwehr- und Reaktivbewegungen wird auch der Mangel an Repositionsbewegungen, d. h. die Automatismen, die einen Körperteil nach einer Zielbewegung wieder in die Ruhelage bringen, und das Inkrafttreten eines zwecklosen Immobilisationsprozesses hervorgehoben. Hinweis auf ähnliche Vorgänge bei der experimentellen Katatonie durch Bulbocapnin, die mehr den organischen psychokinetischen Störungen als der Katatonie zu vergleichen sind.

Abgrenzung der amyostatischen und psychomotorischen Akinese. Nur bei der letzteren wird ein Ausfall der instinktiven Handlungen angenommen; bei den rein amyostatischen Erscheinungen ist die Akinese ganz ich-fremd und lediglich durch den Ausfall an motorischen Automatismen erklärt.

Beziehungen des Haltungsverharrens zu der Katalepsie und des Gegenhaltens zu dem Negativismus. Katalepsie und Negativismus sind katatone Störungen in engerem Sinne, die an einen besonders veränderten psychischen Zustand gebunden sind und mit bestimmten Strebungen, den Trieben näher stehenden Komponenten der niederen Willensvorgänge in Zusammenhang stehen.

Versuch einer Analyse der Beziehungen dieser Erscheinungen zu den Willensvorgängen und zu der gesamten Störung des Ichs. Grundsätzliche Unterschiede zwischen den amyostatischen (ich-fremden) und psychomotorischen (ich-eigenen) Störungen und zwischen den organischen Fällen und den Psychosen. Bei den organischen liegt die Störung hauptsächlich in den Elementen der Handlung, nämlich in der Abweichung der Regsamkeit und Abänderung der motorischen Automatismen. Diese Störungen sind immer primär und unabhängig von den echten Willensprozessen. Diese bleiben bei den organischen Erkrankungen im Gegensatz zu den katatonen immer in ihrer Struktur und Beziehung zu der Gesamtpersönlichkeit erhalten.

Cholesterinbestimmungen bei Psychosen, insbesondere bei Melancholien.

Von

Ederle, Gießen.

Aus der Psychiatrischen und Nervenklinik der Universität Breslau.

Zucker in Liquor und Blut[1].

Von
Heinz Boeters, Breslau.

Es könnte überflüssig erscheinen, an dieser Stelle über Zuckerbefunde in Blut und Liquor zu berichten, wenn man die zahlreichen Arbeiten in Betracht zieht, die im Laufe der letzten Zeit dieser Frage gewidmet sind. Die Befunde über ein Absinken des Liquorzuckers und damit eine Herabsetzung des Quotienten Liquor- zu Blutzucker bei Meningitiden, andererseits über eine Steigerung bei encephalitischen Prozessen haben der Zuckerbestimmung den Rang einer wichtigen diagnostischen Methode gegeben. Demnach ist verständlich, daß in der Folgezeit auch bei anderen Krankheitsbildern Zuckerbefunde zur Deutung theoretischer und klinischer Gesichtspunkte herangezogen worden sind. Das zugrunde gelegte Material erscheint aber schon zahlenmäßig nicht immer gesichert. Auch methodische und technische Ungenauigkeiten dürften gelegentlich zu Fehldeutungen Veranlassung gegeben haben.

Aus diesen Gründen soll hier an Hand eines großen Materials — annähernd 1000 Doppelbestimmungen nach Hagedorn-Jensen — nochmals die Frage nach der Bedeutung und den Grenzen der Zuckerbestimmung und der Zuckerrelation in Liquor und Blut aufgeworfen werden. Die Methode nach Hagedorn-Jensen ergibt nach unseren Erfahrungen, eine einwandfreie Technik vorausgesetzt, besonders genaue Werte innerhalb einer geringen Fehlergrenze.

Um eine normale Vergleichsserie zu gewinnen, haben wir Gruppen von Patienten zusammengefaßt, bei denen organische Erkrankungen des Zentralnervensystems, Stoffwechselstörungen oder ernstere Allgemeinerkrankungen nicht vorliegen. Wir erhalten hier für den normalen Blutzuckergehalt eine Variationsbreite von etwa 75—125 mg% und können damit die früheren Ergebnisse der Literatur bestätigen. Die Grenzen für den normalen Liquorzucker liegen zwischen 45 und 75 mg% mit einem Durchschnittswert von 63. Frühere Untersuchungen hatten demgegenüber mehrfach die Grenzen für normale Liquorzuckerwerte zu weit gezogen. Unsere Ziffern stimmen aber mit einer Reihe neuerer Untersuchungsergebnisse anderer Autoren überein.

Setzen wir im einzelnen Fall den Liquorzuckerwert in Beziehung zum Blutzuckergehalt, so macht in unserer Normalserie

[1] Erscheint ausführlich in der Z. Neur.

der Liquorzucker 50—80% des Blutzuckers aus. Die meisten Befunde liegen in noch engeren Grenzen, zwischen 56—70%. Der Mittelwert beträgt 65%. In Übereinstimmung mit den Ergebnissen anderer Autoren nehmen wir daher ein annähernd konstantes Verhältnis zwischen Liquor- und Blutzucker etwa von 2:3 an. Diese Werte verschieben sich auch dann nicht, wenn wir unser „Normalmaterial" nach klinischen Diagnosen aufteilen.

Eine Herabsetzung des Liquorzuckerwertes und eine Erniedrigung des Quotienten Liquor- zu Blutzucker fanden wir nicht nur bei Meningitiden, sondern auch bei progressiver Paralyse und den übrigen luischen Erkrankungen des Zentralnervensystems. Eine weitere Unterteilung ergab, daß diese absolute und relative Verminderung des Liquorzuckers weitgehend dem Grad der meningitischen Reaktion entsprach, derart, daß eine Serie frisch erkrankter Fälle die niedrigsten Werte aufwiesen, während im Verlauf der Behandlung und der Sanierung der Entzündungserscheinungen der Zuckerspiegel zur Norm zurückkehrte. Ähnliche Ergebnisse haben wir auch bei einigen Fällen von multipler Sklerose im akuten Stadium bei deutlich entzündlicher Liquorreaktion festgestellt, ferner bei Fällen von Hirntumor, bei denen gleichfalls meningitisch-entzündliche Veränderungen bestanden.

Die bisherigen Anschauungen können demnach dahingehend erweitert werden, daß nicht nur Hirnhautentzündungen, sondern auch andere zentralnervöse Krankheitsprozesse in dem Maße, in dem sie meningitisch-entzündliche Veränderungen setzen, den Zuckerspiegel im Liquor senken und die Relation zwischen Liquor- und Blutzucker im gleichen Sinne verändern. Bei diesen Veränderungen dürften verschiedene Faktoren (Vermehrung des Zuckerverbrauches durch das erkrankte Gehirngewebe selbst, durch zellige Elemente und Bakterien oder Veränderungen von Liquorschranken und Permeabilität) wahrscheinlich in wechselndem Maße wirksam sein.

Eine Zuckervermehrung im Liquor fanden wir sekundär bei alimentärer und experimenteller Hyperglykämie, ebenso bei reinem Diabetes mellitus.

Eine primäre Liquorzuckervermehrung durch Reizwirkung auf die zentralen Regulationen ist nach den Angaben der Literatur bei Epileptikern, bei Hirntraumatikern mit organischen Schäden, bei Arteriosklerose und Hirntumor beobachtet worden. Auch in unseren Serien ist bei diesen Krankheitsgruppen der Quotient

Liquor- zu Blutzucker durchschnittlich in geringem Maße erhöht. Wegen der starken Streuung der Befundergebnisse und der Größe des rechnerischen Fehlers können aber besondere Schlüsse nicht abgeleitet werden. Das Ergebnis ändert sich jedoch, wenn wir aus der Gruppe der Epileptiker diejenigen Fälle herausgreifen, bei denen deutliche Erscheinungen eines Hydrocephalus und damit Störungen der Druckverhältnisse im Schädelinnern bestehen. Hier ermitteln wir — bei normalen Blutzuckerwerten — einen Anstieg des Liquorzuckers und in gleichem Maße auch einen Anstieg der Zuckerrelation. Auch bei einigen Fällen von Tumor cerebri verschiedenster Geschwulstart und Lokalisation, bei denen akute Druckerscheinungen stärkeren Grades bestanden, ergibt der Relationswert eine einwandfreie Erhöhung. An dieser Stelle sei noch kurz angefügt, daß bei zwei Schizophrenen im katatonen Erregungszustand, die unter dem Bilde einer Hirnschwellung kurze Zeit später ad exitum kamen, die Untersuchung ebenfalls eine besonders erhöhte Liquor- und Blutzuckerrelation ergab.

In allen diesen Fällen handelt es sich nach der Definition von Eskuchen um eine primäre pathologische Hyperglykorrhachie, oder, wie wir es formulieren möchten, um den Ausdruck einer vorwiegend mechanischen Störung der zentralen Zuckerregulation. Störungen des Konzentrationsverhältnisses im entgegengesetzten Sinn, eine absolute und relative Abnahme des Liquorzuckers, haben wir bei Fällen aus diesen Krankheitsgruppen nicht ermittelt.

Die erhöhten Zuckerwerte, wie sie bei akuter Encephalitis wiederholt gefunden worden sind, werden nach allgemeiner Anschauung ebenfalls auf Veränderungen der zentralen vegetativen Regulationsmechanismen, sei es durch toxische, sei es durch lokalentzündliche Einflüsse, zurückgeführt. Die Frage, ob auch in den Spätstadien der Krankheit derartige Veränderungen noch nachweisbar sind, ist in der Literatur nicht einhellig beantwortet. Aus den Ergebnissen bei unserem Material möchten wir folgende Schlüsse ziehen: Es ergeben sich in einem Teil der Fälle zwar Liquorzuckerwerte, die deutlich über dem normalen Durchschnitt und der normalen Variationsbreite liegen. Der absolute Mittelwert und die Durchschnittsziffer für den Quotienten liegen aber bei 74 Fällen nur unwesentlich über den Mittelwerten der Normalserie. Wir werden demnach im allgemeinen bei postencephalitischen Erkrankungen dem Liquorzuckerwert eine besondere diagnostische Bedeutung nicht beimessen können.

Auch sonst darf unseres Erachtens die Bedeutung der Zuckerbestimmung im Liquor und der Relation von Liquor- und Blutzucker für die Differentialdiagnose im praktischen Einzelfall nicht überschätzt werden. Es ist nicht zu übersehen, daß Unterschiede, wie sie vorher besprochen sind, nur an Hand großer Versuchsserien deutlich hervortreten. Diagnostisch brauchbar auch für sich allein sind im Grund nur die Befunde bei entzündlichen Erkrankungen mit meningitischer Komponente oder Reaktion oder bei Meningitis selbst, also eine für diese Fälle charakteristische Senkung des Liquorzuckerspiegels. Die absolute und relative Zuckervermehrung aber, die wir bei anderen Krankheitsgruppen ermitteln, ist nicht in gleicher Weise verbindlich. Trotz der statistisch und nach der Fehlerrechnung weitgehend gesicherten Durchschnittszahlen liegen im konkreten Einzelfall auch bei Hirntumor und bei sicheren organischen Unfall- oder sonstigen Hirnschäden die Liquorzuckerwerte vielfach im Bereich der Norm. Andererseits ist aber zu berücksichtigen, daß der Befund eines pathologisch erhöhten Zuckerwertes doch auf organische Veränderungen mechanischer oder entzündlich-toxischer Art hinweist und damit im Rahmen des gesamten klinischen Bildes wichtig ist. Aus Beobachtungen bei Encephalographien wissen wir, daß die zentrale Zuckerregulation einen besonders empfindlichen Indicator für allgemeinvegetative Störungen darstellt. Deshalb hat die Zuckerbestimmung im Rahmen unserer heutigen diagnostischen und Untersuchungsmethoden immerhin Bedeutung.

Über den Beginn der Erbpsychosen[1].

Von

H. Bürger-Prinz, Leipzig.

Differentialdiagnostische Schwierigkeiten bei den psychiatrisch wichtigen Erbkrankheiten mit Ausnahme des erblichen Schwachsinns unter besonderer Berücksichtigung der Frühdiagnose[1].

Von

M. Stoltenhoff, Dresden.

[1] Werden veröffentlicht in der Allgemeinen Zeitschrift für Psychiatrie.

Vierter Tag.

Sitzung der psychiatrischen Abteilung

am Mittwoch, dem 4. September 1935.

Vorsitzender: Vormittags Bumke (München),
nachmittags Pohlisch (Bonn).
Schriftführer: Nitsche (Pirna).

Fortsetzung der Vorträge.

Rassedienstliche Gesichtspunkte und Mitarbeit des Psychiaters bei Auslegung und Ausgestaltung des Familienrechts[1].

Von

P. Nitsche, Pirna-Sonnenstein, und **Ruttke**, Berlin.

Die Verwahrung vermindert zurechnungsfähiger Verbrecher in Heil- und Pflegeanstalten.

Von

P. Schröder, Leipzig.

Die Abgrenzung des krankhaften Schwachsinns gegen die physiologische Beschränktheit.

Von

F. Meggendorfer, Erlangen.

---

[1] Die folgenden Berichte werden in der Allgemeinen Zeitschrift für Psychiatrie veröffentlicht.

Die ärztliche Beurteilung der „Dummheit“ vor dem Erbgesundheitsobergericht.

Von

Karl Pönitz, Halle a. d. S.

Zwillingspathologische Untersuchungen im schizophrenen Kreis.

Von

H. Luxenburger, München.

Bericht über die erbbiologische Bestandsaufnahme in den Krankenanstalten.

Von

Roemer, Illenau.

Diskordantes soziales Verhalten eineiiger Zwillinge.

Von

Kranz, Breslau.

Über die Art der Erbanlage bei Schwerkriminellen.

Von

Friedrich Stumpfl, München.

Über die Erbbiologie der pathologischen Schwindler.

Von
v. Baeyer, München.

Familiäres Vorkommen von sexuellen Triebanomalien.

Von
W. Runge, Chemnitz.

Über Erblichkeitsverhältnisse bei atypischen Psychosen.

Von
K. Leonhardt, Gabersee.

Erbprognose und Fruchtbarkeit bei den verschiedenen klinischen Formen der Schizophrenie.

Von
Kallmann, Berlin.

Katatonie und Degenerationspsychosen.
(Nach katamnestischen Untersuchungen.)

Von
K. Kleist und **N. Driest**, Frankfurt a. M.

Über die wissenschaftlichen Grundlagen der erbbiologischen Begutachtungen.

Von
Bruno Schulz, München.

GPSR Compliance

The European Union's (EU) General Product Safety Regulation (GPSR) is a set of rules that requires consumer products to be safe and our obligations to ensure this.

If you have any concerns about our products, you can contact us on ProductSafety@springernature.com

In case Publisher is established outside the EU, the EU authorized representative is:

Springer Nature Customer Service Center GmbH
Europaplatz 3
69115 Heidelberg, Germany

Batch number: 10844655

Printed by Printforce, the Netherlands